「十四五」國家重點出版物出版規劃項目

二〇二一—二〇三五年國家古籍工作規劃重點出版項目

中華古籍保護計劃

ZHONG HUA GU JI BAO HU JI HUA CHENG GUO

·成果·

國家珍貴古籍叢刊

宋本李太白文集

一

（唐）李白撰

國家圖書館出版社

圖書在版編目（CIP）數據

宋本李太白文集：全三册 /（唐）李白撰. -- 北京：國家圖書館出版社, 2025.8 --（國家珍貴古籍叢刊）. ISBN 978-7-5013-8577-5

Ⅰ. 1214.222

中國國家版本館CIP數據核字第2025ZH7488號

書　　名　宋本李太白文集（全三册）
著　　者　（唐）李　白　撰
叢 書 名　國家珍貴古籍叢刊
責任編輯　劉静怡
封面設計　翁　涌

出版發行　國家圖書館出版社（北京市西城區文津街7號　100034）
（原書目文獻出版社　北京圖書館出版社）
010-66114536　63802249　nlcpress@nlc.cn（郵購）
網　　址　http://www.nlcpress.com
排　　版　愛圖工作室
印　　裝　北京雅圖新世紀印刷科技有限公司
版次印次　2025年8月第1版　2025年8月第1次印刷

開　　本　710×1000　1/16
印　　張　49.75
書　　號　ISBN 978-7-5013-8577-5
定　　價　390.00圓

《國家珍貴古籍叢刊》編纂委員會

《國家珍貴古籍叢刊》前言

中國古代文獻典籍是中華民族創造的重要文明成果。這些典籍承載着中華五千年的悠久歷史，不僅是中華優秀傳統文化的重要載體之一，還是民族凝聚力和創造力的重要源泉，更是人類珍貴的文化遺産。

黨的十八大以來，以習近平總書記爲核心的黨中央站在實現中華民族偉大復興的戰略高度，對傳承和弘揚中華優秀傳統文化作出一系列重大决策部署。習近平總書記多次圍繞中華優秀傳統文化保護弘揚、挖掘闡發、傳播推廣、融合發展作出重要論述，强調『要加强對中華優秀傳統文化的挖掘和闡發』，讓『書寫在古籍裏的文字都活起來』。二〇二三年，習近平總書記在文化傳承發展座談會上强調，衹有全面深入瞭解中華文明的歷史，纔能更有效地推動中華優秀傳統文化創造性轉化、創新性發展，更有力地推進中國特色社會主義文化建設，建設中華民族現代文明。黨和國家的高度重視和大力支持，把中華珍貴典籍的保護和傳承工作推上了新的歷史高度。

保護好、傳承好、利用好這些文獻典籍，對於傳承和弘揚中華民族優秀傳統文化，維護國家統一和民族團結，推動社會主義文化大發展大繁榮，促進國際文化交流和構建人類命運共同體，都具有十分重要的意義。二〇〇七年，國家啓動了『中華古籍保護計劃』。該計劃在文化和旅游部領導下，由國家古籍保護中心負責實施，十餘年來，古籍保護成效顯著，在社會上産生了極大反響。迄今爲止，國務院先後公布了六批《國家珍貴古籍名録》，收録了全國各藏書機構及個人收藏的珍貴古籍一萬三千零二十六部。

爲深入挖掘這些寶貴的文化遺産，更好地傳承文明、服務社會，科學合理有效地解決古籍收藏與利用的矛盾，二〇二四年，國家古籍保護中心啓動《國家珍貴古籍叢刊》叢書項目。該項目入選《二〇二一—二〇三五年國家古籍工作規劃》重點出版項目，是貫徹落實新時代弘揚中華優秀傳統文化的重要舉措。

本《叢刊》作爲古籍數字化的有益補充，將深藏内閣大庫的善本古籍化身千百，普惠廣大讀者。根據『注重普及、體現價值、避免重複』的原則，從入選第一至六批《國家珍貴古籍名録》的典籍中遴選出『時代早、流傳少、價值高，經典性較强、流傳度較廣』的存世佳槧爲底本，尤其重視『尚未出版過的、版本極具特殊性的、内容膾炙人口的』善本。通過『平民化』的出版方式進行全文高精彩印，以合理的價格、上乘的印刷品質讓大衆看得到、買得起、用得上。旨在用大衆普及活化推廣方式出版國家珍貴古籍，讓這些沉睡在古籍中的文字重新煥發光彩，爲學術界、文化界乃至廣大讀者提供豐富的學術資料和閲讀享受，更爲廣大學者、古籍保護從業人員、古籍收藏愛好者從事學術研究、版本鑒定、保護收藏等提供一部極爲重要的工具書。

本《叢刊》由國家圖書館出版社出版，在編纂過程中，保持古籍的原貌，力求做到影印清晰、編排合理。本《叢刊》不僅全文再現古籍的内容，每部書還附一篇名家提要，爲研究古籍流傳、版本變遷、學術思想等内容，提供重要資料。通過本《叢刊》的出版，我們相信對於推動古籍整理與研究工作、傳承中華優秀傳統文化、增强民族文化自信具有重要意義，也將有助於更多的人瞭解和認識中華文化的博大精深，激發人們對傳統文化的熱愛與傳承意識，爲中華民族的偉大復興貢獻力量。

《國家珍貴古籍叢刊》項目啓動以來，得到專家學者的廣泛關注，以及全國各大圖書館的大力支持。同時，我們也期待更多的學者、專家及廣大讀者能够關注和支持古籍保護工作，共同爲傳承和弘揚中華優秀傳統文化而努力。

國家古籍保護中心

二〇二四年九月

《國家珍貴古籍叢刊》出版説明

爲更好地傳承文明，服務社會，科學合理有效地解決古籍收藏與利用的矛盾，國家古籍保護中心聯合全國古籍重點保護單位，開展《國家珍貴古籍叢刊》高精彩印出版項目，以促進古籍保護成果的揭示、整理與利用，加强古籍再生性保護和研究。

《叢刊》所選文獻按照『注重普及、體現價值、避免重複』的原則，遴選出『時代早、流傳少、價值高，經典性較强、流傳度較廣』的存世佳槧爲底本高精彩印。按經、史、子、集分類編排，所選每種書均單獨印行，分批陸續出版。各書延聘專家撰寫提要，介紹該文獻著者、基本内容及其學術價值、版本價值，同時説明入選《國家珍貴古籍名録》批次、名録號等；各書編有詳細目録、設置書眉，以便讀者檢索和閲讀；正文前列牌記展示該文獻館藏單位、版本情況和原書尺寸信息。

書後附《國家珍貴古籍叢刊》目録，爲讀者提供最新、最全的書目信息。

國家圖書館出版社

二〇二五年五月

(唐)李白撰

李太白文集

宋刻本

據國家圖書館藏宋刻本
影印原書版框高十八點
五厘米寬十一點二厘米

《李太白文集》三十卷，唐李白撰。宋刻本，卷十五至二十四配清康熙五十六年（一七一七）繆曰芑刻本。因是在蜀中（今四川眉山地區）刻印的，故又稱『宋蜀本』。半葉十一行，行二十字，小字雙行同，白口，左右雙邊。收入第一批《國家珍貴古籍名録》（名録號〇一〇二五）。

李白（七〇一—七六二），字太白，號青蓮居士，隴西成紀（今甘肅秦安）人，生於中亞碎葉（今吉爾吉斯斯坦托克馬克一帶）。唐神龍初年，隨父遷居綿州昌隆縣青蓮鄉（今屬四川江油）。開元十二年（七二四），李白離蜀游歷四方。天寶元年（七四二）應詔入京，供奉翰林。天寶三年因權貴讒毁離開長安，漫游東魯，北上塞垣，以詩酒自適。安史之亂期間，入永王李璘幕府，至德二載（七五七）永王兵敗，受牽累入獄，流放夜郎。乾元二年（七五九）遇赦東歸，寶應元年（七六二）卒於當塗（今屬安徽）。《舊唐書》《新唐書》均有傳。

唐代前期，國勢强盛，文化繁榮，詩歌藝術發展到歷史高峰，有作品流傳至今的詩人多達兩千多位，其中以李白和杜甫成就最突出、聲名最顯赫，并稱『李杜』。李白的詩歌氣概豪邁，風格激昂奔放，筆調縱逸奇詭，當時便風靡天下。杜甫與李白交往頗深，他曾作詩贊道：『白也詩無敵，飄然思不群』（《春日憶李白》），又形容李白『筆落驚風雨，詩成泣鬼神』（《寄李十二白二十韵》）。千百年來，李白廣受推崇，影響了一代又一代文人墨客。

經過數百年衆多人士的努力，李白作品得以多次結集，其文集日臻完善。他曾將平生詩文托付友人魏顥，文稿却不幸於安史之亂中散失，後來魏顥搜集到一些殘稿，編爲《李翰林集》二卷。李白族叔李陽冰在其逝世後，集其詩作編爲《草堂集》十卷。北宋真宗咸平元年（九九八），樂史（九三〇—一〇〇七）在此基礎上『又別收歌詩十卷』，編成《李翰林集》二十卷，又『於三館中得李白賦、序、表、贊、書、頌等』（樂史《李翰林別集序》），編爲《別集》十卷。宋敏求（一〇一九—一〇七九）基於樂史所編《李翰林集》，從治平元年（一〇六四）王溥家藏《李白詩集》中補充一百〇四篇，熙寧元年（一〇六八）又從魏顥編《李翰林集》中補充四十四篇，加上他處所見七十七篇，合計一千零一篇，編爲三十卷，所收詩文數量遠超之前各集，但也有部分誤收。後來曾鞏（一〇一九—一〇八三）得其書，又重加編次。元豐三年（一〇八〇），蘇州太守晏知止將此書交給毛漸，囑其校正刊行，這是李白詩文集首次付梓，世稱蘇本。蘇本今已不傳。此蜀刻十一行本係據蘇本翻刻。

全書三十卷，以文體編排。第一卷爲舊集序文、墓志墓碑，收有李陽冰《草堂集序》、魏顥《李翰林集序》、樂史《李翰林别集序》，反映了此前李白詩文集的編纂完善過程。第二至二十四卷歌詩，分爲古風、樂府、歌吟、贈、寄、别、送、酬答、游宴、登覽、行役、懷古、閑適、懷思、感遇、寫懷、咏物、題咏、雜咏、閨情、哀傷二十一類。第二十五至三十卷收古賦、表、書、序、贊、頌、銘、記、碑、文。

此本避諱不嚴格，對北宋諸帝及其祖先名諱，如『玄』『敬』『鏡』『讓』『恒』『貞』等，均或避或不避。《中國版刻圖録》歸納：『宋諱「搆」字有避有不避，「構」「慎」字都不缺筆。』對南宋高宗趙構的嫌名『搆』字避諱，説明其刊刻時間最晚應在宋高宗時期，可知此本爲南宋初期刻本。

現今存世宋刻李白詩文全集惟有宋蜀刻《李太白文集》，傳世僅兩部，除此國家圖書館藏本外，日本静嘉堂文庫另藏有一部。静嘉堂本雖是完帙，但存有一些字詞不清和缺字的地方；而國圖本在宋刻的部分，凡字迹模糊、缺字或字殘的地方，都有填補、貼補及描修的痕迹，所配補的繆本，又是經過精心校勘的善本，給學界研究李白詩文提供了一個較好的版本。

此本首葉、卷端、卷末鈐印甚多，如『朱之赤』朱文方印、『卧庵道士』白文方印、『一知齋』

朱文方印、『朱之赤鑒賞』朱文長方印、『休寧朱之赤珍藏圖書』朱文長方印、『卧庵所藏』朱文方印、『留耕堂』朱文長方印等，可知爲朱之赤舊藏。朱之赤，字守吾，號卧庵，明末清初休寧（今屬安徽）人，居蘇州。明亡後入南京朝天宫爲道士。學問淵雅，通天文術數。富藏書，嗜書畫，精鑒别。輯有《卧庵藏書畫目》。（劉波）

總目録

第一册

第二册

第三册

卷二十三　歌詩五十三首

卷二十四　歌詩六十二首

卷二十五

卷二十六

卷二十七

卷二十八

卷二十九

卷三十

第一册目録

卷四　歌詩四十首

樂府二

卷六　歌詩三十三首

樂府四

歌吟上

卷八　歌詩四十一首

贈一

李太白文集目録

第四卷

歌詩四十首　樂府二

第六卷

歌詩三十三首　樂府四

第七卷

歌詩六十八首 歌吟下

第八卷

歌詩四十一首　贈一

第九卷

歌詩三十四首　贈二

第十卷

歌詩二十九首　贈三

第十一卷

歌詩三十二首　贈四

第十二卷

歌詩四十首 寄下

早過漆林渡　遊敬亭寄崔侍御
三山望金陵　自金陵泝流過白壁山翫月

第十三卷

歌詩三十六首

別

宴別杜補闕范侍御　留別魯頌
別中都明府兄　夢遊天姥
留別曹南羣官　留別于逖裴十三
留別王司馬　留別金門知己
夜別張五　別蘇少府
留別劉少府　別元丹丘之淮陽

五松山別荀七　別山僧
贈別王山人
第十四卷
歌詩三十五首
送上
南陽送客　送張舍人之江東
送王屋山人　金陵詶翰林謫仙子
送當塗趙少府　送友人尋越中山水
送族弟之徐　送友人遊梅湖
送崔十二遊天竺寺　送楊山人歸天台
送温處士歸黄山　送方士趙叟之東平

第十五卷

歌詩四十八首

第十六卷

歌詩三十八首

送下

詶荅上

第十七卷

歌詩三十首

詶荅下

遊宴上

第十八卷

歌詩四十首

遊宴下

陪從祖汎鵲山湖　春日陪諸官宴北湖
宴鄭叅卿山池　遊謝氏山亭
把酒問月　同族姪遊昌禪師山池
金陵鳳凰臺置酒　秋浦雪夜對酒
與周剛玉鏡潭宴别　遊秋浦白笴陂
宴陶家亭子　韋司馬樓舡觀妓
流夜郎至江夏宴興德寺南閣
汎沔州城南郎官湖　陪侍郎叔遊洞庭醉後
夜汎洞庭尋裴侍御清酌
陪族叔及賈舍人遊洞庭
宴楊執戰治樓　銅官山醉後絶句

第十九卷

歌詩三十六首

登覽

第二十卷

歌詩六十一首

第二十一卷

歌詩四十七首

閑適

懷思

第二十二卷

歌詩四十五首

第二十三卷

歌詩五十三首

雜詠

第二十七卷

序

第二十九卷

第三十卷

李太白文集目録卷終

李太白文集卷第一

草堂集序

宣州當塗縣令李陽冰

李白字太白隴西成紀人涼武昭王暠九世孫蟬聯珪組世爲顯著中葉非罪謫居條支易姓爲名然自窮蟬至舜七世爲庶累世不大曜亦可歎焉神龍之始逃歸于蜀復指李樹而生伯陽驚姜之夕長庚入夢故生而名白以太白字之世稱太白之精得之矣不讀非聖之書恥爲鄭衛之作故其言多似天仙之辭凡所著述言多諷興自三代已來風騷之後馳驅屈宋鞭撻楊馬千載獨步唯公一人故王公趨風列岳結軌羣賢翕習如鳥歸鳳盧黃門云陳拾遺橫制

頹波天下質文翕然一變至今朝詩體尚有梁陳宮掖之風至公大變掃地併盡今古文集遏而不行唯公文章横被六合可謂力敵造化歟天寶中皇祖下詔徵就金馬降輦步迎如見綺皓以七寶牀賜食御手調羹以飯之謂曰卿是布衣名爲朕知非素蓄道義何以及此置于金鑾殿出入翰林中問以國政潛草詔誥人無知者醜正同列害能成謗格言不入帝用疎之公乃浪跡縱酒以自昏穢詠謌之際屢稱東山又與賀知章崔宗之等自爲八仙之遊謂公謫仙人朝列賦謫仙之謌凡數百首多言公之不得意天子知其不可留乃賜金歸之遂就從祖陳留採訪大

使彦允請北海高天師授道籙於齊州紫極宫將東歸蓬萊仍羽人駕丹丘耳陽冰試絃歌於當塗心非所好公遐不棄我扁舟而相歡臨當挂冠公又疾亟草藁萬卷手集未修枕上授簡俾余爲序論關雎之義始愧卜商明春秋之辭終慙杜預自中原有事公避地八年當時著述十喪其九今所存者皆得之他人焉時寶應元年十一月乙酉也

李翰林集序

前進士魏顥

自盤古劃天地天地之氣艮于西南劒門上斷横江下絶岷峨之曲别爲錦川蜀之人無聞則已聞則傑出是生相如君平王褒揚雄降有陳子昂李白皆五

百年矣白本隴西乃放形因家於綿身旣生蜀則江
山英秀伏羲造書契後文章濫觴者六經六經糟粕
離騷離騷糠粃建安七子七子至白中有蘭芳情理
究約詞句姸麗白與古人爭長三字九言鬼出神入
瞪若乎後耳白久居峨眉與丹丘因持盈法師達白
亦因之入翰林名動京師大鵬賦時家藏一本故賓
客賀公奇白風骨呼爲謫仙子由是朝廷作歌數百
篇上皇豫游召白白時爲貴門邀飲比至半醉令製
出師詔不草而成許中書舍人以張垍讒逐游海岱
間年五十餘尚無禄位禄位拘常人橫海鶤負天鵬
豈池籠榮之顯始名萬次名炎萬之日不遠命駕江

東訪白游天台還廣陵見之眸子炯然哆如餓虎或
時束帶風流蘊藉曾受道籙于齊有青綺冠帔一副
少任俠手刃數人與友自荆徂楊路亡權窆迴棹方
暑亡友糜潰白收其骨江路而舟又長揖韓荆州荆
州延飲白悮拜韓讓之白曰酒以成禮荆州大悅白
始娶于許生一女二男曰明月奴女既嫁而卒又合
于劉劉訣次合于魯一婦人生子曰頗黎終娶于宋
間携昭陽金陵之妓迹類謝康樂世号爲李東山駿
馬美妾所適二千石郊迎飲數斗醉則奴丹砂撫青
海波滿堂不樂白宰酒則樂顯平生自負人或爲狂
白相見泯合有贈之作謂余尔後必著大名於天下

無忘老夫與明月奴因盡出其文命顥爲集顥今登第豈符言耶解攜明年四海大盜宗室有潭者白陷焉謫居夜郎罪不至此屢經昭洗朝廷忍白久爲長沙汨羅之儔路遠不存否極則泰白宜自寛吾觀白之文義有濟代命然千鈞之弩魏王大瓠用之有時議者柰何以白有叔夜之短儻黄祖過禰晋帝罪阮古無其賢所謂仲尼不假蓋於子夏經亂離白章句蕩盡上元末顥於絳偶然得之沉吟累年一字不下今日懷舊援筆成序首以贈顥作顥誚白詩不忘故人也次以大鵬賦古樂府諸篇積薪而録文有差互者兩舉之白未絶筆吾其再刋付男平津子掌其他

事跡存於後序

李翰林别集序

朝散大夫行尚書職方員外郎直史館上柱國樂史

李翰林歌詩李陽氷纂爲草堂集十卷史又别收歌詩十卷與草堂集互有得失因校勘排爲二十卷號曰李翰林集今於三館中得李白賦序表讚書頌等亦排爲十卷號曰李翰林别集翰林在唐天寶中賀秘監聞於明皇帝召見金鑾殿降步輦迎如見綺皓草和蕃書思若懸河帝嘉之七寶方丈賜食於前御手調羹於是置之金鑾殿出入翰林中其諸事跡草

堂集序范傳正撰新墓碑亦略而詳矣史又撰李白
傳一卷事又稍周然有三事近方得之開元中禁中
初重木芍藥即今牡丹也（開元天寶花木記云禁中呼木芍藥爲牡丹）得
四本紅紫淺紅通白者上因移植於興慶池東沉香
亭前會花方繁開上乘照夜車太真妃以步輦從詔
選梨園弟子中尤者得樂一十六色李龜年以歌擅
一時之名手捧檀板押衆樂前將欲歌之上曰賞名
花對妃子焉用舊樂辭焉遽命龜年持金花牋宣賜
翰林供奉李白立進清平調詞三章白欣然承詔旨
由若宿酲未解因援筆賦之其一曰雲想衣裳花想
容春風拂檻露華濃若非羣玉山頭見會向瑶臺月

下逢其二曰一枝紅艷露凝香雲雨巫山枉斷腸借問漢宮誰得似可憐飛燕倚新粧其三曰名花傾國兩相歡長得君王帶笑看解釋春風無限恨沉香亭北倚闌干龜年以歌辭進上命梨園弟子略約調撫絲竹遂促龜年以歌之太真妃持頗黎七寶盃酌西涼州蒲萄酒笑領歌辭意甚厚上因調玉笛以倚曲每曲徧將換則遲其聲以媚之太真妃飲罷斂繡巾重拜上自是顧李翰林尤異於諸學士會高力士終以脫靴爲深恥異日太真妃重吟前辭力士曰始爲妃子怨李白深入骨髓何翻拳拳如是耶太真妃因驚曰何翰林學士能辱人如斯力士曰以飛燕指

妃子賤之甚矣太真妃頗深銜之上嘗三欲命李白官卒爲宮中所捍而止白嘗有知鑒客并州識汾陽王郭子儀於行伍間爲脫其刑責而奬重之及翰林坐永王之事汾陽功成請以官爵贖翰林上許之因而免誅翰林之知人如此汾陽之報德如彼白之從弟令問常目白曰兄心肝五臟皆錦繡耶不然何開口成文揮翰霧散耳傳中漏此三事今書於序中白有歌云吟詩作賦北窻裏萬言不及一杯水蓋歎乎有其時而無其位嗚呼以翰林之才名遇玄宗之知見而乃飄零如是宋中丞薦於聖真云一命不霑四海稱屈得非命歟白居易贈劉禹錫詩云詩稱國手

徒爲爾命壓人頭不柰何斯言不虛矣九百有位無自輕焉撰集之次聊存梗槩而已時在繞霤州中咸平元年三月三日序

故翰林學士李君墓誌 并序

李華

嗚呼姑孰東南青山北址有唐高士李白之墓嗚呼哀哉夫仁以安物公其懋焉義以濟難公其志焉識以辯理公其博焉文以宣志公其懿焉宜其上爲王師下爲伯友年六十有二不偶賦臨終歌而卒悲夫聖以立德賢以立言道以恒世言以經俗雖曰死矣吾不謂其亡矣也有子曰伯禽天然長能持幼能辯數梯公之德必將大其名也已矣銘曰

立德謂聖立言謂賢嗟君之道奇於人而侔於天哀哉

唐故翰林學士李君碣記

尚書膳部員外郎劉全白撰

朝議郎行當塗縣令顧遊秦建

君名白廣漢人性倜儻好縱橫術善賦詩才調逸邁往往興會屬詞恐古之善詩者亦不逮尤工古歌少任俠不事産業名聞京師天寶初玄宗辟翰林待詔因爲和蕃書并上宣唐鴻猷一篇上重之欲以綸誥之任委之同列者所謗詔令歸山遂浪跡天下以詩酒自適又志尚道術謂神仙可致不求小官以當世之務自負流離轗軻竟無所成名有子名伯禽偶遊至

此遂以疾終因葬於此文集亦無定卷家家有之代宗登極廣拔淹瘁時君亦拜拾遺聞命之後君亦逝矣嗚呼與其才不與其命悲夫全白幼則以詩爲君所知及此投弔荒墳將毀追想音容悲不能止邑有賢宰顧公遊秦志好爲詩亦常慕效李君氣調因嗟感才冥寞遂表墓式墳乃題貞石兾傳於往來也貞元六年四月七日記沙門履文書墳去墓記一百二十步

唐左拾遺翰林學士李公新墓碑并序

宣歙池等州觀察使范傳正

騏驥筋力成意在萬里外歷塊一蹶斃於空谷唯餘

駿骨價重千金大鵬羽翼張勢欲摩穹昊天風不來
海波不起塌翅別島空留大名人亦有之故左拾遺
翰林學士李公之謂矣公名白字太白其先隴西成
紀人絶嗣之家難求譜諜公之孫女搜於箱篋中得
公之亡子伯禽手疏十數行紙壞字缺不能詳備約
而計之凉武昭王九代孫也隋末多難一房被竄于
碎葉流離散落隱易姓名故自國朝已來編於屬籍
神龍初潛還廣漢因僑爲郡人父客以逋其邑遂以
客爲名高卧雲林不求祿仕公之生也先府君指天
枝以復姓先夫人夢長庚而告祥名之與字咸所取
象受五行之剛氣叔夜心高挺三蜀之雄才相如文

逸瓌奇宏廓拔俗無類少以俠自任而門多長者車
常欲一鳴驚人一飛冲天彼漸陸遷喬皆不能也由
是慷慨自負不拘常調器度弘大聲聞于天天寶初
召見於金鑾殿玄宗明皇帝降輦步迎如見園綺論
當世務草荅蕃書辯如懸河筆不停綴玄宗嘉之以
寶牀方丈賜食於前御手和羹德音褒美褐衣恩遇
前無比儔遂直翰林專掌密命將處司言之任多陪
侍從之遊他日泛白蓮池公不在宴皇歡既洽召公
作序時公已被酒於翰苑中仍命高將軍扶以登舟
優寵如是既而上疏請還舊山玄宗甚愛其才或慮
乘醉出入省中不能不言温室樹恐掇後患惜而遂

之公以爲千鈞之弩一發不中則當摧撞折牙而永息機用安能傚碌碌者蘇而復上哉脫屣軒冕釋羈韁鎖因肆情性大放宇宙間飲酒非嗜其酣樂取其昏以自富作詩非事於文律取其吟以自適好神仙非慕其輕舉將不可求之事求之欲耗壯心遣餘年也在長安時秘書監賀知章号公爲謫仙人吟公烏栖曲云此詩可以哭鬼神矣時人又以公及賀監汝陽王崔宗之裴周南等八人爲酒中八仙朝列賦謫仙歌百餘首俄屬戎馬生郊遠身海上往來於斗牛之分優游没身偶乗扁舟一日千里或遇勝境終年不移時長江遠山一泉一石無往而不自得也晚歲

渡牛渚磯至姑熟悦謝家青山有終焉之志盤桓利
居竟卒於此其生也聖朝之高士其往也當塗之旅
人代宗之初搜羅俊逸拜公左拾遺制下於彤庭禮
降於玄壤生不及禄殁而稱官嗚呼命歟傳正生唐
代甲子相懸常於先大夫文字中見與公有潯陽夜
宴詩則知與公有通家之舊早於人間得公遺篇逸
句吟詠在口無何叨蒙恩奬廉問宣池按圖得公之
墳墓在當塗邑因令禁樵採備灑掃訪公之子孫故
申慰薦凡三四年乃獲孫女二人一爲陳雲之室一
乃劉勸之妻皆編戶甿也因召至郡庭相見與語衣
服村落形容朴野而進退閑雅應對詳諦且祖德如

在儒風宛然問其所以則曰父伯禽以貞元八年不禄而卒有兄一人出遊一十二年不知所在父存無官父殁爲民有兄不相保爲天下之窮人無桑以自蠶非不知機杼無田以自力非不知稼穡况婦人不任布裙糲食何所仰給儷于農夫救死而巳久不敢聞於縣官懼辱祖考鄉閭逼迫忍恥來告言訖淚下余亦對之泣然因云先祖志在青山遺言宅兆頃屬多故殯於龍山東麓地近而非本意墳高三尺日益摧圮力且不及知如之何聞之憫然將遂其請因當塗令諸葛縱會計在州得諭其事縱亦好事者學爲歌詩樂聞其語便道還縣躬相地形卜新宅于青山

之陽以元和十二年正月二十三日遷神于此遂公之志也西去舊墳六里南抵驛路三百步北倚謝公山即青山也天寶十二載勑改名焉因告二女將改適於士族皆曰夫妻之道命也亦分也在孤窮旣失身於下俚仗威力乃求援於他門生縱偷安死何面目見大父於地下欲敗其類所不忍聞余亦嘉之不奪其志復井稅免徭役而已今士大夫之葬必誌於墓有勳庸道德之家兼樹碑于道余才術貧虛不能两致今作新墓銘輒刋二石一寘于泉扃一表于道（一作通）路亦峴首漢川之義也庶芳聲之不泯焉文集二十卷或得之於時之文士或得之於宗族編緝斷簡

以行于代銘曰
嵩嶽降神是生輔臣蓬萊謫真斯爲逸人晉有七賢唐稱八仙應彼星象唯公一焉晦以麴蘗暢於文篇萬象奔走乎筆端萬慮泯滅乎罇前卧必酒甕行惟酒舩吟風詠月席地幕天但貴乎適其所適不知夫所以然而然至今尚疑其醉在千日寧審乎壽終百年謝家山兮李公墓異代詩流同此路舊墳卑庳風雨侵新宅爽塏松栢林故鄉萬里且無嗣二女從民永於此猗歟琢石爲二碑一藏幽隧一臨岐岸深谷高變化時一存一毁各不虧

翰林學士李公墓碑

前守秘書省校書郎裴敬

李翰林名白字太白以詩著名召入翰林世稱才名占得翰林他人不復爭先其後以脅從得罪既免遂放浪江南死宣城葬當塗青山下李陽冰序詩集粗具行止敬甞遊江表過其墓下愛其才壯其氣味其嗜酒知其取適作碑於墓且曰先生得天地秀氣耶不然何異於常之人耶或曰太白之精下降故字太白故賀監號爲謫仙不其然乎故爲詩格高旨遠若在天上物外神仙會集雲行鶴駕想見飄然之狀視塵中屑屑米粒蟲睫紛擾菌蠢羈絆蹤躅之比又甞有知鑒客并州識郭汾陽於行伍間爲免脫其刑責

而擬重之後汾陽以功成官爵請贖翰林上許之因免誅其報也又常心許劍舞裴將軍予曾叔祖也嘗投書曰如白願出將軍門下其文高其氣雄世稀其本懼失其傳故序傳之大和初文宗皇帝命翰林學士爲三絶贊公之詩歌與將軍劍舞洎張旭長史草書爲三絶夫天付上才必同靈氣賢傑相投龍虎兩合可爲知者言非常人所知也夫古以名德稱占其官謚者甚希前以詩稱者若謝吏部何水部陶彭澤鮑參軍之類唐朝以詩稱若王江寧宋考功韋蘇州王右丞杜員外之類以文稱者若陳拾遺蘇司業元容州蕭功曹韓吏部之類以德行稱者元魯山陽道

州以直稱者魏文貞狄梁公以忠烈稱者顏魯公段太尉以武稱者李衛公英公以學行文翰俱稱者虞秘監唐之得人於斯爲盛翰林其以詩稱之一也子嘗過當塗訪翰林舊宅又於浮圖寺化城之僧得翰林自寫訪賀監不遇詩云東山無賀老却棹酒舡回味之不足重之爲寶用獻知者又於歷陽郡得翰林與劉尊師書一紙思高筆逸又嘗遊上元蔣山寺見翰林讚志公云水中之月了不可取刀齊尺量扇迷陳語文簡事備誠爲作者附於此云會昌三年二月中澣自溧水草堂南遊江左過公墓下四過青山兩發塗口徘徊不忍去與前濮州鄄城縣尉李劭同以

公服拜其墓問其墓左人畢元宥實備洒掃留縣帛
具酒饌祭公知公無孫有孫女二人一娶劉勸一娶
陳雲皆農夫也且曰二孫女不拜墓已五六年矣因
告邑宰李君都傑請免畢元宥力役俾專洒掃事嘻
享名甚高後事何薄謝公舊井新墓角落青山白雲
共爲蕭索巨竹拱墓如公卓犖天長地久其名不朽
此爲祭文寫授元宥又爲碑曰
貴盡皆然名存則難故予重名不重官作李翰林碑
十五字而已

李翰林文集卷第一

李太白文集卷第二

歌詩五十九首

古風上

古風五十九首

大雅久不作吾衰竟誰陳王風委蔓草戰國多荆榛龍虎相啖食兵戈逮狂秦正聲何微茫哀怨起騷人揚馬激頹波開流蕩無垠廢興雖萬變憲章亦已淪自從一作邕跪建安來綺麗不足珍聖代復元古垂衣貴清真羣才屬休明乘運共躍鱗文質相炳煥衆星羅秋旻我志在删述重輝映千春希聖如有立絶筆於獲麟

蟾蜍薄太清蝕此瑤臺月圓光虧中天金魄遂淪沒
螮蝀入紫微大明夷朝暉浮雲隔兩曜萬象昏陰霏
蕭蕭長門宮昔是今巳非桂蠹花不實天霜下嚴威
沉歎終永夕感我涕沾衣
秦皇掃六合虎視何雄哉揮劍決浮雲諸侯盡西來
明斷自天啓（一作雄圖發英斷）大略駕羣才收兵鑄金人函谷
正東開銘功會稽嶺騁望琅邪臺刑徒七十萬起土
驪山隈尚採不死藥茫然使心（一作人）哀連弩射海魚長
鯨正崔嵬額鼻象五嶽揚波噴雲雷鬐鬣蔽青天何
由覩蓬萊徐氏載秦女樓船幾時回但見三泉下金
棺葬寒灰

鳳飛九千仞五章備綵珍銜書且虛歸空入周與秦横絶歷四海所居未得鄰吾營紫河車千載落風塵藥物祕海嶽採鉛青溪濱時登大樓山舉首望仙真羽駕滅去影飈車絶回輪尚恐丹液遲志願不及申徒霜鏡中髮羞彼鶴上人桃李何處開此花非我春唯應清都境長與韓衆親

太白何蒼蒼星辰上森列去天三百里邈爾與世絶中有緑髮翁披雲一作千春卧松雪不笑亦不語冥棲在巖穴我來逢真人長跪問寶訣粲然忽自哂一作啓玉齒授以鍊藥説銘骨傳其語竦身已電滅仰望不可及蒼然五情熱吾將營丹砂永與世人別

代馬不思越，越禽不戀燕。情性有所習，土風固其然。
昔别鴈門關，今戍龍庭前。驚沙亂海日，飛雪迷胡天。
蟣蝨生虎鶡，心魂逐旌旃。苦戰功不賞，忠誠難可宣。
誰憐李飛將，白首没三邊。

客有鶴上仙，飛飛凌太清。揚言碧雲裏，自道安期名。
兩兩白玉童，雙吹紫鸞笙。去影忽不見，回風送天聲。
舉首遠望之，一作我欲一問之飄然若流星。願飡金光草，壽與
天齊傾。一作五鶴西北來，飛飛凌太清。仙人綠雲上，自道安期名。兩兩白玉童，雙吹紫鸞笙。飄然下倒景，倏忽無留行。遺我金光草，服之四體輕。將隨赤松去，對博坐蓬瀛。

莊周夢蝴蝶，蝴蝶爲莊周。一體更變易，萬事良悠悠。
乃一作那知蓬萊水，復作清淺流。青門種瓜人，舊日東陵

侯富貴固（一作苟）如此營營何所求

齊有倜儻生魯連特高妙明月出海底一朝開光曜
却秦振英聲後世仰末照意輕千金贈顧向平原笑
吾亦澹蕩人拂衣可同調

黄河走東溟白日落西海逝川與流光飄忽不相待
春容捨我去秋髮已衰改人生非寒松年皃（一作顔色）豈長
在吾當乘雲螭吸景駐光彩（一作誰能學天飛三秀與君採）

松栢本孤直難爲桃李顔昭昭嚴子陵垂釣滄波間
身將客星隱心與浮雲閑長揖萬乘君還歸富春山
清風灑六合邈然不可攀使我長歎息冥棲巖石間

君平既棄世世亦棄君平觀變窮太易探元（一作玄）化羣

生寂寞綴道論一作真道空簾閉幽情一作清騶虞不虛一作復來
鸑鷟有時鳴安知天漢上白日懸高名海客去已久
誰人一作能測沉冥

胡關饒風沙蕭索一作颯竟終古歲落秋草黄登高望戎
虜荒城空大漠邊邑無遺堵白骨橫千霜嵯峨蔽榛
莽借問誰陵虐天驕毒威武赫怒我聖皇勞師事鼙
鼓陽和變殺氣發卒騷中土三十六萬人哀哀淚如
雨且悲就行役安得營農圃不見征戍兒豈知關山
苦一本此下添爭鋒徒死節秉鉞皆庸豎戰士塗蒿萊將軍獲圭組四句李牧今不在一作衛霍今不在
邊人飼豺虎

燕趙延郭隗遂築黄金臺劇辛方趙至一作往鄒衍復齊

來奈何青雲士棄我如塵埃珠玉買歌笑糟糠養賢
才方知黃鶴舉千里獨徘徊
金華牧羊兒乃是紫煙客我願從之遊未去髮已白
不知繁華一作朱顏子擾擾何所迫崑山採瓊蘂一作蕤可以鍊
精魄
天津三月時千門桃與李朝爲斷腸花暮逐東流水
前水復一作非後水古今相續流新一作今人非舊人年年橋
上遊鷄鳴海色動謁帝羅公侯月落西上陽一作上陽西餘
輝半城樓衣冠照雲日朝下散皇州鞍馬如飛龍黃
金絡馬頭行人皆闢易志氣橫嵩丘入門上高堂列
鼎錯珍羞香風引趙舞清管隨齊謳七十紫鴛鴦雙

雙戲庭幽行樂爭晝夜自言度千秋功成身不退自
古多愆尤黃犬空歎息綠珠成釁讎何如鴟夷子散
髮棹一作弄扁舟

西上一作嶽蓮花山迢迢見明星素手把芙蓉虛步躡太
清霓裳曳廣帶飄拂昇天行邀我登雲臺高揖衛叔
卿恍恍與之去駕鴻凌紫冥俯視洛陽川茫茫走胡
兵流血塗野草豺狼盡冠纓

昔我遊齊都登華不注峯茲山何峻秀綠翠如芙蓉
蕭颯古仙人了知是赤松借予一白鹿自挾兩青龍
含笑凌倒景欣然願相從

泣與親友別欲語再三咽勗君青松心努力保霜雪

世路多險艱，白日欺紅顏。分首各千里，去去何時還。在世復幾時，倏如飄風度。空聞紫金經，白首愁相誤。撫已忽自笑，沉吟爲誰故。名利徒煎熬，安得閒余步。終留赤玉舄，東上蓬山（一作萊）路。秦帝如我求，蒼蒼但煙霧。

郢客吟白雪，遺響飛青天。徒勞歌此曲，舉世誰爲傳。試爲巴人唱，和者乃數千。吞聲何足道，歎息空悽然。

秦水別隴首，幽咽多悲聲。胡馬顧朔雪，躞蹀長嘶鳴。感物動我心，緬然含歸情。昔視秋蛾飛，今見春蠶生。嫋嫋桑枯（一作結）葉，萋萋柳垂榮。急節謝流水，羈心搖懸旌。揮涕且復去，惻愴何時平。

秋露白如玉團圓下庭綠我行忽見之寒早悲歲促
生猶鳥過目胡乃自結束景公一何愚牛山淚相續
物苦不知足登（一作得）隴又望蜀人心若波瀾世路有（一作多）
屈曲三萬六千日夜夜當秉燭

大車揚飛塵亭午暗阡陌中貴多黃金連雲開甲宅
路逢鬭雞者冠蓋何輝赫鼻息干虹蜺行人皆怵惕
世無洗耳翁誰知堯與跖

世道日交喪澆風散淳源不采芳桂枝反棲惡木根
所以桃李樹吐花竟不言大運有興沒羣動爭飛奔
歸來廣成子去入無窮門

碧荷生幽泉朝日豔且鮮秋花冒綠水密葉羅青煙

秀色空絶世馨香誰爲傳坐看飛霜滿凋此紅芳年
結根未得所願託華池邊

燕趙有秀色綺樹青雲端眉目豔皎月一笑傾城歡
常恐碧草晚坐泣秋風寒纖手怨玉琴清晨起長歎
焉得偶君子共乘雙飛鸞

容顔若飛電時景如飄風草緑霜已白日西月復東
華鬢不耐秋颯然成衰蓬古來賢聖人一一誰成功
君子變猿鶴小人爲沙蟲不及廣成子乘雲駕輕鴻

三季分戰國七雄成亂麻王風何怨怒世道終紛拏
至人洞元象高舉凌紫霞仲尼亦（一作欲）浮海吾祖之流
沙聖賢共淪没臨歧胡咄嗟

玄風變太古道喪無時還擾擾季葉（一作市井）人雞鳴趨四
關但識金馬門誰（一作詎）知蓬萊山白首死羅綺笑歌無
休（一作時）閑渌酒哂丹液青娥凋素顏（一作萋萋千金骨風塵凋素顏）大儒揮
金椎琢之（一作發塚）詩禮間蓍蓍三珠樹冥目焉能攀

鄭客西入關行行未能已白馬華山君相逢平原里
璧遺鎬池公明年祖龍死秦人相謂曰吾屬可去矣
一往桃花源千春隔流水

蓐收肅金氣西陸弦海月秋蟬號階軒感物憂不歇
良辰竟何許大運有淪忽天寒悲風生夜久衆星没
惻惻不忍言哀歌達明發

北溟有巨魚身長數千里仰噴三山雪横吞百川水

憑凌隨海運，烜赫因風起。吾觀摩天飛，九萬方未已。

羽檄如流星，虎符合專城。喧呼救邊急，羣鳥皆夜鳴。白日曜紫微，三公運權衡。天地皆得一，澹然四海清。借問此何爲，荅言楚徵兵（一作征楚兵）。渡瀘及五月，將赴雲南征。怯卒非戰士，炎方難遠行。長號別嚴親，日月慘光晶。泣盡繼以血，心摧兩無聲。困獸當猛虎，窮魚餌奔鯨。千去不一回，投軀豈全生。如何舞干戚，一使有苗平。

醜女來效顰，還家驚四鄰。壽陵失本步，笑殺邯鄲人。一曲（一作東西）斐然子，雕蟲喪天真。棘刺造沐猴，三年費精神。功成無所用，楚楚且華（一作采）身。大雅思文王，頌聲久

崩淪安得郢中質一揮成斧斤一作承風運斤
抱玉入楚國見疑古所聞良寶終見棄徒勞三獻君
直木忌先伐芳蘭哀自焚盈滿天所損沉冥道為羣
東海汎碧水一作流西關乘紫雲魯連及柱史可以躡清芬
燕臣昔慟哭五月飛秋霜庶女號蒼天震風擊齊堂
精誠有所感造化為悲傷一本此下添而我竟何辜遠身金殿旁浮雲蔽紫
闥白日難回光羣沙穢明珠衆草凌孤芳古來共歎
息流淚空沾裳

孤蘭生幽園衆草共蕪没雖照陽春暉復悲高秋月
飛霜早淅瀝綠豔恐休歇若無清風吹香氣為誰發

登高望四海天地何漫漫霜被羣物秋風飄大荒寒

榮華東流水萬事皆波瀾白日掩徂暉浮雲無定端梧桐巢鷰雀枳棘棲鴛鸞且復歸去來劒歌行一作悲路難一本自第四句後云殺氣落喬木浮雲蔽層巒孤鳳鳴天霓遺聲何辛酸遊人悲舊國撫心亦盤桓倚劍歌所思曲終涕泗瀾

鳳飢不啄粟所食唯琅玕焉能與羣雞蹙一作刺促爭一飡朝鳴崑丘樹夕飲砥柱湍歸飛海路遠獨宿天霜寒幸遇王子晉結交青雲端懷恩未得報感別空長歎

朝弄紫泥海一作朝駕碧鸞車夕披丹霞裳揮手折若木拂此西日光雲臥一作舉遊八極玉顏已千霜飄飄入無倪稽首祈上皇呼我遊太素玉杯賜瓊漿一飡歷萬歲何

用還故鄉永隨長風去天外恣飄揚
摇裔雙白鷗鳴飛滄江流宜與海人狎豈伊雲鶴儔
寄影宿沙月沿芳戲春洲吾亦洗心者忘機從爾遊
周穆八荒意漢皇萬乘尊淫樂心不極雄豪安足論
西海宴王母北宮邀上元瑶水聞遺歌玉杯竟空言
靈跡成蔓草徒悲千載魂
緑蘿紛葳蕤繚繞松栢枝草木有所託歲寒尚不移
奈何夭桃色坐歎葑菲詩玉顔艶紅彩雲髮非素絲
君子恩已畢賤妾將何爲
八荒馳驚飆萬物盡凋落浮雲蔽頹陽洪波振大壑
龍鳳脱罔罟飄颻將安託去去乘白駒空山詠場藿

一百四十年，國容何赫然。隱隱五鳳樓，峨峨橫三川。王侯象星月，賓客如雲煙。一本首六句云：帝京信佳麗，國容何赫然。劒戟擁九關，歌鍾沸三川。蓬萊象天構，珠翠誇雲仙。鬬雞金宮一作城裏，蹴踘瑤臺邊。一作走馬蘭臺邊。舉動搖白日，指揮回青天。當塗何翕忽，失路長棄捐。獨有楊執戟，閉關草太玄。

桃花開東園，含笑誇白日。偶蒙春風榮，生一作矜此豔陽質。豈無佳人色，但恐花不實。宛轉龍火飛，零落早相失。詎知南山松，獨立自蕭颸。

秦皇按寶劒，赫怒振威神。逐日巡海右，驅石架滄津。徵卒空九寓，作橋傷萬人。但求蓬島藥，豈思農扈春。力盡功不贍，千載爲悲辛。

美人出南國灼灼芙蓉姿皓齒終不發芳心空自持
由來紫宮女共妬青蛾眉歸去瀟湘沚沉吟何足悲
宋國梧臺東野人得燕石（一作宋人枉千金去國買燕石）誇作天下珍
却哂趙王璧趙璧無緇磷燕石非貞真流俗多錯誤
豈知玊與珉
殷后亂天紀楚懷亦已昏夷羊滿中野緑葹盈高門
比干諫而死屈平竄湘源虎口何婉孌女嬃空嬋娟
彭城久淪没此意與誰論
青春流驚湍朱明（一作火）驟回薄不忍看秋蓬飄揚竟何
託光風滅蘭蕙白露灑葵藿（一作委蕭藿）美人不我期草木
日零落

戰國何紛紛兵戈亂浮雲趙倚兩虎鬭晉爲六卿分姦臣欲竊位樹黨自相羣果然田成子一旦弑齊君倚劒登高臺悠悠送春目蒼榛蔽層丘瓊草隱深谷鳳皇鳴西海欲集無珍木鸒斯得匹所（一作居）棲（一作蒿）下盈萬族晉風日已頽窮途方慟哭（一本首四句以下云翩翩衆鳥飛翺翔在珍木羣花亦便娟榮耀非一族歸來愴途窮日暮還慟哭）

齊瑟彈（一作揮）東吟秦絃弄西音慷慨動顔魄使人成荒淫彼女佞邪子婉孌來相尋一笑雙白璧再歌千黃金珍色不貴道詎惜飛光沉安識紫霞客瑤臺鳴玉（一作素）琴

越客採明珠提攜出南隅清輝照海月美價傾鴻（一作皇）

都獻君君按劍懷寶空長吁魚目復相哂寸心增煩紆

羽族禀萬化小大各有依啁啁亦何辜六翮掩不揮願銜衆禽翼一向黄河飛飛者莫我顧歎息將安歸

我行巫山渚尋古登陽臺天空綵雲滅地遠清風來神女去已久襄王安在哉荒淫竟淪没樵牧徒悲哀

惻惻泣路岐哀哀悲素絲路岐有南北素絲無（一作有）變移（一本下添萬事固如此人生無定期田竇相傾奪賓客互盈虧世塗多翻覆交道方嶮巇斗酒以下同）谷風刺輕薄交道方嶮巇斗酒强然諾寸心終自疑張陳竟火滅蕭朱亦星離衆鳥集榮柯窮魚守空（一作枯）池嗟嗟失權客勤問何所規（一作悲又作勤問何所窺）

卷終

李太白文集卷第三

歌詩三十一首

樂府一

遠別離

遠別離古有黃英之二女乃在洞庭之南瀟湘之浦海水直下萬里深誰人不言此離苦日慘慘兮雲冥冥猩猩啼煙兮鬼嘯雨我縱言之將何補皇穹竊恐不照余之忠誠雷憑憑兮欲吼怒堯舜當之亦禪禹君失臣兮龍爲魚權歸臣兮鼠變虎或云堯幽囚舜野死九疑聯綿皆相似重瞳孤墳竟何是帝子泣兮綠雲間隨風波兮去無還慟哭兮遠望見蒼梧之深

山蒼梧山崩湘水絶竹上之淚乃可滅

公無渡河

黄河西來決崑崙咆哮萬里觸龍門波滔天堯咨嗟大禹理百川兒啼不窺家殺湍堙洪水九州始蠶麻其害乃去茫然風沙被髮之叟狂而癡清晨徑（一作臨）流欲奚爲旁人不惜妻止之公無渡河苦渡之虎可搏河難憑公果溺死流海湄有長鯨白齒若雪山公乎公乎挂骨於其間箜篌所悲竟不還

蜀道難　諷章仇兼瓊也

噫吁嚱危乎高哉蜀道之難難於上青天蠶叢及魚鳧開國何茫然爾來四萬八千歲不（一作乃）與秦塞通人

煙西當太白有鳥道何一作可以橫絶峨眉巔地崩山摧壯士死然後天梯石棧方一作相鉤連上有六龍回日之高標一作橫河斷海之浮雲下有衝波逆折之回川黃鶴之飛尚不得一作過猨猱欲度愁攀緣一作牽青泥何盤盤百步九折縈巖巒捫參歷井仰脅息以手撫膺坐長歎問君西遊何時還畏途巉巖不可攀但見悲鳥號古木雄飛雌從遶林間又聞子規啼夜月愁空山蜀道之難難於上青天使人聽此凋朱顔連峯去天不盈尺一作入煙幾千尺枯松倒挂倚絶壁飛湍暴流爭喧豗氷崖轉石萬壑雷其嶮也若此嗟爾遠道之人胡爲乎來哉劍閣峥嶸而崔嵬一夫當關萬人一作夫莫開所守或匪親一作人

化爲狼與豺朝避猛虎夕避長蛇磨牙吮血殺人如麻錦城雖云樂不如早還家蜀道之難難於上青天側身西望長咨嗟（一作令人嗟）

梁甫吟

長嘯梁甫吟何時見陽春君不見朝歌屠叟辭棘津八十西來釣渭濱寧羞白髮照淥水逢時壯（一作吐）氣思經綸廣張三千六百鈞（一作釣）風期暗與文王親大賢虎變愚不測當年頗似尋常人君不見高陽酒徒起草中長揖山東隆準公入門開說（一作開游說）騁雄辯兩女輟洗來趨風東下齊城七十二指麾楚漢如旋蓬狂客（一作生）落拓尚如此何況壯士當羣雄我欲攀龍見明主

雷公砰訇震天鼓帝旁投壺多玉女三時大笑開電光倏爍晦冥起風雨閶闔九門不可通以額叩關閽者怒白日不照吾精誠杞國無事憂天傾猰貐磨牙競人肉騶虞不折生草莖手接飛猱搏彫虎側足焦原未言苦智者可卷愚者豪世人見我輕鴻毛力排南山三壯士齊相殺之費二桃吳楚弄兵無劇孟亞夫咍爾為徒勞梁甫吟聲正悲張公兩龍劍神物合有時風雲感會起屠釣大人峴屼當安之

烏夜啼

黃雲城邊烏欲棲歸飛啞啞枝上啼機中織錦秦川女一作閨中織婦秦家女碧紗如煙隔窗語停梭悵然一作望憶遠人

一作問人憶故夫獨宿孤房一作獨宿空堂一作知在流沙淚如雨一作停梭向人問故夫知在關西淚如雨

烏棲曲

姑蘇臺上烏棲時吳王宮裏醉西施吳歌楚舞歡未畢青山猶銜半邊日銀箭金壺一作金壺丁丁漏水多起看秋月墜江波東方漸高奈樂何一作爾何

戰城南

去年戰桑乾源今年戰葱河道洗兵條支海上波放馬天山雪中草萬里長征戰三軍盡衰老匈奴以殺戮爲耕作古來唯見白骨黄沙田秦家築城備胡處漢家還有烽火燃烽火燃不息征戰一作長征無已時野戰

格鬬死敗馬號鳴向天悲烏鳶啄人腸銜飛上挂枯樹枝（一作上枯枝）士卒塗草莽將軍空爾為乃知兵者是凶器聖人（一作君）不得已而用之

將進酒（一作惜空樽酒）

君不見黄河之水天上來奔流到海不復回君不見高堂明鏡悲白髮朝如青絲暮成（一作如）雪人生得意須盡歡莫使金樽空對月天生我材必有用（一作開又云天生我身必有財又作天生吾徒有俊材）千（一作黄）金散盡還復來烹羊宰牛且為樂會須一飲三百杯岑夫子丹丘生進酒君莫停（一作將進酒杯莫停）與君歌一曲請君為我傾耳聽鐘鼓饌玉不足貴（一作玉帛豈足貴）但願長醉不用（一作復）醒古來聖賢皆寂寞（一作死盡）唯

有飲者留其名陳王昔時一作日宴平樂斗酒十千恣歡謔主人何爲言少錢徑須沽取對君酌一作且須沽酒共君酌五花馬千金裘呼兒將出換美酒與爾同銷萬古愁

行行且遊獵篇

邊城兒生年不讀一字書但知遊獵誇輕趫胡馬秋肥宜白草騎來躡影何矜驕一作可憐驕金鞭拂雪揮鳴鞘半酣呼鷹出遠郊弓彎一作彎弧滿月不虛發雙鶬迸落連飛髇海邊觀者皆辟易猛氣英風振沙磧儒生不及遊俠人白首垂帷復何益

飛龍引二首

黃帝鑄鼎於荆山鍊丹砂丹砂成黃金騎龍飛去太

上家雲愁海思令人嗟宮中綵女顏如花飄然揮手
凌紫霞從風縱體登鑾（一作鸞）車登鑾車侍軒轅遨遊青
天中其樂不可言
鼎湖流水清且閑軒轅去時有弓劒古人傳道留其
間後宮嬋娟多花顏乘鸞飛煙亦不還騎龍攀天造
天關造天關聞天語屯雲河車載玉女載玉女過紫
皇紫皇乃賜白兔所擣之藥方後天而老凋三光下
視瑤池見王母蛾眉蕭颯如秋霜

天馬歌

天馬來出月支窟背爲虎文龍翼骨嘶青雲振綠髮
蘭筋權奇走滅没騰崑崙歷西極四足無一蹶雞鳴

刷燕晡秣越神行電邁躡慌惚天馬呼飛龍一作黃趨目
明長庚臆雙鳧尾如流星首渴烏口噴紅光汗溝珠
曾陪時龍躍天衢羈金絡月照星一作皇都逸氣稜稜凌
九區白璧如山誰敢沽回頭笑紫鷰但覺爾輩愚天
馬奔戀君軒駷躍驚矯浮雲翻萬里足躑躅遙瞻閶
闔門不逢寒風子誰採逸景孫白雲在青天丘陵遠
崔嵬鹽車上峻坂倒行逆施畏日晚伯樂剪拂中道
遺少盡其力老棄之願逢田子方惻然爲我思一作悲雖
有玉山禾不能療苦一作我飢嚴霜五月凋桂枝伏櫪銜
寃摧兩眉請君贖獻穆天子猶堪弄影舞瑤池

行路難三首 第三首一作古興

金罇清酒斗十千，玉盤珍羞直萬錢。停盃投筯不能食，拔劒四顧心茫然。欲渡黄河冰塞川，將登太行雪暗天（一作滿山）。閑來垂釣坐（一作碧）溪上，忽復乗舟夢日邊。行路難，行路難，多岐路，今安在。長風破浪會有時，直挂雲帆濟滄海。

天道如青天，我獨不得出。羞逐長安社中兒，赤雞白狗（一作雉）賭梨栗。彈劒作歌奏苦聲，曳裾王門不稱情。淮陰市井笑韓信，漢朝公卿忌賈生。君不見昔時燕家重郭隗，擁篲折節無嫌猜。劇辛樂毅感恩分，輸肝剖膽效英（一作俊）才。昭王白骨縈蔓草，誰人更掃黄金臺。行路難，歸去來。

有耳莫洗潁川水有口莫食首陽蕨含光混世貴無名何用孤高比雲月吾觀自古賢達人功成不退皆殞身子胥既棄吴江上屈原終投湘水濱陸機雄才豈自保李斯稅駕苦不早華亭鶴唳詎可聞上蔡蒼鷹何足道君不見吴中張翰稱（一作真）達生秋風忽憶江東行且樂生前一杯酒何須身後千載名

長相思

長相思在長安絡緯秋啼金井欄微（一作凝）霜凄凄簟色寒孤燈不明（一作寐又作眠）思欲絶卷帷望月空長歎美人如花（一作佳期迢迢）隔雲端上有青冥之高天下有渌水之波瀾天長路遠魂飛苦夢魂不到關山難長相思摧心肝

上留田

行至上留田，孤墳何崢嶸。積此萬古恨，春草不復生。悲風四邊來，腸斷白楊聲。借問誰家地，埋没蒿里塋。古老向余言，言是上留田。蓬科馬鬣今巳平。昔之弟死兄不葬，他人於此舉銘旌。一鳥死，百鳥鳴。一獸走，百獸驚。桓一作常山之禽别離苦，欲去回翔不能征。田氏倉卒骨肉分，青天白日摧紫荊。交讓之木本同形，東枝顦顇西枝榮。無心之物尚如此，參商胡乃尋天兵。孤竹延陵，讓國揚名。高風緬邈，頹波激清。尺布之謡，塞耳不能聽。

春日行

深宮高樓入紫清金作蛟龍盤繡楹一作繡作楹佳人當窻
弄白日絃將手語彈鳴箏春風吹落君王耳此曲乃
是昇天行因出天池汎蓬瀛樓船蹙沓波浪驚三千
雙蛾獻歌笑撾鐘考鼓宮殿傾萬姓聚舞歌太平我
無爲人自寧三十六帝欲相迎仙人飄飖下雲軿帝
不去留鎬京安能爲軒轅獨往入窅冥小臣拜獻南
山壽陛下萬古垂鴻名

前有樽酒行二首

春風東來忽相過金樽淥酒生微波落花紛紛稍覺
多美人欲醉朱顔酡青軒桃李能幾何流光欺人忽
蹉跎君起舞日西一作漸夕當年意氣不肯傾白髮如絲

（一作白首垂絲）歎何益

琴奏龍門之緑桐，玉壺美酒清若空。催絃拂柱與君飲，看朱成碧顏始紅。（一作眼白看杯顏色紅）胡姬貌如花，當壚笑春風。笑春風，舞羅衣，君今不醉欲安歸。

夜坐吟

冬夜夜寒覺夜長，沉吟久坐坐北堂。冰合井泉月入閨，金釭青凝照悲啼。金釭滅，啼轉多，掩妾淚，聽君歌。歌有聲，妾有情，情聲合，兩無違。一語不入意，從君萬曲梁塵飛。

野田黃雀行

遊莫逐炎洲翠，棲莫近吴宫燕。吴宫火起焚爾窠，炎

洲逐翠遭網羅蕭條兩翅蓬蒿下縱有鷹鸇奈若（一作爾）何

箜篌謠（續古詞亦曰引）

攀天莫登龍走山莫騎虎貴賤結交心不移唯有嚴陵及光武周公稱大聖管蔡寧相容漢謠一斗粟不與淮南春兄弟尚路人（一作行路）吾心安所從他人方寸間山海幾千重輕言託朋友對面九疑峯多花必早落桃李不如松管鮑久已死何人繼其蹤

雉朝飛（一有絃）

麥隴青青三月時白雉朝飛挾兩雌錦衣綺翼何離褷犢沐採薪感之悲春天和白日暖啄食飲泉勇氣

滿爭雄鬭死繡頸斷雉子班奏急管絃心傾美酒盡
玉椀枯楊枯楊爾生荑我獨七十而孤棲彈絃寫恨
意不盡瞑目歸黃泥

上雲樂　老胡文康詞或云范雲及周捨所作今擬之

金天之西白日所沒康老胡鶵生彼月窟巉巖容儀
戍削風骨碧玉炅炅一作皎皎雙目瞳黃金拳拳兩鬢紅一作鬈
華蓋垂下睫嵩岳臨上脣不覩譎詭皃豈知造化神
大道是文康之嚴父元氣乃文康之老親撫頂弄盤
舌推車轉天輪云見日月初生時鑄冶火精與水銀
陽烏未出谷顧兔半藏身女媧戲黃土團作愚下人
散在六合間濛濛若沙塵生死了不盡誰明此胡是

仙眞西海栽若木東溟植扶桑別來幾多時枝葉萬里長中國有七聖半路頽鴻荒陛下應運起龍飛入咸陽赤眉立盆子白水興漢光叱咤四海動洪濤爲簸揚舉足蹋紫微天關自開張老胡感至德東來進仙倡五色師子九苞鳳皇是老胡鷄犬鳴舞飛帝鄉淋漓颯沓進退成行能胡歌獻漢酒跪雙膝並兩肘散花指天舉素手拜龍顔獻聖壽北斗戾南山摧天子九九八十一萬歲長傾萬歲杯一作年

夷則格上白鳩拂舞辭

鏗鳴鐘考朗鼓歌白鳩引拂舞白鳩之白誰與鄰霜衣雪襟誠可珍含哺七子能平均食不咽性安一作可馴

首農政爲陽春天子刻玉杖鏤形賜耆人白鷺（一作鷹）亦白非純真外潔其色心匪仁闕五德無司晨胡爲啄我葭下之紫鱗鷹鸇鵰鶚貪而好殺鳳皇雖大聖不願以爲臣

日出入行

日出東方隈似從地底來歷天又復入西海六龍所舍安在哉其始與終古不息（一作其行終古不休息）人非元氣安得與之久徘徊草不謝榮於春風木不怨落於秋天誰揮鞭策驅四運萬物興歇皆自然羲和羲和汝奚汨沒於荒淫之波魯陽何德駐景揮戈逆道違天矯誣實多吾將囊括大塊浩然與溟涬同科

胡無人

嚴風吹霜海草凋筋幹精堅胡馬驕漢家戰士三十萬將軍兼領(一作誰者)霍嫖姚流星白羽腰間插劍花秋蓮光出匣天兵照雪下玉關虜箭如沙射金甲雲龍風虎盡(一作晝)交回太白入月敵可摧敵可摧旄頭滅履胡之腸涉胡血懸胡青天上埋胡紫塞旁胡無人漢道昌陛下之壽三千霜但歌大風雲飛揚安用猛士兮守四方

北風行

燭龍棲寒門光耀猶旦開日月照之何不及此(一作日月之照不及此)唯有北風號怒天上來燕山雪花大如席片片吹

落軒轅臺。幽州思婦十二月，停歌罷笑雙蛾摧。倚門望行人，念君長城苦寒良可哀。別時提劍救邊去，遺此虎文金鞞釵。中有一雙白羽箭，蜘蛛結網生塵埃。箭空在，人今戰死不復回。不忍見此物，焚之已成（一作以爲）灰。黃河捧土尚可塞，北風雨雪恨難裁（一作哉）。

俠客行

趙客縵胡纓，吳鉤霜雪明。銀鞍照白馬，颯沓如流星。十步殺一人，千里不留行。事了拂衣去，深藏身與名。閑過信陵飲，脫劍膝前（一作匕）横。將炙啖朱亥，持觴勸侯嬴。三杯吐然諾，五嶽倒爲輕。眼花耳熱後，意氣素霓生。救趙揮金槌，邯鄲先震驚。千秋二壯士，烜赫大梁

城縱死俠骨香不慚世上英誰能書閣下白首太玄經

關山月

明月出天山蒼茫雲海間長風幾萬里吹度玉門關漢下白登道胡窺青海灣由來征戰地不見有人還戍客望邊色(一作邑)思歸多苦顔高樓當此夜歎息未應閑(一作還)

李太白文集卷第三

李太白文集卷第四

歌詩四十首

樂府二

獨漉篇

獨漉水中泥水濁不見月不見月尚可水深行人没越鳥從南來胡鴈亦北度我欲彎弓向天射惜其中道失歸路落葉別樹飄零隨風客無所託悲與此同羅帷舒卷似有人開明月直入無心可猜雄劒挂壁時時龍鳴不斷犀象著澁苔生國恥未雪何由成名神鷹夢澤不顧鴟鳶為君一擊搏鵬九天

登高丘而望遠海

登高丘望遠海六鼇骨已霜三山流安在扶桑半摧
折白日沉光彩銀臺金闕如夢中秦皇漢武空相待
精衛費木石黿鼉無所憑君不見驪山茂陵盡灰滅
牧羊之子來攀登盜賊劫寶玉精靈竟何能窮兵黷
武今如此鼎湖飛龍安可乘

陽春歌

長安白日照春空綠楊結煙桑一作垂裊風披香殿前花
始紅流芳發色繡戶中繡戶中相經過飛鸞皇后輕
身舞紫宮夫人絕世歌聖君三萬六千日歲歲年年
奈樂何

陽叛兒

君歌陽叛兒妾勸新豐酒何許最關人烏啼白門柳烏啼隱楊花君醉留妾家博山鑪中沉香火雙咽一氣淩紫霞

雙鸞離

雙鸞復雙鸞雙飛令人羨玉樓珠閣不獨棲金窻繡戶長相見栢梁失火去因入吳王宮吳宮又焚蕩鶵盡巢亦空憔悴一身在孀雌憶故雄雙飛難再得傷我寸心中

山人勸酒

蒼蒼雲松落落綺皓春風爾來爲阿誰胡蝶忽然滿芳草秀眉霜雪桃花貌青髓綠髮長美好稱是秦時

避世人勸酒相歡不知老各守兎[一作麋]鹿志恥隨龍虎
爭欻起佐[一作安]太子漢皇乃復驚顧謂戚夫人彼翁羽
翼成歸來商山下泛若雲無情舉觴酹巢由洗耳何
獨[一作太]清浩歌望嵩嶽意氣還[一作遥]相傾

于闐採花

于闐採花人自言花相似明妃一朝西入胡胡中美
女多羞死乃知漢地多名姝胡中無花可方比丹青
能令醜者妍無鹽翻在深宮裏自古妬蛾眉胡沙埋
皓齒

鞠歌行

玉不自言如桃李魚目笑之卞和恥楚國青蠅何太

多連城白璧遭讒毀荆山長號泣血人忠臣死爲刖
足鬼聽曲知甯戚夷吾因小妻秦穆五羊皮買死百
里奚洗拂青雲上當時賤如泥朝歌鼓刀叟虎變磻
溪中一舉鈞六合遂荒營丘東平生渭水曲誰識（一作數）
此老翁奈何今之人雙目送飛鴻

幽澗泉

拂彼白石彈吾素琴幽澗愀兮流泉深善手明徽高
張清心寂歷似千古松颼飀兮萬尋中見愁猨吊影
而危處兮叫秋木而長吟客有哀時失志而聽者淚
淋浪以沾襟乃緝商綴羽潺湲成音吾但寫聲發憤
於妙指殊不知此曲之古今幽澗泉鳴深林

王昭君二首 一作昭君怨

漢家秦地月流影照一作送明妃一上玉關道天涯去不歸漢月還從東海一作方出明妃西嫁無來日燕支長寒雪作花蛾眉憔悴沒胡沙生乏黃金枉圖畫死留青塚使人嗟

昭君拂玉鞍上馬啼紅頰今日漢宮人明朝胡地妾

中山孺子妾歌 漢賜中山靖王噲孺子妾及莫扌巴下歌四篇

中山孺子妾特以色見珍雖不如延年妹亦是當時絶世人桃李出深井花豔驚上春一貴復一賤關天豈由身芙蓉老秋霜團扇羞網塵戚姬髡翦入舂市萬古共悲辛

荆州歌

白帝城邊足風波瞿塘五月誰敢過荆州麥熟繭成蛾繰絲憶君頭緒多撥穀飛鳴奈妾何

設辟邪伎鼓吹雉子班曲辭

辟邪伎作鼓吹驚雉子班之奏曲成喔咿振迅欲飛鳴扇錦翼雄風生雙雌同飲啄趫悍誰能爭乍向草中耿介死不求黃金籠下生天地至廣大何惜遂物情善卷讓天子務光亦逃名所貴曠士懷朗然合太清

相逢行

相逢紅塵内高揖黃金鞭萬户垂楊裏君家阿那邊

古有所思

我思仙（一作佳）人乃在碧海之東隅海寒多天風白波連山（一作天）倒蓬壺長鯨噴湧不可涉撫心茫茫淚如珠西來青鳥東飛去願寄一書謝麻姑

久別離

別來幾春未還家玉窻五見櫻桃花況有錦字書開緘使（一作令）人嗟此腸斷彼心絕雲鬟綠鬢罷攬結愁如回飈亂白雪去年寄書報陽臺今年寄書重相催胡爲乎東風爲我吹行雲使西來待來竟不來落花寂寂委青苔

採蓮曲

若耶溪傍採蓮女笑隔荷花共人語日照新粧水底明風飄香袖空中舉岸上誰家遊冶郎三三五五映垂楊紫騮嘶入落花去見此踟蹰空斷腸

白頭吟（又一篇與此異今兩存）

錦水東北流波蕩雙鴛鴦雄巢漢宮樹雌弄秦草芳寧同萬死碎綺翼不忍雲間兩分張此時阿嬌正嬌妬獨坐長門愁日暮但願君恩顧妾深豈惜黃金買詞賦相如作賦得黃金丈夫好新多異心一朝將娉茂陵女文君因贈（一作賦）白頭吟東流不作西歸水落花辭條著故林兔絲故無情隨風任傾倒誰使女蘿枝而來強縈抱兩草猶一心人心不如草莫卷龍鬚席

從他生網絲且留琥珀枕或有夢來時覆水再收豈
滿杯棄妾已去難重回古時得意不相負秖今唯見
青陵臺
錦水東流碧波蕩雙鴛鴦雄巢漢宮樹雌弄秦草芳
相如去蜀謁武帝赤車駟馬生輝光一朝再覽大人
作萬乘忽欲淩雲翔聞道阿嬌失恩寵千金買賦要
君王相如不憶貧賤日官高金多聘私室茂陵姝子
皆見求文君歎愛從此畢淚如雙泉水行墮紫羅襟
五起雞三唱清晨白頭吟長吁不整綠雲鬢仰訴青
天哀怨深城崩杞梁妻誰道土無心東流不作西歸
水落花辭枝羞故林頭上玉鷰釵是妾嫁時物贈君

表相思羅袖幸時拂莫卷龍鬚席從他生網絲且留琥珀枕還有夢來時鸘鷫裘在錦屏上自君一挂無由一作人披妾有秦樓鏡照心勝照井願持照新人雙對可憐影覆水却收不滿杯相如還謝文君回古來得意不相負秖今唯有青陵臺

臨江王節士歌

洞庭白波木葉稀燕鴈始入吴雲飛吴雲寒燕鴈苦風號沙宿瀟湘浦節士感秋淚如雨白日當天心照之可以事明主壯士一作氣憤雄一作烈風生安得倚天劍跨海斬長鯨

司馬將軍歌 代隴上健兒陳安

狂風吹古月竊弄章華臺北落明星動光彩南征猛將如雲雷一作南方有事將軍來手中電曳一作曳電倚天劍直斬長鯨海水開我見樓船壯心目頗似龍驤下三蜀揚兵習戰張虎旗江中白浪如銀屋身居玉帳臨河魁紫髯若戟冠崔嵬細柳開營揖天子始知灞上為嬰孩羌笛横吹阿嚲回向月樓中吹落梅將軍自起舞長劍壯士呼聲動九垓功成獻凱見明主丹青畫像麒麟臺

君道曲 梁之雅歌有五篇今作一章

大君若天覆廣運無不至軒后爪牙常先大山稽如心之使臂小白鴻翼於夷吾劉葛魚水本無二土扶

可成牆積德爲厚地

結襪子

燕南壯士吴門豪筑中置鉛魚隱刀感君恩重許君命太山一擲輕鴻毛

結客少年場行

紫燕黄金瞳啾啾一作稜稜摇緑鬉平明相馳逐結客洛門東少年學劒術凌轢白猿公珠袍曳錦帶匕首插吴鴻由來萬夫勇挾此英雄風託交從劇孟買醉入新豐笑盡一杯酒殺人都市中羞道易水寒從一作徒令日貫虹燕丹事不立虚没秦帝宫武陽死灰人安可與成功

長干行二首

妾髮初覆額折花門前劇郎騎竹馬來遶牀弄青梅同居長干里兩小無嫌猜十四為君婦羞顔未嘗開低頭向暗壁千喚不一回十五始展眉願同塵與灰常存抱柱信豈一作恥上望夫臺十六君遠行瞿塘灩澦堆五月不可觸猿聲天上哀門前遲一作舊行跡一一生緑一作蒼苔苔深不能掃落葉秋風早八月蝴蝶來一作黄雙飛西園草感此傷妾心坐愁紅顔老早晚下三巴預將書報家相迎不道遠直至長風沙

憶妾一作昔深閨裏煙塵不曾識嫁與長干人沙頭候風色五月南風興思君下巴陵八月西風起想君發揚

子去來悲如何見少別離多湘潭幾日到妻夢越風波昨夜狂風度吹折江頭樹淼淼暗無邊行人在何處北客至（一作真）王公朱衣滿汀（一作江）中（一作比客浮雲驄經過新市中）日暮來投宿數朝不肯東自憐十五餘顏色桃李紅那作商人婦愁水復愁風

古朗月行

小時不識月呼作白玉盤又疑瑤臺鏡飛在青雲端仙人垂兩足桂樹作（一作何）團圓白兔擣藥成問言與誰飡蟾蜍蝕圓影天（一作大）明夜已殘羿昔落九烏天人清且安陰精此淪惑去去不足觀憂來其如何悽愴摧心肝

上之回

三十六離宫樓臺與天通閣道步行月美人愁煙空恩踈寵不及桃李傷春風淫樂意何極金輿向回中萬乘出黄道千旗揚彩紅前軍細柳北後騎甘泉東豈問渭川老寧邀襄野童但慕一作秋暮瑶池宴歸來樂未窮

獨不見

白馬誰家子黄龍邊塞兒天山三丈雪豈是遠行時春蕙忽秋草莎雞鳴曲池風催寒梭響月入霜閨悲憶與君别年種桃齊蛾眉桃今百餘尺花落成枯枝終然獨不見流淚空自知

白紵辭三首

揚清歌一作音發皓齒北方佳人東鄰子且吟白紵停綠水長袖拂面爲君起寒雲夜卷霜海空胡風吹天飄寒鴻玉顏滿堂樂未終

館娃日落歌吹深月寒江清夜沉沉美人一笑千黃金垂羅舞縠揚哀音郢中白雪且莫吟子夜吴歌動君心動君心冀君賞願作天池雙鴛鴦一朝飛去青雲上

吴刀剪綵一作綺縫舞衣明粧麗服奪春輝揚眉轉袖若雪飛傾城獨立世所稀激楚結風醉志歸高堂月落燭已微玉釵挂纓君莫違

鳴鴈行

胡鴈鳴辭燕山昨發委羽朝度關一一銜蘆枝南飛散落天地間連行接翼往復還客居煙波寄湘吳凌霜觸雪毛體枯畏逢矰繳驚相呼聞絃虛墜良可吁君更彈射何爲乎

妾薄命

漢帝重(一作寵)阿嬌貯之黃金屋咳唾落九天隨風生珠玉寵極愛還歇妒深情却疎長門一步地不肯暫回車雨落不上天水覆重難收(一作難重收)君情(一作恩)與妾意各自東西流昔日芙蓉花今成斷根草(一作素秋草)以色事他人能得幾時好

幽州胡馬客歌

幽州胡馬客，綠眼虎皮冠。笑拂兩隻箭，萬人不可干。彎弓若轉月，白鴈落雲端。雙雙掉鞭行，遊獵向樓蘭。出門不顧後，報國死何難。天驕五單于，狼戾好兇殘。牛馬散北海，割鮮若虎餐。雖居燕支山，不道朔雪寒。婦女馬上笑，顏如赬玉盤。飜飛射鳥獸，花月醉雕鞍。旄頭四光芒，爭戰如蜂攢。白刃灑赤血，流沙爲之丹。名將古誰是，疲兵良可歎。何時天狼滅，父子得閑安。

門有車馬客行

門有車馬賓（一作客），金鞍曜朱輪。謂從丹（一作雲）霄落，乃是故鄉親。呼兒掃中堂，坐客論悲辛。對酒兩不飲，停觴淚盈巾歎我萬里遊飄飄三十春空談霸王略紫綬不挂身雄劍藏玉匣陰符生素塵廓落無所合流離湘水濱借問宗黨間多爲泉下人生苦百戰役死託萬鬼鄰北風揚胡沙埋翳周與秦大運且如此蒼穹寧匪仁惻愴竟何道存亡任天鈞

君子有所思行

紫閣連終南青冥天倪色憑崖望咸陽宮闕羅北極萬井驚畫出九衢如絃直渭水清銀河横天流不息朝野盛文物衣冠何翕赩廏馬散連山軍容威絶域伊皐運元化衛霍輸筋力歌鍾樂未休榮去老還逼圓光過滿缺太陽移中昃不散東海金何爭西輝匿

無作牛山悲惻愴淚沾膺

東海有勇婦（代關中有貞女又作賢）

梁山感杞妻慟哭爲之傾金石忽暫開都由激深情東海有勇婦何慙蘇子卿學劍越處子超騰若流星捐軀報夫讎萬死不顧生白刃耀素雪蒼天感精誠十步兩躩（一作跳）躍三呼一交兵斬首掉國門蹴踏五臟行銜此伉儷憤粲然大義明北海李史君飛章奏天庭捨罪警風俗流芳播滄瀛志在列女籍竹帛已光榮淳于免詔獄漢主爲緹縈津妾一棹歌脫父於嚴刑十子若不肖不如一女英豫讓斬空衣有心竟無成要離殺慶忌壯夫素所輕妻子亦何辜焚之買虛

聲豈如東海婦事立獨揚名

黃葛篇

黃葛生洛溪黃花自緜冪青煙蔓長條繚繞幾百尺
閨人費素手採緝作絺綌縫爲絕國衣遠寄日南客
蒼梧大火落暑服莫輕擲此物雖過時是妾手中跡

李太白文集卷第四

李太白文集卷第五

歌詩五十六首

樂府三

白馬篇

龍馬花雪毛金鞍五陵豪秋霜切玉劒落日明珠袍鬭雞事萬乘軒蓋一何高弓摧宜山虎手接太山猱酒後競風彩三杯弄寶刀殺人如翦草劇孟同遊遨發憤去函谷從軍向臨洮叱咤經百戰（一作萬戰場）匈奴盡波濤（一作逃）歸來使酒氣未肯拜（一作下）蕭曹著入原憲室荒淫隱蓬蒿

鳳笙篇

仙人十五愛吹笙學得崑丘彩鳳鳴始聞鍊氣飡金液復道朝天赴玉京玉京迢迢幾千里鳳笙去去無窮巳欲歎離聲發絳脣更嗟別調流纖指此時惜別詎堪聞此地相看未忍分重吟真曲和清吹却奏仙歌響綠雲綠雲紫氣向函關訪道應尋緱氏山莫學吹笙王子晉一遇浮丘斷不還

怨歌行（一作長安見內人出嫁令予代爲怨歌行）

十五入漢宮花顏笑（一作如）春紅君王選玉色侍寢金（一作錦）屏中薦枕嬌夕月卷衣戀春（一作香）風寧知趙飛鷰奪寵恨無窮沉憂能傷人綠鬢成霜蓬一朝不得意世事徒（一作信）爲空鷫鸘換美酒舞衣罷雕龍寒苦不忍言爲

君奏絲桐腸斷絃亦絕悲心夜忡忡

塞下曲六首

五月天山雪無花秖有寒笛中聞折柳春色未曾看

曉戰隨金鼓宵眠抱玉鞍願將腰下劍直爲斬樓蘭

天兵下北荒胡馬欲南飲橫戈從百戰直爲銜恩甚

握雪海上飡拂沙隴頭寢何當破月氏然後方高枕

駿馬如風飈鳴鞭出渭橋彎弓辭漢月插羽破天驕

陣解星芒盡營空海霧銷功成畫麟閣獨有霍嫖姚

白馬黃金塞雲砂繞夢思那堪愁苦節遠憶邊城兒

螢飛秋窗滿月度霜閨遲摧殘梧桐葉蕭颯沙棠枝

無時獨不見淚流空自知

塞虜乘秋下天兵出漢家將軍分虎竹戰士卧龍沙
邊月隨弓影胡霜拂劒花玉關殊未入少婦莫長嗟
烽火動沙漠連照甘泉雲漢皇按劒起還召李將軍
兵殺一作氣天上合鼓聲隴底聞横行負勇氣一戰静妖
氛

來日大難

來日一身攜粮負薪道長食盡苦口焦脣今日醉飽
樂過千春仙人相存誘我遠學海陵三山陸憩五嶽
乘龍上三天飛目瞻兩角授以神藥金丹滿握蟪蛄
蒙恩深愧短促思塡東海强銜一木道重天地軒師
廣成蟬翼九五以求長生下士大笑如蒼蠅聲

塞上曲

大漢無中策匈奴犯渭橋五原秋草綠胡馬一何驕
命將征西極橫行陰山側燕支落漢家婦女無花色
轉戰渡黃河休兵樂事多蕭條清萬里瀚海寂無波

玉階怨

玉階生白露夜久侵羅襪却下水精簾玲瓏望秋月

襄陽曲四首

襄陽行樂處歌舞白銅鞮江城回淥水花月使人迷
山公醉酒時酩酊襄一作高陽下頭上白接䍦倒著還騎
馬
峴山臨漢江水淥沙如雪一作水色如霜雪上有墮淚碑青苔

久磨滅
且醉習家池莫看墮淚碑山公欲上馬笑殺襄陽兒

大堤曲

漢水臨(一作橫)襄陽花開大堤暖佳期大堤下淚向南雲滿春風復無情吹我夢魂散不見眼中人天長音信斷

宮中行樂詞八首 奉詔作五言

小小生金屋盈盈在紫微山花插寶髻石竹繡羅衣每出深宮裏常隨步輦歸只愁歌舞散(一作罷)化作綵雲飛

柳色黄金嫩梨花白雪香玉樓巢(一作關)翡翠珠(一作金)殿鎖

鴛鴦選妓隨雕(一作朝)輦徵歌出洞房宮中誰第一飛鷰在昭陽

盧橘爲秦樹蒲桃出(一作是)漢宮煙花宜落日絲管醉春風笛奏龍鳴(一作吟)水簫吟(一作鳴)鳳下空君王多樂事何必向(一作在)回中(一作還與萬方同)

玉樹(一作殿)春歸日(一作好)金宮樂事多後庭朝未入輕輦夜相過笑出花間語嬌來燭下歌莫教明月去留著醉姮娥

繡戶香風暖紗牕曙色新宮花爭笑日池草暗生春綠樹聞歌鳥青樓見舞人昭陽桃李月羅綺自(一作坐)相親

今日明光裏還須結伴遊春風開紫殿天樂下珠樓
豔舞全知巧嬌歌半欲羞更憐花月夜宮女笑藏鉤
寒雪梅中盡春風柳上歸宮鶯嬌欲醉簷鷰語還飛
遲日明歌席新花豔舞衣晚來移綵仗行樂好光輝
水渌南薰殿花紅北闕樓鶯歌聞太液鳳吹遶瀛洲
素女鳴珠佩天人弄綵毬今朝風日好宜入未央遊

清平調詞三首

雲想衣裳花想容春風拂檻露華濃若非羣玉山頭
見會向瑤臺月下逢
一枝紅豔露凝香雲雨巫山枉斷腸借問漢宮誰得
似可憐飛鷰倚新粧

名花傾國兩相歡長得君王帶笑看解釋春風無限
恨沉香亭北倚闌干

鼓吹入朝曲

金陵控海浦淥水帶吳京鐃歌列騎吹颯沓引公卿
槌鐘速嚴粧伐鼓啓重城天子憑玉案劒履若雲行
日出照萬戶簪裾爛明星朝罷沐浴閑遨遊閬風亭
濟濟雙闕下歡娛樂恩榮

秦女休行 右詞魏朝協律都尉左延年所作今擬之

西門秦氏女秀色如瓊花手揮白楊刀清晝殺讎家
羅袖灑赤血英聲凌紫霞直上西山去關吏相邀遮
壻爲燕國王身被詔獄加犯刑若履虎不畏落爪牙

素頸未及斷摧眉伏泥沙金雞忽放赦大辟得寬賖
何慙聶政姊萬古共驚嗟

秦女卷衣

天子居未央妾來卷衣裳顧無紫宮寵敢拂黄金牀
水至亦不去熊來尚可當微身奉日月飄若螢火光
願君採葑菲無以下體妨

東武吟（一作出金門後書懷留別翰林諸公）

好古笑流俗素聞賢達風方希佐明主長揖辭成功
白日在高天回光燭微躬恭承鳳凰詔欻起雲蘿中
清切紫霄迴優遊丹禁通君王賜顔色聲價凌煙虹
乘輿擁翠蓋扈從金城東寶馬麗絶景錦衣入新豐

倚巖望松雪對酒鳴絲桐因學揚子雲獻賦甘泉宮
天書美片善清芬播無窮歸來入咸陽談笑皆王公
一朝去金馬飄落成飛蓬賓友日䟽散玉樽亦已空
才力猶可倚一作恃不慙世上雄閑作東武吟曲盡情未
終書此謝知已吾尋黃綺翁一作扁舟尋釣翁

邯鄲才人嫁為廝養卒婦

妾本叢臺女揚娥入丹闕自倚顔如花寧知有凋歇
一辭玉階下去若朝雲没每憶邯鄲城深宫夢秋月
君王不可見惆悵至明發

出自薊北門行

虜陣横北荒胡星曜精芒羽書速驚電烽火晝連光

虎竹救邊急戎車森已行明主不安席按劒心飛揚推轂出猛將連旗登戰場兵威衝絶漠殺氣凌穹蒼列卒（一作陣）赤山下開雲紫塞傍孟冬風沙緊旌旗（一作旆）颯凋傷晝角悲海月征衣卷天霜揮刃斬樓蘭彎弓射賢王單于一平蕩種落自奔亡收功報天子行歌（一作歌舞）歸咸陽

洛陽陌

白玉誰家郎回車渡天津看花東陌上驚動洛陽人

北上行

北上何所苦北上緣太行磴道盤且峻巉巖凌穹蒼馬足蹶側石車輪摧高岡沙塵接幽州烽火連朔方

殺氣毒劒戟嚴風裂衣裳奔鯨夾黃河鑿齒屯洛陽前行無歸日返顧思舊鄉慘慼冰雪裏悲號絶中腸尺布不掩體皮膚劇枯桑汲水澗谷阻採薪壠坂長猛虎又掉尾磨牙皓秋霜草木不可飡飢飲零露漿歎此北上苦停驂爲之傷何日王道平開顔覩天光

短歌行

白日何短短百年苦易滿蒼穹浩浩茫萬劫太極長麻姑垂兩鬢一半已成霜天公見玉女大笑億千場吾欲攬六龍回車挂扶桑北斗酌美酒勸龍各一觴富貴非所願爲（一作與）人駐頹（一作顔又作流）光

空城雀

嗷嗷空城雀身計何戚促本與鷦鷯羣不隨鳳凰族
提攜四黃口飲乳未嘗足食君糠粃餘常恐烏鳶逐
恥涉太行險羞營覆車粟天命有定端守分絕所欲

發白馬

將軍發白馬旌節渡黃河簫鼓聒川嶽滄溟湧濤(一作洪)波武安有震瓦易水無寒歌鐵騎若雪山飲流涸滹沲揚兵獵月窟轉戰略朝那倚劒登燕然邊烽列嶢峨蕭條萬里外耕作五原多一掃清大漠包虎戢金戈

陌上桑

美女渭橋東(一作美女緗綺衣又作遊女)春還(一作還來)事蠶作五馬飛如

花一作如花飛又作如飛龍青絲結金絡不知誰家子調笑來相謔

妾本秦羅敷玉顏豔名都綠條映素手採桑向城隅

使君且不顧況復論秋胡寒螿愛碧草鳴鳳棲青梧

託心自有處但怪旁人愚徒令白日暮高駕空踟躕

枯魚過河泣

白龍改常服偶被豫且制誰使爾為魚徒為訴天帝

作書報鯨鯢勿恃風濤勢濤落歸泥沙翻遭螻蟻噬

萬乘慎出入柏人以為誡一作讖

丁都護一作督護歌

雲陽上征去兩岸饒商賈吳牛喘月時拖船一何苦

水濁不可飲壺漿半成土一唱都護歌心摧淚如雨

萬人繫盤石無由達江澥君看石芒碭掩淚悲千古

相逢行（一云有贈）

胡騎五花馬謁帝出銀臺秀色誰家子雲車（一作中）珠箔開金鞭遥指點玉勒近遲回夾轂相借問疑（一作知）從天上來（一本更添憐腸愁欲斷斜日復相催下車何輕盈飄然似落梅）邀入青綺門當歌共銜盃（一作嬌羞初解珮語笑共銜盃）銜杯映歌扇似月雲中見相見不得（一作相）親不如不相見相見情已深未語可知心胡爲守空閨孤眠愁錦衾錦衾與羅帷纏綿會有時春風正澹蕩暮雨來何遲（一作春風正糾結青鳥來何遲）願因三青鳥更報長相思光景不待人須臾髮成絲當年失行樂老去徒傷悲持此道密意無令曠佳期

千里思一作千里曲

李陵没胡沙蘇武還漢家迢迢五原關朔雪亂邊花一作愁見雪如花一去隔絶國思歸但長嗟鴻鴈向西北因一作鴈書報天涯

樹中草

鳥銜野田草誤入枯桑裏客土植危根逢春猶不死草木雖無情因依尚可生如何同枝葉各自有枯榮

君馬黄

君馬黄我馬白馬色雖不同人心本無隔共作遊冶盤雙行洛陽陌長劍旣照曜高冠何赩赫各有千金裘俱爲五侯客猛虎落陷穽壯夫時屈厄相知在急

難獨好亦（一作知）何益

擬古

融融白玉輝，映我青蛾眉。寶鏡似空水，落花如風吹。
出門望同子，蕩漾不可期。安得黃鶴羽，一報佳人知。

折楊柳

垂楊（一作楊柳）拂淥水，搖豔（一作豔裔）東風年。花明玉關雪，葉暖金
窗煙。美人結長想，對此心悽然。攀條折春色，遠寄龍
庭前（一作龍沙邊）

鳳凰曲

嬴女吹玉簫，吟弄天上春。青鸞不獨去，更有攜手人。
影滅綵雲斷，遺聲落西秦。

少年子

青雲少年子，挾彈章臺左。鞍馬四邊開，突如流星過。金丸落飛鳥，夜入瓊樓卧。夷齊是何人，獨守西山餓。

紫騮馬

紫騮行（一作騎）且嘶，雙翻碧玉蹄。臨流不肯渡，似惜錦障泥。白雪關山（一作城）遠，黄雲海戍迷。揮鞭萬里去，安（一作何）得念（一作戀）春閨。

少年行二首（後一首亦作小放歌行）

擊筑飲美酒，劍歌易水湄。經過燕太子，結託并州兒。少年負壯氣，奮烈自有時。因聲魯勾踐，爭情（一作博）勿相欺。

五陵年少金市東銀鞍白馬度春風落花踏盡遊何處笑入胡姬酒肆中

白鼻騧

銀（一作金）鞍白鼻騧綠地障泥錦細雨春風花落時（一作春風細雨落花時）揮鞭直就胡姬飲

豫章行

胡風吹代馬（一作燕人攢赤羽）北擁魯陽關吳兵照海雪西討何時還半渡上遼津黃雲慘無顏老母與子別呼天野草間白馬（一作百鳥）繞旌旗悲鳴相追攀白楊秋月苦早落豫章山本爲休明人斬虜素不閑豈惜戰鬬死爲君掃凶頑精感石沒羽豈云憚險艱樓船若鯨飛

波蕩落星灣此曲不可奏三軍鬢成班

沐浴子

沐芳莫彈冠浴蘭莫振衣處世忌太潔志一作至人貴藏暉滄浪有釣叟吾與爾同歸

李太白文集卷第五

李太白文集卷第六

歌詩三十三首

樂府四

高句驪

金花折風帽白馬小遲回翩翩舞廣袖似鳥海東來

靜夜思

牀前看月光疑是地上霜舉頭望山月低頭思故鄉

淥水曲

淥水明秋日南湖採白蘋荷花嬌欲語愁殺蕩舟人

鳳臺曲

嘗聞秦帝女傳得鳳皇聲是日逢仙子當時别有情

人吹彩簫去天借綠雲迎心曲（一作）在身不返空餘弄玉名

猛虎行（一作吟）

朝作猛虎行暮作猛虎吟（一作行亦猛虎吟坐亦猛虎吟）腸斷非關隴頭水淚下不爲雍門琴旌（一作旌旗）繽紛兩河道戰鼓驚山欲傾倒秦人半作燕地囚胡馬翻銜洛陽草一輸一失關下兵朝降夕叛幽薊城巨鼇未斬海水動魚龍奔走安得寧頗似楚漢時翻覆無定止朝過博浪沙暮入淮陰市張良未遇韓信貧劉項存亡在兩目暫到下邳受兵略來投漂母作主人賢哲栖栖古如此今時亦棄青雲士有策不敢犯龍鱗竄身南國避

胡塵寶玉劍挂高閣金鞍駿馬散故人昨日方爲宣城客掣鈴交通二千石有時六博快壯心一作使寸心遶牀三匝呼一擲楚人每道張旭奇心藏風雲世莫知三吴邦伯皆一作多顧盼四海雄俠兩追隨一作皆相推蕭曹曾作沛中吏攀龍附鳳當有時溧陽酒樓三月春楊花茫茫一作漠漠愁殺人胡鶵綠眼吹玉笛吴歌白紵飛梁塵丈夫相見一作到處且爲樂槌牛撾鼓會衆賓我從此去釣東海得魚笑寄情相親

從軍行

從軍玉門道逐虜金微山笛奏梅花曲刀開明月環鼓聲鳴海上兵氣擁雲間願斬單于首長驅靜鐵關

秋思

春陽如昨日碧樹鳴黃鸝蕪然蕙草暮颯爾涼風吹天秋木葉下月冷沙雞悲坐愁羣芳歇白露凋華滋

春思

燕草如碧絲秦桑低綠枝當君懷歸日是妾斷腸時春風不相識何事入羅幃

秋思

閼氏黃葉落妾望白登臺海上（一作月出）碧雲斷單于（一作蟬聲）秋色來胡兵沙塞合漢使玉關回征客無歸日空悲蕙草摧

子夜吳歌春夏秋冬

秦地羅敷女採桑綠水邊素手青條上紅粧白日鮮
蠶飢妾欲去五馬莫留連

春

鏡湖三百里菡萏發荷花五月西施採人看隘若耶
回舟不待月歸去越王家

夏

長安一片月萬戶擣衣聲秋風吹不盡總是玉關情
何日平胡虜良人罷遠征

秋

明朝驛使發一夜絮征袍素手抽針冷那堪把剪刀
裁縫寄遠道幾日到臨洮

冬

對酒

松子棲金華安期入蓬海此人古之仙羽化竟何在浮生速流電倐忽變光彩天地無凋換容顔有遷改對酒不肯飲含情欲誰待

估客樂

海客乘天風將船遠行役譬如雲中鳥一去無蹤跡

少年行

君不見淮南少年游俠客白日毬獵夜擁擲呼盧百萬終不惜報讎千里如咫尺少年遊俠好經過渾身裝束皆綺羅蘭蕙相隨喧妓女風光去處滿笙歌驕

矜自言不可有俠士堂中養來久好鞍好馬乞與人
十千五千旋沽酒赤心用盡爲知已黃金不惜栽桃
李桃李栽來幾度春一回花落一回新府縣盡爲門
下客王侯皆是平交人男兒百年且樂命何須徇書
受貧病男兒百年且榮身何須徇節甘風塵衣冠半
是征戰士窮儒浪作林泉民遮莫枝根長百丈不如
當代多還往遮莫親姻連帝城不如當身自簪纓看
取富貴眼前者何用悠悠身後名

擣衣篇

閨裏佳人年十餘嚬蛾對影恨離居忽逢江上春歸
鸞銜得雲中尺素書玉手開緘長歎息狂夫猶戍交

河北萬里交河水北流願爲雙鳥泛中洲君邊雲擁
青絲騎妾處苔生紅粉樓樓上春風日將歇誰能攬
鏡看愁鬢曉吹負管隨落花夜擣戎衣向明月明月
高高刻漏長真珠簾箔掩蘭堂橫垂寶幄同心結半
拂瓊筵蘇合香瓊筵寶幄連枝錦燈燭熒熒照孤寢
有使憑將金剪刀爲君留下相思枕摘盡庭蘭不見
君紅巾拭淚坐氤氳明年更若征邊塞願作陽臺一
段雲

去婦詞

古來有棄婦棄婦有歸處今日妾辭君辭君遣何去
本家零落盡慟哭來時路憶昔未嫁君聞君却周旋

綺羅錦繡段有贈黃金千十五許嫁君二十移所天
自從結髮日未幾離君緬山川家家盡歡喜孤妾長
自憐幽閨多怨思盛色無十年相思若循環枕席生
流泉流泉咽不掃獨夢關山道及此見君歸君歸妾
已老物華惡衰賤新寵方妍好掩淚出故房傷心劇
秋草自妾為君妻君東妾在西羅幃到曉恨玉貌一
生啼自從離別久不覺塵埃厚常嫌玳瑁孤猶羨鴛
鴦偶歲華逐霜霰賤妾何能久寒沼落芙蓉秋風散
楊柳以此顦顇顏空持舊物還餘生欲何寄誰肯相
牽攣君恩既斷絕相見何年月悔傾連理杯虛作同
心結女蘿附青松貴欲相依投浮萍失綠水教作若

爲流不歎君棄妻自歎妾緣業憶昔初嫁君小姑纔
倚牀今日妾辭君小姑如妾長回頭語小姑莫嫁如
兄夫

長歌行

桃李得日開榮華照當年東風動百物草木盡欲言
枯枝無醜葉涸水吐清泉大力運天地羲和無停鞭
功名不早著竹帛將何宣桃李務青春誰能貫白日
富貴與神仙蹉跎成兩失金石猶銷鑠風霜無久質
畏落日月後強歡歌與酒秋霜不惜人倏忽侵蒲柳

長相思

日色已盡花含煙月明欲素愁不眠趙瑟初停鳳凰

柱蜀琴欲奏鴛鴦絃此曲有意無人傳願隨春風寄燕然憶君迢迢隔青天昔時横波目今爲流淚泉不信妾腸斷歸來看取明鏡前

歌吟上

襄陽歌 襄漢

落日欲没峴山西倒著接籬一作行客醉歸花下迷襄陽小兒齊拍手欄街爭唱白銅鞮傍人借問笑何事笑殺山公醉似泥鸕鷀杓鸚鵡盃百年三萬六千日一日須傾三百盃遥看漢水鴨頭渌恰似蒲萄初醱醅此江若變作春酒壘麴便築糟丘臺千金駿馬换少妾醉坐雕鞍歌落梅車傍側挂一壺酒鳳笙龍管行相催

咸陽市中歎黃犬何如月下傾金罍君不見晉朝羊公一片古碑材龜頭剥落生莓苔淚亦不能為之墮心亦不能為之哀誰能憂彼身後事金鳧銀鴨葬死灰清風朗月不用一錢買玉山自倒非人推舒州杓力士鐺（一作黃金爵白玉瓶）李白（一作酒仙）與爾同死生襄王雲雨今安在江水東流猿夜聲

南都行

南都信佳麗武闕橫西關白水真人居萬商羅鄽闤高樓對紫陌甲第連青山此地多英豪邈然不可攀陶朱與五羖名播天壤間麗華秀玉色漢女嬌朱顏清歌遏流雲艷舞有餘閑遨遊盛宛洛冠蓋隨風還

走馬紅陽城，呼鷹白河灣。誰識卧龍客，長吟愁鬢班。

江上吟（一作江上遊）

木蘭之枻沙棠舟，玉簫金管坐兩頭。美酒樽（一作當）中置千斛，載妓隨波任去流。仙人有待乘黃鶴，海客無心隨（一作狎）白鷗。屈平詞賦懸日月，楚王臺榭空山丘。興酣落筆搖五岳，詩成嘯傲凌滄洲。功名富貴若長在，漢水亦應西北流。

侍從宜春苑奉詔賦龍池柳色初青聽新鶯百轉歌（長安）

東風已綠瀛洲草，紫殿紅樓覺春好。池南柳色半青青，縈煙裊娜拂綺城。垂絲百尺挂雕楹，上有好鳥相和鳴間關早得春風情春風卷入碧雲去千門萬户皆春聲是時君王在鎬京五雲垂暉耀紫清仗出金宮隨日轉天回玉輦繞花行始向蓬萊看舞鶴還過茝若聽新鶯新鶯飛繞上林苑願入簫韶雜鳳笙

玉壺吟

列士擊玉壺壯心惜暮年三盃拂劒舞秋月忽然高詠涕泗漣一作秋月忽高懸鳳凰初下紫泥詔謁帝稱觴登御筵揄揚九重萬乘主謔浪赤墀青瑣賢朝天數換飛龍馬勑賜珊瑚白玉鞭世人不識東方朔大隱金門是謫仙西施宜美復宜顰醜女效之徒集身君王雖愛蛾眉好無奈宮中妬殺人

笑歌行

笑矣乎笑矣乎君不見曲如鈎古人知爾封公侯君不見直如絃古人知爾死道邊張儀所以只掉三寸舌蘇秦所以不墾二頃田笑矣乎笑矣乎君不見滄浪老人歌一曲還道滄浪濯吾足平生不解謀此身虛作離騷遣人讀笑矣乎笑矣乎趙有豫讓楚屈平賣身買得千年名巢由洗耳有何益夷齊餓死終無成君愛身後名我愛眼前酒飲酒眼前樂虛名何處有男兒窮通當有時曲腰向君君不知猛虎不看机上肉洪爐不鑄囊中錐笑矣乎笑矣乎甯武子朱買臣叩角行歌背負薪今日逢君君不識豈得不如佯

狂人

悲歌行

悲來乎悲來乎主人有酒且莫斟聽我一曲悲來吟悲來不吟還不笑天下無人知我心君有數斗酒我有三尺琴琴鳴酒樂两相得一杯不啻千鈞金悲來乎悲來乎天雖長地雖久金玉滿堂應不守富貴百年能幾何死生一度人皆有孤猿坐啼墳上月且須一盡杯中酒悲來乎悲來乎鳳鳥不至河無圖微子去之箕子奴漢帝不憶李將軍楚王放却屈大夫悲來乎悲來乎秦家李斯早追悔虛名撥向身之外范子何曾愛五湖功成名遂身自退劒是一夫用書能

知姓名惠施不肯千萬乘卜式未必窮一經還須黑頭取方伯莫謾白首爲儒生

函歌行上新平長史兄粲 陝西

函谷稍稍振庭柯涇水浩浩揚湍波哀鴻酸嘶暮聲急愁雲蒼慘寒氣多憶昨去家此爲客荷花初紅柳條碧中宵出飲三百盃明朝歸揖二千石寧知流寓變光輝胡霜蕭颯繞客衣寒灰寂寞竟誰暖落葉飄揚何處歸吾兄行樂窮曛旭滿堂有美顏如王趙女長歌入彩雲燕姬醉舞嬌紅燭狐裘獸炭酌流霞壯士悲吟寧見嘵前榮後枯相翻覆何惜餘光及棣華

西岳雲臺歌送丹丘子

西岳崢嶸何壯哉黃河如絲天際來黃河萬里觸山動盤渦轂(一作谷)轉秦地雷榮光休氣紛五彩千年一清聖人在巨靈咆哮擘兩山洪波噴流射東海(一作箭射流東海)三峯却立如欲摧翠崖丹谷高掌開白帝金精運元氣石作蓮花雲作臺雲臺閣道連窈冥(一作人不到)中有不死丹丘生明星玉女備灑掃麻姑搔背指爪輕我皇手把天地户丹丘談天與天語九重出入生光輝東求蓬萊復西歸玉漿儻惠故人飲騎二茅龍上天飛

元丹丘歌

元丹丘愛(一作好)神仙朝飲頴川(一作水)之清流暮還嵩岑之紫煙三十六峯長周旋長周旋躡星虹身騎飛龍耳

生風橫河跨海與天通我知爾遊心無窮

扶風豪士歌

洛陽三月飛胡沙洛陽城中人怨嗟天津流水波赤血白骨相撑如亂麻我亦東奔向吴國一作來奔溧溪上浮雲四塞道路賒東方日出啼早鴉城門人開掃落花梧桐楊柳拂金井來醉扶風豪士家扶風豪士天下奇意氣相傾山可移作人不倚將軍勢飲酒豈顧尚書期雕盤綺食會衆客吴歌趙舞香風吹原嘗春陵六國時開心寫意君所知堂中各有三千士明日報恩知是誰撫長劍一揚眉清水白石何離離脱吾帽向君笑飲君酒爲君吟張良未逐赤松去橋邊黄石知

我心

同族弟金城尉叔（一作外）卿燭照山水壁畫歌

高堂粉壁圖蓬瀛燭前一見滄洲清洪波洶湧山崢嶸皎若丹丘隔海望赤城光中乍喜嵐氣滅謂逢山陰晴後雪迴谿碧流寂無喧又如秦人月下窺花源了然不覺清心魂秖將疊嶂鳴秋猿與君對此歡未歇放歌行吟達明發却顧海客揚雲帆便欲因之向溟渤

白毫子歌

淮南小山白毫子乃在淮南小山裏夜卧松下雲朝飡石中髓小山連（一作聯）緜向江開碧峯巉巗淥水迴余

配白毫子獨酌流霞盃拂花弄琴坐青苔綠蘿樹下
春風來南窻蕭颯松聲起憑崖一聽清心耳可得見
未一作不得親八公攜手五雲去空餘桂樹愁殺人

李太白文集卷第六

李太白文集卷第七

歌詩六十八首

歌吟下

梁園吟一作梁園醉酒歌梁宋

我浮一作乘黃河一作雲去京闕挂席欲進一作往波連山天長水闊厭遠涉訪古始及平臺間平臺爲客憂思多對酒一作醉來遂作梁園歌却憶蓬池阮公詠因吟淥水揚洪波洪波浩蕩迷舊國路遠西歸安可得人生達命豈假愁且飲美酒登高樓平頭奴子搖大扇五月不熱疑一作如清秋玉一作素盤楊一作青梅爲君設吴鹽如花皎白一作如雪持鹽把酒但飲之莫學夷齊事高潔一作何用孤高比雲月又作蟷

堂書空字還滅昔人豪貴信陵君今人耕種信陵墳荒城虛
一作達照碧山月古木盡入蒼梧雲梁王宮闕一作寡客今安
在枚馬先歸不相待舞影歌聲散淥池空餘汴水東
流海沉吟此事淚滿衣黃金買醉未能一作莫言歸連呼五
白行一作投六博分曹賭酒酣一作看馳暉酣一作看馳暉歌且謡
意方遠東山高卧時一作忽又作還起來欲濟蒼生未應晚

鳴皋歌送岑徵君時梁園三尺雪在清泠池作

若有人兮思鳴皋阻積雪兮心煩勞洪河淩兢不可
以徑度冰龍鱗兮難容舠邈仙山一作神仙之峻極兮聞天
籟之嘈嘈霜崖縞皓以合沓兮若長風一作虹扇海湧滄
溟之波濤玄猿綠羆舔舕岌一作崟危咆柯振石駭膽慄

魍羣呼而相號峯崢嶸以路絶掛星辰於巖嶅送君之歸兮動鳴臯之新作交鼓吹兮彈絲觴清泠之池閣君不行兮何待若返顧之黄鶴掃梁園之羣英振大雅於東洛巾征軒兮歷阻折尋幽居兮越巘崿盤白石兮坐素月琴松風兮寂（一作昇）萬壑望不見兮心氛氳蘿冥冥兮霰紛紛水横洞以下淥波小聲而上聞虎嘯谷而生風龍藏谿而吐雲冥（一作寡）鶴清唳飢鼯嚬呻塊獨處此幽默兮愀（一作啼）空山而（一作兮）愁人雞聚族以爭食鳳孤飛而無鄰蝘蜓嘲龍魚目混珍嫫母衣錦西施負薪若使巢由桎梏於軒冕兮亦奚異乎夔龍蹩躠於風塵哭何苦而救楚笑何誇而却秦吾誠不

能學二子沽名矯節以耀世兮固將棄天地而遺身白鷗兮飛來長與君兮相親

鳴皐歌奉餞從翁清歸五崖山居

昨憶鳴皐夢裏還手弄素月清潭間覺時枕席非碧山側身西望阻秦關麒麟閣上春還早著書却憶伊陽好青松來風吹石道緑蘿飛花覆煙草我家仙公愛清真才雄草聖凌古人欲卧鳴皐絶世塵鳴皐微茫在何處五崖峽（一作溪）水横樵路身披翠雲裘袖拂紫煙（一作雲）去去時應過嵩少間相思爲折三花樹

僧伽歌

真僧法號號僧伽有時與我論三車問言誦呪幾千

徧口道恒河沙復沙此僧本住南天竺為法頭陀來此國戒得長天秋月明心如卌上青蓮色意清淨皃稜稜亦不減亦不增瓶裏千年舍利骨手中萬歲胡孫藤嗟子落泊江淮久罕遇真僧說空有一言懺盡波羅夷再禮渾除犯輕垢

白雲歌送劉十六歸山

楚山秦山皆白雲白雲處處長隨君長隨君君入楚山裏雲亦隨君渡湘水湘水上女羅衣白雲堪卧君早歸

金陵歌送別范宣　金陵

石頭巉巖如虎踞凌波欲過滄江去鍾山龍盤走勢

來秀色橫分歷陽樹四十餘帝三百秋功名事跡隨東流白馬小兒誰家子泰清之歲來關因一作白馬金鞍誰家子吹脣虎嘯鳳皇樓金陵昔時何壯哉席卷英豪天下來冠蓋散爲煙霧盡金輿玉座成寒灰扣劒悲吟空咄嗟梁陳白骨亂如麻天子龍沉景陽井誰歌玉樹後庭花此地傷心不能道目一作日下離離長春草送爾長江萬里心他年來訪南山皓

勞勞亭歌 在江寧縣南十五里古送別之所一名臨滄觀

金陵勞勞送客堂蔓草離離生道傍古情不盡東流水此地悲風愁白楊我乘素舸同康樂朗詠清川飛夜霜昔聞牛渚吟五章今來何謝袁家郎苦竹寒聲

動秋月獨宿空簾歸夢長

橫江詞六首

人言橫江好儂道橫江惡一風三日吹倒山（一作猛風吹倒天門山）白浪高於瓦官閣

海潮南去過尋陽牛渚由來險馬當橫江欲渡風波惡一水牽愁萬里長

橫江西望阻西秦漢水東連（一作楚水東流）楊子津白浪如山那可渡狂風愁殺峭帆人

海神來過惡風迴浪打天門石壁開浙江八月何如此濤似連山噴雪來

橫江館前津吏迎向余東指海雲生郎今欲渡緣何

事如此風波不可行

月暈天風霧不開海鯨東蹙百（一作衆）川迴驚波一起三山動公無（一作莫）渡河歸去來

金陵城西樓月下吟

金陵夜寂（一作靜）涼風發獨上高（一作西）樓望吳越白雲映水搖空（一作秋）城白露垂珠滴秋月（一作沾衣濕秋月）月下沉（一作長）吟久不歸古來（一作今）相接眼中稀解道澄江淨如練令人長（一作還）憶謝玄暉

東山吟（去江寧城三十五里晉謝安攜妓之所一云醉過謝安東山）

攜妓東土山悵然悲謝安我妓今朝如花月他妓古墳荒草寒白雞夢後五（一作三）百歲洒酒澆君同所懽酣

來自作青海舞秋風吹落紫綺冠彼亦一時此亦一時浩浩洪流之一作高詠何必奇

秋浦歌十七首 秋浦

秋浦長似秋蕭條使人愁客愁不可渡行上東大樓正西望長安下見江水流寄言向江水汝意憶儂不遥傳一掬淚爲我達揚州

秋浦猿夜愁黄山堪白頭青溪非隴水翻作斷腸流欲去不得去薄遊成久遊何年是歸日雨淚下孤舟

秋浦錦駝鳥人間天上稀山雞羞渌水不敢照毛衣

兩鬢入秋浦一朝颯巳衰猿聲催白髮長短盡成絲

秋浦多白猿超騰若飛雪牽引條上兒飲弄水中月

愁作秋浦客一作曲強看秋浦花山川如剡縣風日似長沙
醉上山公馬寒歌甯戚牛空吟白石爛淚滿黑貂裘
秋浦千重嶺水車嶺一作人行路最奇天傾欲墮石水拂寄
生枝
江祖一片石青天掃畫屏題詩留萬古綠字錦苔生
千千石楠樹萬萬女貞林山山白鷺一作鷳滿澗澗白猿
吟君莫向秋浦猿聲碎客心
邏人橫鳥道江祖出魚梁水急客舟疾山花拂面香
水如一疋練此地即平天耐可乘明月看花上酒舩
渌水淨素月月明白鷺飛郎聽採菱女一道夜歌歸
爐火照天地紅星亂紫煙赧郎明月夜歌曲動寒川

白鬚三十丈緣愁似箇長不知明鏡裏何處得秋霜
秋浦田舍翁採魚水中宿妻子張白鷳結罝映深竹
桃波一步地了了語聲聞闇與山僧别低頭禮白雲

當塗趙炎少府粉圖山水歌

峨眉高出西極天羅浮直與南溟連名工繹思揮彩
筆驅山走海置眼前滿堂空翠如可掃赤城霞氣蒼
梧煙洞庭瀟湘意渺瀰三江七澤情洄沿驚濤洶湧
向何處孤舟一去迷歸年征帆不動亦不旋飄如隨
風落天邊心摇目斷興難盡幾時可到三山巔西峯
峥嶸噴流泉横石蹙水波潺湲東崖合沓蔽輕霧深
林雜樹空芊綿此中冥昧失晝夜隱机寂聽無鳴蟬

長松之下列羽客對坐不語南昌仙南昌仙人趙夫子妙年歷落青雲士訟庭無事羅衆賓杳然如在丹青(一作雷)裏五色粉圖安足珍真山可以全吾身若待功成拂衣去武陵桃花笑殺人

永王東巡歌十一首(永王軍中)

永王正月東出師天子遥分龍虎旗樓船一舉風波靜江漢飜爲鴈鶩池

三川北虜亂如麻四海南奔似永嘉但用東山謝安石爲君談笑靜胡沙

雷鼓嘈嘈喧武昌雲旗獵獵過尋陽秋毫不犯三吴悦春日遥看五色光

龍盤虎踞帝王州帝子金陵訪古丘春風試暖昭陽
殿明月還過鳷鵲樓
二帝巡遊俱未迴五陵松栢使人哀諸侯不救河南
地更喜賢王遠道來
丹陽北固是吳關晝出樓臺雲水間千巖烽火連滄
海兩岸旌旗繞碧山
王出三江按五湖樓船跨海次揚都戰艦森森羅虎
士征帆一一引龍駒
長風挂席勢難迴海動山傾古月摧君看帝子浮江
日何似龍驤出峽來
祖龍浮海不成橋漢武尋陽空射蛟我王樓艦輕秦

漢却似天皇欲渡遼
帝寵賢王入楚關掃清江漢始應還初從雲夢開朱
邸更取金陵作小山
試借君王玉馬鞭指麾戎虜坐瓊筵南風一掃胡塵
靜西入長安到日邊

上皇西廵南京歌十首

胡塵輕拂建章臺聖主西廵蜀道來劒壁門髙五千
尺石爲樓閣九天開
九天開出一成都萬戶千門入畫圖草樹雲山如錦
繡秦川得及此間無
德陽春樹似新豐行入新都若舊宫柳色未饒秦地

緑花光不減上林紅

誰道君王行路難六龍西幸萬人歡地轉錦江成渭水天迴玉壘作長安

萬國同風共一時錦江何謝曲江池石鏡更明天上月後宮親一作新得照娥眉

濯錦清江萬里流雲帆龍舸下揚州北地雖誇上林苑南京還有散花樓

錦水東流繞錦城星橋北挂象天星四海此中朝聖主峩眉山上一作下列仙庭

秦開蜀道置金牛漢水元通星漢流天子一行遺聖跡錦城長作帝王州

水渌天青不起塵風光和暖勝三秦萬國煙花隨玉輦西來添作錦江春

劒閣重關蜀北門上皇歸馬若雲屯少帝長安開紫極雙懸日月照乾坤

峨眉山月歌 峽路

峨眉山月半輪秋影入平羌江水流夜發清溪向三峽思君不見下渝州

峨眉山月歌送蜀僧晏入中京

我在巴東三峽時西看明月憶峨眉月出峨眉一作峨眉山月照滄海與人萬里長相隨黃鶴樓前月華白此中忽見峨眉客峨眉山月還送君風吹西到長安陌長安

大道橫九天峨眉山月照秦川黄金師子承高座白玉麈尾談重玄我似浮雲滯吴越君逢聖主遊丹闕一振高名滿帝都歸時（一作來）還弄峨眉月

赤壁歌送別　江夏

二龍爭戰決雌雄赤壁樓船掃地空烈火張天照雲海周瑜於此破曹公君去滄江望（一作弄）澄碧鯨鯢唐突留餘跡一一書來報故人我欲因（一作觀）之壯心魄

江夏行

憶昔嬌小姿春心亦自持爲言嫁夫壻得免長相思誰知嫁商賈令人却愁苦自從爲夫妻何曾在鄉土去年下揚州相送黄鶴樓眼看帆去遠心逐江水流

只言期一載誰謂歷三秋使妾腸欲斷恨君情悠悠
東家西舍同時發北去南來不逾月未知行李遊何
方作箇音書能斷絕適來往南浦欲問西江船正見
當壚女紅粧二八年一種爲人妻獨自多悲悽對鏡
便垂淚逢人只欲啼不如輕薄兒旦暮長追隨悔作
商人婦青春長別離如今正好同歡樂君去容華誰
得知

懷仙歌

一鶴東飛過滄海放心散漫知何在仙人浩歌望我
來應攀玉樹長相待堯舜之事不足驚自餘囂囂真
可輕巨鼇莫載三山去吾一作我欲蓬萊頂上行

玉真仙人詞

玉真之真一作仙人時往一作西上太華峯清晨鳴天鼓飈欻騰雙龍弄電不輟手行雲本無蹤幾時入少室王母應相逢

清溪行宣城一作宣州清溪

清溪清我心水色異諸水借問新安江見底何如此人行明鏡中鳥度屏風裏向晚猩猩啼空悲遠遊子

酬郡佐明見贈五雲裘歌謝朓宅在當塗青山下

我吟謝朓詩上語朔風颯颯吹飛雨謝朓已没青山空後來繼之有郡公粉圖珍裘五雲色曄如晴天散綵虹文章彪炳光陸離應是素娥玉女之所爲輕如

松花落金粉濃似苔錦含碧滋遠山積翠橫海島殘
霞霏丹映江草凝毫採掇花露容幾年功成奪天造
故人贈我我不違著令山水含晴暉（一作清輝）頓驚謝康
樂詩興生我衣襟前林壑斂瞑色袖上煙霞收夕霏
羣仙長歎驚此物千崖萬嶺相縈鬱身騎白鹿行飄
飖手翳紫芝笑披拂相如不足誇鸘鸘王恭鶴氅安
可方瑤臺雪花數千點片片吹落春風香爲君持此
凌蒼蒼上朝三十六玉皇下窺夫子不可及矯手相
思空斷腸

臨路歌

大鵬飛兮振八裔中天摧兮力不濟餘風激兮萬世

遊扶桑兮挂石袂後人得之傳此仲尼亡乎誰爲出

歷陽壯士勤將軍名思齊歌 井序

歷陽壯士勤將軍神力出於百夫則天太后召見奇之授游擊將軍賜錦袍玉帶朝野榮之後拜横南將軍大臣慕義結十友即燕公張説館陶公郭元振爲首余壯之遂作詩

太古歷陽郡化爲洪川在江山猶鬱盤龍虎秘光彩蓄洩數千載風雲何霮䨴特生勤將軍神力百夫倍

草書歌行

少年上人號懷素草書天下稱獨步墨池飛出北溟魚筆鋒殺盡中山兎八月九月天氣凉酒徒辭客滿

高堂牋麻素絹排數箱宣州石硯墨色光吾師醉後倚繩牀須臾掃盡數千張飄風驟雨驚颯颯落花飛雪何茫茫起來向筆不停手一行數字大如斗怳怳如聞神鬼驚時時只見龍蛇走左盤右蹙如驚電狀同楚漢相攻戰湖南七郡凡幾家家家屏障書題徧王逸少張伯英古來幾許浪得名張顛老死不足數我師此義不師古古來萬事貴天生何必要公孫大娘渾脫舞

古意

君爲女蘿草妾作兔絲花輕條不自引爲逐春風斜百丈託遠松纏緜成一家誰言會面易各在青山崖

女蘿發馨香兔絲斷人腸枝枝相糾結葉葉竟飄揚生子不知根因誰共芬芳中巢雙翡翠上宿紫鴛鴦君識二草心海潮亦可量

山鷓鴣詞

苦竹嶺頭秋月輝苦竹南枝鷓鴣飛嫁得燕山胡鴈壻欲銜我向鴈門歸山雞翟雉來相勸南禽多被北禽欺紫塞嚴霜如劒戟蒼梧欲巢難背違我心誓死不能去哀鳴驚叫淚霑衣

和盧侍御通塘曲

君誇通塘好通塘勝耶溪通塘在何處宛在尋陽西青蘿嫋嫋拂煙樹白鷴處處聚沙堤石門中斷平湖

出百丈金潭照雲日何處滄浪垂釣翁鼓棹魚歌趣
非一相逢不相識出没繞通塘浦邊清水明素足别
有浣紗吴女郎行盡渌潭潭轉幽疑是武陵春碧流
秦人雞犬桃花裏將此通塘渠見羞通塘不忍别十
去九遲迴偶逢佳境心已醉忽有一鳥從天來月出
青山送行子四邊苦竹秋聲起長吟白雪望星河雙
垂兩足揚素波梁鴻德耀會稽日寧知此中樂事多

李太白文集卷第七

李太白文集卷第八

歌詩四十一首

贈一

贈孟浩然　襄漢

吾愛孟夫子，風流天下聞。紅顔棄軒冕，白首卧松雲。醉月頻中聖，迷花不事君。高山安可仰，從此揖清芬。

贈從兄襄陽少府皓（一作晧）

結髮未識事，所交盡豪雄。却秦不受賞，擊晉（一作救趙）寧爲功。訖身白刃裏，殺人紅塵中。當朝揖高義，舉世欽英風。小節豈足言，退耕春陵東。歸來無産業，生事如轉蓬。一朝狐（一作烏）裘弊，百鎰黄金空。彈劍徒激昂，出門悲路

窮吾兄青雲士然諾聞諸公所以陳片言片言貴情
通棣華儻不接甘與秋草同

贈張公洲革處士

列子居鄭圃不將衆庶分革侯遁南浦常恐楚人聞
抱甕灌秋蔬心閑遊天雲每將瓜田叟耕種漢水濱
時登張公洲入獸不亂羣井無桔槔事門絶刺繡文
長揖二千石遠辭百里君斯爲眞隱者吾黨慕清芬

淮海對雪贈傅靄（一作淮南對雪贈孟浩然）

朔雪落吴（一作潮）天從風渡溟渤海樹（一作木）成陽春江沙皓
明月飄飄四荒外想像千花發瑶草生階墀玉塵散
庭闕興從剡溪起思繞梁山發寄君郢中歌曲罷心

斷絶一云剡溪輿空在郢路歌未歌寄君梁父吟曲盡心斷絶

贈徐安宜

白田見楚老歌詠徐安宜製錦不擇地操刀良在茲清風動百里惠化聞京師浮人若雲歸耕種滿郊岐川光淨麥隴日色明桑枝訟息但長嘯賓來或解頤青槐拂戶牖白一作君水流園池遊子滯安邑懷恩未忍辭繫君樹桃李歲晚託深期

贈任城盧主簿潛魯中

海鳥知天風竄身魯門東臨觴不能飲矯翼思凌空鍾鼓不爲樂煙霜誰與同歸飛未忍去流淚謝鴛鴻

早秋贈裴十七仲堪

遠海動風色吹愁一作秋落天涯南星變大火熱氣餘丹霞光景不可迴六龍轉天車荊人泣美玉魯叟悲匏瓜功業若夢裏一作中撫一作推琴發長嗟裴生信一作寶英邁屈起多才華歷抵海岱豪結交魯朱家一作歷遊趙魏豪結交列如麻良圖竟未展意欲飛丹砂破産且救人遺身不爲家復攜兩少女一作妾豔色驚荷花雙謌入青雲但惜白日斜窮一作滄溟出寶貝大澤饒龍蛇明主儻一作必見收煙霄路非賒知飛萬里道勿使歲寒差一作時命若有會歸應鍊丹砂

贈范金鄉二首

君子枉清眄不知東走迷離家未幾月絡緯鳴中閨桃李君不言攀花願成蹊那能吐芳信惠好相招攜

我有結綠珍久藏濁水泥時人棄此物乃與燕珉一作石齊拂拭欲贈之申眉路無梯遼東慙白豕楚客羞山雞徒有獻芹心終流泣三一作血啼祇應自索漠留舌示山妻

范宰不買名絃歌對前楹爲邦默自化日覺冰壺清百里雞犬靜千廬機杼鳴浮人少蕩析愛客多逢迎遊子覩嘉政因之聽頌聲

贈瑕丘王少府

皎皎鸞鳳姿飄飄神仙氣梅生亦何事來作南昌尉清風佐鳴琴寂寞道爲貴一作爲誰貴一見過所聞操持難與羣毫揮魯邑訟目送瀛洲雲我隱屠釣下爾當玉

石分無由接高論空此仰清芬

東魯見狄博通

去年别我向何處有人傳道游江東謂言挂席度滄海却來應是無長風

見京兆韋条軍量移東陽二首 吴中

潮水還歸海流人却到吴相逢問愁苦淚盡日南珠

聞説金華渡東連五百灘全勝若耶好莫道此行難

猿嘯千谿合松風五月寒他年一攜手摇艇入新安

贈丹陽横山周處士惟長

周子横山隱開門臨城隅連峯入戶牖勝槩凌方壺時枉白紵詞放歌丹陽湖水色傲溟渤川光秀菰蒲

當其得意時，心與天壤俱。閑雲隨舒卷，安識身有無。
抱石恥獻玉，沉泉笑探珠。羽化如可作，相攜上清都。一作攜手上清都

玉真公主別館苦雨贈衛尉張卿二首　長安

秋坐金張館，繁陰晝不開。空煙送雨色，蕭颯望中來。
翳翳昏墊苦，沉沉百憂催。清秋何以慰，白酒盈吾杯。
吟詠思管樂，此人已成灰。獨酌聊自勉，誰貴經綸才。
彈劍謝公子，無魚良可哀。

苦雨思白日，浮雲何由卷。稷卨和天人，陰陽仍驕蹇。
秋霖劇倒井，昏霧橫絕巘。欲往咫尺塗，遂成山川限。
潨潨奔溜瀉，浩浩驚波轉。泥沙塞中途，牛馬不可辨。

飢從漂母食閑綴羽林一作陵簡園家逢秋蔬藜藿不滿眼
蠨蛸結思幽蟋蟀傷褊淺廚竈無青煙刀机生綠蘚
投筯解鷫鷞換酒醉北堂丹徒布衣者慷慨未可量
何時黃金盤一斛薦檳榔功成拂衣去搖裔滄洲旁

贈韋祕書子春

谷口鄭子真躬耕在巖石高名動京師天下皆藉藉
其人竟不起雲卧從所適苟無濟代心獨善亦何益
惟君家世者偃息逢休明談天信浩蕩說劒紛縱橫
謝公不徒然起來爲蒼生祕書何寂寂無乃羈豪英
且復歸碧山安能戀金闕舊宅樵漁池蓬蒿已應没
卻顧女几峯胡顏見雲月徒爲風塵苦一官已白髮

氣同萬里合訪我來瓊都披雲覩青天捫蝨話良圖
留侯將綺季出處未云殊終與安社稷功成去五湖

贈韋侍御黄裳二首

太華生長松亭亭凌霜雪天與百人高豈爲微飈折
桃李賣揺豔路人行且迷春光掃地盡碧葉成黄泥
願君學長松慎勿作桃李受屈不改心然後知君子
見君乘驄馬知上太山道此地果摧輪全身以爲寶
我如豐年玉棄置秋田草但勗冰壺心無爲歎衰老

贈薛校書

我有吴趨曲無人知此音姑蘇成蔓草麋鹿空悲吟
未誇觀濤作空鬱釣鼇心舉手謝東海虛行歸故林

贈何七判官昌浩

有時忽惆悵匡坐至夜分平明空嘯咤思欲解世紛心隨長風去吹散萬里雲羞作濟南生九十誦古文不然拂劒起沙漠收奇勳老死田陌間何因揚清芬夫子今管樂英才冠三軍終與同出處豈將沮溺羣

讀諸葛武侯傳書懷贈長安崔少府叔封昆季

漢道昔云季羣雄方戰爭霸圖各未立割據資豪英赤伏起頹運卧龍得孔明當其南陽時隴畝躬自耕魚水三顧合風雲四海生武侯立岷蜀壯士吞咸京何人先見許但有崔州平余亦草間人一作士頗懷拯物情晚途值子玉華髮同衰榮託意在經濟結交為弟

兄無令管與鮑千載獨知名

贈郭將軍

將軍少年出武威一云將軍豪天威入掌銀臺護紫微平明拂劒朝天去薄暮垂鞭醉酒歸愛子臨風吹玉笛美人騰一作向又作嬌月舞羅衣疇昔雄豪如夢裏相逢且欲醉春輝一云今日相逢俱失路何年灞上弄春輝

駕去溫泉宫後贈楊山人

少年落托楚漢間風塵蕭瑟多苦顏自言介蠆一作管葛竟誰許長吁莫錯還閉關一朝君王垂拂拭剖心輸丹雪胷臆忽蒙白日廻景光直上青雲生羽翼幸陪鸞輦出鴻都身騎飛龍天馬駒王公大人借顏色金章

紫綬來相趨當時結交何紛紛片言道合唯有君待
吾盡節報明主然後相攜一作攜手滄州臥白雲

温泉侍從歸逢故人

漢帝長楊苑誇胡羽獵歸子雲叨侍從獻賦有光輝
激賞搖天筆承恩賜御衣逢君奏明主他日共翻飛

贈裴十四

朝見裴叔則朗如行玉山黃河落天走東海萬里寫
入胸懷間身騎白黿不敢度金高南山買君顧徘徊
六合無相知飄若浮雲且西去

贈崔侍御

黃河三尺鯉本在孟津居點額不成龍歸來伴一作作凡

魚故人東海客一見借吹噓風濤儻相因更欲凌崑
墟何當赤草使再往召相如

上李邕

大鵬一日同風起摶搖直上九萬里假令風歇時下
來猶能揚却滄溟水世人見我恒殊調見余大言皆
冷笑宣公猶能畏後生丈夫未可輕年少

述德兼陳情上哥舒大夫

天爲國家孕英才森森矛戟擁靈臺浩蕩深謀噴江
海縱横逸氣走風雷丈夫立身有如此一呼三軍皆
披靡衛青漫作大將軍白起真成一豎子

雪讒詩贈友人　四言

嗟余沉迷猖獗已久五十知非古人常有立言補過
庶存不朽包荒匿瑕蓄此頑醜月出致譏貽愧皓首
感悟遂晚事往日遷白璧何辜青蠅屢前羣輕折軸
下沈黄泉衆毛飛骨上陵青天萋菲暗成貝錦粲然
泥沙聚埃珠玉不鮮洪炎爍山發自纖煙滄波蕩日
起乎微涓交亂四國播于八埏拾塵掇蜂疑聖猜賢
哀哉悲夫誰察余之貞堅彼婦人之猖狂不如鵲之
彊彊彼婦人之婬昏不如鶉之奔奔坦蕩一作皎皎君子無
悅簧言擢髮贖罪罪乃孔多傾海流惡惡無以過人
生實難逢此織羅積毁銷金沉憂作歌天未喪文其
如余何妲己滅紂褒女惑周天維蕩覆職此之由漢

祖呂氏食其在傍秦皇太后毒亦婬荒螮蝀作昏遂
掩太陽萬乘尚爾匹夫何傷辭殫意窮心切理直如
或妄談昊天是殛子野善聽離婁至明神靡遁響鬼
無逃形不我遐棄庶昭忠誠

贈參寥子

白鶴飛天書南荆訪高士五雲在峴山果得參寥子
骯髒辭故園昂藏入君門天子分玉帛百官接話言
毫墨時灑落探元有奇作著論窮天人千春秘麟閣
長揖不受官拂衣歸林巒余亦去金馬藤蘿同所歡
相思在何處桂樹青雲端

贈饒陽張司戶璲 燕魏 太原

朝飲蒼梧泉夕棲碧海煙寧知鸞鳳意遠託椅桐前
慕藺豈曩古攀嵇是當年愧非黃石老安識子房賢
功業嗟落日容華棄徂川一語已道意三山期著鞭
蹉跎人間丗寥落壺中天獨見遊物祖撥元窮化先
何當其攜手相與排冥（一作罝）筌

贈清漳明府姪

我李百萬葉柯條布中州天開青雲器日爲蒼生憂
小邑且割雞大刀佇烹牛雷聲動四境惠與清漳流
絃歌詠唐堯脫落隱簪組心和得天真風俗由（一作獨）太
古牛羊散阡陌夜寢不扃戶問此何以然賢人宰吾
土舉邑樹桃李垂陰亦流芬河堤繞綠水桑柘連青

雲趙女不治容提籠畫成羣繰絲鳴機杼百里聲相聞訟息烏下階高卧披道帙蒲鞭挂簷枝示恥無撲抶琴清月當户人寂風入室長嘯無一言陶然上皇逸白玉壺冰水壺中見底清清光洞毫髮皎潔照羣情趙北美佳政燕南播高名過客覽行謡因之頌德聲一作得頌聲

贈臨洺縣令皓弟時被訟停官

陶令去彭澤茫然元古心大音自成曲但奏無弦琴釣水路非遠連鼇意何深終期龍伯國與余相招尋

贈郭季鷹

河東郭有道於世若浮雲盛德無我位清光獨映君

恥將雞並食長與鳳爲羣一擊九千仞相期凌紫氛

鄴中贈王大勸入高鳳石門山幽居

一身竟無託遠與孤蓬征千里失所依復將落葉并中途偶良朋問我將何行欲獻濟時策此心誰見明君王制六合海塞無交兵壯士伏草閒沉憂亂縱横飄飄不得意昨發南都城紫鸞櫪上嘶青萍匣中鳴投軀寄天下長嘯尋豪英恥學琅邪人龍蟠事躬耕富貴吾自取建功及春榮我願執手　爾方達我情相知同一已豈唯弟與兄抱子弄白雲琴歌發清聲臨别意難盡各希存令名

贈華州王司士 陝西

淮水不絕波瀾高盛德未泯生英髦知君先負廟堂器今日還須贈寶刀

贈盧徵君昆弟

明主訪賢逸雲泉今已空二盧竟不起萬乘高其風河上喜相得壺中趣每同滄洲即此地觀化遊無窮木落海水清鼇龜因觀方蓬與君弄倒影攜手凌星虹

贈新平（一作豐）少年

韓信在淮陰少年相欺凌屈體若無骨壯心有所憑一遭龍顏君嘯吒從此興千金答漂母萬古共嗟稱而我竟胡（一作何）爲寒苦坐相仍長風入短袂内（一作兩）手如懷冰故友不相恤新交寧見矜摧殘檻中虎羈紲韝

上鷹何時騰風雲搏擊中所能

贈崔侍御

長劍一杯酒男兒方寸心洛陽因劇孟託（一作訪）宿話胷襟但仰山嶽秀不知江海深長安復攜手再顧重千金君乃輶軒佐余叨翰墨林高風摧秀木驚彈落虛禽不取回舟興而來命駕尋扶搖應借便（一作力）桃李願成陰笑吐張儀舌愁爲莊舄吟誰憐明月夜腸斷聽秋砧

走筆贈獨孤駙馬

都尉朝天躍馬歸香風吹人花亂飛銀鞍紫鞚照雲日左顧右盻生光輝是時僕在金門裏待詔公車謁

天子長揖蒙垂國士恩壯心剖出酬知已一別蹉跎朝市間青雲之交不可攀儻其公子重迴顧何必侯嬴長抱關

李太白文集卷第八

國家珍貴古籍叢刊

宋本李太白文集

二

（唐）李白 撰

國家圖書館出版社

第二册目録

卷九　歌詩三十四首

贈二

卷十一　歌詩三十二首

贈四

卷十三　歌詩三十六首

別

卷十五　歌詩四十八首

送中

卷十七　歌詩三十首

酬答下

卷十八　歌詩四十六首

游宴下

卷十九 歌詩三十六首

登覽

李太白文集卷第九

歌詩三十四首

贈二

贈嵩山焦鍊師 并序洛陽

嵩丘有神人焦鍊師者不知何許婦人也又云生於齊梁時其年貌可稱五六十常胎息絶穀居少室廬遊行若飛倏忽萬里世或傳其入東海登蓬萊竟不能測其往也余訪道少室盡登三十六峯聞風有寄灑翰遥贈

二室凌一作倚青天三花含一作明紫一作緑煙中有蓬海客宛疑麻姑仙道在喧莫涤跡高想已緜時餐金鵞蘂一作金蛾䕺

屢讀青苔篇八極恣遊憩九垓長周旋下瓢酌潁水舞鶴來伊川還歸空山上獨拂秋霞眠蘿月挂朝鏡松風鳴夜絃潛光隱嵩嶽鍊魄棲雲幄霓衣何飄飄（一作葳蕤）鳳吹（一作君駕）轉緜邈顧同西王母下顧東方朔紫書儻可傳寘（一作銘）骨誓相學

口號贈陽徵君（此公時被徵）

陶令辭彭澤梁鴻入會稽我尋高士傳君與古人齊雲臥留丹壑天書降紫泥不知楊伯起早晚向關西

秋日鍊藥院鑷白髮贈元六兄林宗

木落識歲秋瓶冰知天寒桂枝日已綠拂雪凌雲端弱齡接光景矯翼攀鴻鸞投分三十載榮枯同所懽

長吁望青雲鑷白坐相看秋顏入曉鏡壯髮凋危冠
窮與鮑生賈飢從漂母飡時來極天人道在豈吟歎
樂毅方適趙蘇秦初説韓卷舒固在我何事空摧殘

書情贈蔡舍人雄　梁宋

嘗高謝太傅一作嘗聞謝安石攜妓東山門楚舞醉碧雲吴歌
斷清猨蹔因蒼生起談笑安黎元余亦愛此人丹霄
冀飛翻遭逢聖明主敢進興亡言娥眉積讒妬魚目
嗤璵璠白璧竟何辜一作本無瑕青蠅遂成冤一朝去京國
十載客梁園猛犬吠九關殺人憤精魂皇穹雪天柱
白日開氛昏太階得夔龍桃李滿中原倒海索明月
凌山採芳蓀愧無橫草功虚負雨露恩跡謝雲臺閣

心隨天馬轅夫子王佐才而今復誰論曾飆振六翮不日思騰騫我縱五湖棹煙濤恣崩奔夢釣子陵湍英氣緬猶存徒希客星隱弱植不足援千里一迴首萬里一長歌黄鶴不復來清風奈愁何舟浮瀟湘月一作江橫羅刹石山倒洞庭波投汨笑古人臨濠得天和閑時田畝中搔背牧雞䳄別離解相訪應在武陵多

憶襄陽舊遊贈濟陰馬少府巨

昔爲大堤客曾上山公樓開窻碧嶂滿拂鏡滄江流高冠佩雄劒長揖韓荆州此地别夫子今來思舊遊朱顔君未老白髮我先秋壯志恐蹉跎功名若雲浮一作有意未得言懷賢若沉憂歸心結遠夢落日懸春愁空思羊叔子

墮淚峴山頭一作何時共攜手更醉峴山頭

對雪獻從兄虞城宰

昨夜梁園雪弟寒兄不知庭前看玉樹腸斷憶連枝

訪道安陵遇蓋寰為予造真籙臨別留贈

清水見白石仙人識青童安陵蓋夫子十歲與天通
懸河與微言談論安可窮能令二千石撫背驚神聰
揮毫贈新詩高價掩山東至今平原客感激慕清風
學道北海仙傳書蘂珠宮丹田了玉闕白日思雲空
為我草真籙天人慙妙工七元洞豁落八角輝星虹
三災蕩璇璣蛟龍翼微躬舉手謝天地虛無齊始終
黃金獻高堂荅荷難克充卜笑世上事沉魂北羅酆

昔日萬乘墳今成一科蓬贈言若可重實此輕華嵩

雜言用投丹陽知巳兼奉宣慰判官

客從崑崙來遺我雙玉璞云是古之得道者西王母食之餘食之可以凌太虛愛之頗謂絕今昔求識江淮人猶乎比石如今雖在卞和手正憔悴了了知之亦何益恭聞士有調相如始從鎬京還復欲鎬京去能上秦王殿何時迴光一相眄欲投君保君年幸君持取無棄棄捐無棄捐服之與君俱神仙

贈崔郎中宗之 金陵

胡鷹一作鴈拂海翼翱翔鳴素秋驚雲辭沙朔飄蕩迷河洲一作胡鷹度日邊兩龍天地秋哀鳴沙塞寒風雪迷河洲有一作乃如飛蓬人去逐一作法

萬里遊登高望浮雲髣髴如舊丘日從海旁沒水向天邊流長嘯倚孤劒目極心悠悠歳晏歸去來富貴安所求仲尼七十說歷聘莫見收魯連逃千金珪組豈可（一作不足）酬時哉苟不會草木爲我儔希君同攜手長往南山幽

贈崔諮議

騄驥本天馬素非伏櫪駒長嘶向（一作起）清風倏忽凌九區何言西北至却是東南隅世道有飜覆前期（一作程又作途）難預圖希君一（一作前又作相）翦拂（一作佛便）猶可騁中衢

贈昇州王使君忠臣

六代帝王國三吳佳麗城賢人當重寄天子借高名

巨海一邊靜長江萬里清應須救趙策未肯棄侯嬴

贈別從甥高五

魚目高太山不如一璵璠賢甥即明月聲價動天門能成五宅相不減魏陽元自顧寡籌略功名安所存五木思一擲如繩繫窮猨櫪中駿馬空堂上醉人喧黄金久已罄爲報故交恩聞君隴西行使我驚心魂與爾共飄颻雪天各飛翻江水流或卷此心難具論貧家羞好客語拙覺辭繁三朝空錯莫對飯却慙冤自笑我非夫生事多契闊蓄積萬古憤向誰得開豁天地一浮雲此身乃毫末忽見無端倪太虛可包括去去何足道臨岐空復愁肝膽不楚越山河亦衾儔

雲龍若相從明主會見收成功解相訪溪水桃花流

贈裴司馬

翡翠黃金縷繡成歌舞衣若無雲間月誰可比光輝
秀色一如此多爲衆女譏君恩移昔愛失寵秋風歸
愁苦不窺鄰泣上流黃機天寒素手冷夜長燭復微
十日不滿匹鬢蓬亂若絲猶是可憐人容華世中稀
向君發皓齒顧我莫相違

敘舊贈江陽宰陸調

太伯讓天下仲雍揚波濤清風蕩萬古跡與星辰高
開吳食東溟陸氏世英髦多君秉古節嶽立冠人曹
風流少年時京洛事遊遨腰間延陵劍玉帶明珠袍

我昔鬬雞徒連延五陵豪邀遮相組織呵嚇來煎熬
君開萬叢人鞍馬皆闢易告急清憲臺脫余北門厄
間宰江陽邑翦棘樹蘭芳一本自陸氏世英髭以下云夫子時峻季岳立冠人曹風流少年時京洛事遊遨騶驛紅陽鷲玉劒明珠袍一諾許他人千金雙錯刀滿堂青雲士望美期丹霄我昔北門厄摧如一枝蒿虎挾雞徒連延五陵豪邀遮來組織呵嚇相煎熬君披萬人叢脫我如貔牢此恥竟未刷且食綏山桃非天雨文章所祖記風騷蒼君蓬老壯鬢長策未逢遭別君幾何時君無相思否鳴琴坐高樓淥水淨窻牖政成聞雅頌人吏皆拱手投刃有餘地迴車攝江陽錯雜非易理先威挫豪強下與武同城門何肅穆五月飛秋霜好鳥集珍木高才
列華堂時從府中歸絲管儼成行但苦隔遠道無由
共銜觴江北荷花開江南楊梅熟正好飲酒時懷賢
在心目挂席候海色當風下長川多酤新豐醁滿載

剡溪舩中途不遇人直到爾門前大笑同一醉取樂
平生年

贈從孫義興宰銘（亞相李公重之以能政，中丞李公免罷以務官）

天子思茂宰天枝得英才削然清秋月獨出映吳臺
落筆生綺繡操刀振風雷蠖屈雖百里鵬騫望三台
退食無外事琴堂向山開綠水寂以閑白雲有時來
河陽富奇藻彭澤縱名杯所恨不見之猶如仰昭回
元惡昔滔天疲人散憂草驚川無活鱗舉邑罕遺老
誓雪會稽恥將奔宛陵道亞相素所重投刃應桑林
獨坐傷激揚神融一開襟絃歌欣再理和樂醉人心
蠹政除害馬傾巢有歸禽壺漿候君來聚舞共謳吟

農夫棄蓑笠蠶女墮纓簪歡笑相拜賀則知惠愛深
歷職吾所聞稱賢爾爲最化洽一邦上名馳三江外
峻節冠雲霄通方堪遠大能文變風俗好客留軒蓋
他日一來遊因之嚴光瀨

草創大還贈柳官迪

天地爲橐籥周流行太易造化合元符交構騰精魄
自然成妙用孰知其指的羅絡四季間綿微一無隙
日月更出沒雙光豈云隻姹女乘河車黃金充轅軛
執樞相管轄摧伏傷羽翮朱鳥張炎威白虎守本宅
相煎成苦老消爍凝津液髣髴明窻塵死灰同至寂
鑄冶入赤色十二周律曆赫然稱大還與道本無隔

白日可撫弄清都在咫尺北酆落死名南斗上生籍
抑子是何者身在方士格才術信縱橫世途自輕擲
吾求仙棄俗君曉損勝益不向金闕遊思爲玉皇客
鸞車速風電龍騎無鞭策一舉上九天相攜同所適

贈崔司户文昆季

雙珠出海底俱是連城珍明月兩特達餘輝照傍人
英聲振名都高價動殊鄰豈伊箕山故特以風期親
惟昔不自媒擔簦西入秦攀龍九天上別忝歲星臣
布衣侍丹墀密勿草絲綸才微惠渥重讒巧生緇磷
一去已十年今來復盈旬清霜入曉鬢白露生衣巾
側見綠水亭開門列華茵千金散義士四座無凡賓

欲折月中桂持爲寒者薪路傍已竊笑天路將何因

垂恩儻丘山報德有微身

贈溧陽宋少府陟

李斯未相秦且逐東門兎宋玉事襄王能爲高唐賦

常聞綠水曲忽此相逢遇掃灑青天開豁然披雲霧

感挺紫鸞鳥巢在崑山樹驚風西北吹飛落南溟去

早懷經濟策特受龍顏顧白玉棲青蠅君臣忽行路

人生感分義貴欲呈丹素何日清中原相期廓天步

戲贈鄭溧陽

陶令日日醉不如五柳春素琴本無絃漉酒用葛巾

清風北窓下自謂羲皇人何時到溧一作栗里一見平生親

贈僧崖公

昔在卽陵東學禪白眉空大地了鏡徹迴旋寄輪風攬彼造化力持爲我神通晩謁太山君親見日没雲中夜卧山月一作夜卧雪上月拂衣逃人羣授余金仙道曠刧未始聞冥機發天光獨朗謝垢氛虛舟不繫物觀化遊江濆江濆遇同聲道崖乃僧英説法動海嶽遊方化公卿手秉玉麈尾如登白樓亭微言注百川亹亹信可聽一風鼓羣有萬籟各自鳴啓閞七窻牖託宿掣雷霆自云歷天台搏壁躡翠屏凌兢石橋去怳惚入青冥昔往今來歸絶景無不經何日更攜手乘林向蓬瀛

遊溧陽北湖亭望瓦屋山懷古贈同旅（一作贈孟浩然）

朝登北湖亭遥望瓦屋山天清白露下始覺（一作知）秋風還遊子託主人仰觀眉睫間日（一作目）色送飛鴻邈然不可攀長吁相勸勉何事來吴關聞有貞義女振窮溧水濱清光了在眼白日如披顔高墳五六墩崒兀栖猛虎遺跡翳九泉芳名動千古子胥昔乞食此女傾壺漿運開展宿憤入楚鞭平王凛冽天地間聞名若懷霜壯夫或未達十步九太行與君拂衣去萬里同翱翔

醉後贈從甥高鎮

馬上相逢揖馬鞭客中相見客中憐欲邀擊筑悲歌飲

正値傾家無酒錢江東風光不借人枉殺落花空自春黄金遂手快意盡昨日破産今朝貧丈夫何事空嘯傲不如燒却頭上巾君爲進士不得進我被秋霜生旅鬢時清不及英豪人三尺童兒唾廉藺匣中盤却裝䱜魚閑在腰間未用渠且將换酒與君醉醉歸記宿吴鑄諸

贈秋浦柳少府

秋浦舊蕭索公庭人吏稀因君樹桃李此地忽芳菲摇筆望白雲開簾當翠微時來引山月縱酒酣清輝而我愛夫子淹留未忍歸

贈崔秋浦三首

吾愛崔秋浦宛然陶令風門前一作栽五楊柳井上一作夾二梧桐山鳥下聽事簷花落酒中懷君未忍去惆悵意無窮

崔令學陶令一作君似陶彭澤北隱常晝眠抱琴時弄月一作待秋月取意任無絃見客但傾酒爲官不愛錢東皐多種黍勸爾早耕田一作東皐春事起種黍早歸田河陽花作縣秋浦玉爲人地逐名賢好風隨惠化春水從天漢落山逼畫屏新應念金門客投沙弔楚臣

望九華山贈韋青陽仲堪

昔在九江上遥望一作觀九華峯天河挂緑水秀出一作山九芙蓉我欲一揮手誰人可相從君爲東道主於此臥

雲松

贈柳圓

竹實滿秋浦鳳來何苦飢還同月下鵲三繞未安枝
夫子即瓊樹傾柯拂羽儀懷君戀明德歸去日相思

聞謝楊兒吟猛虎詞因有此贈

同州隔秋浦聞吟猛虎詞晨朝來借問知是謝楊兒

宿清溪主人

夜到清溪宿主人碧巖裏簷楹挂星斗枕席響風水
月落西山時啾啾夜猿起

贈王判官時余歸隱居廬山屏風疊尋陽

昔別黃鶴樓蹉跎淮海秋俱飄零落葉各散洞庭流

中年不相見蹭蹬遊吳越何處我思君天台綠蘿月會稽風月好却遶剡溪迴雲山海上出人物鏡中來一度浙江北十年醉楚臺荊門倒屈宋梁苑傾鄒枚苦笑我誇誕知音安在哉大盜割鴻溝如風掃秋葉吾非濟代人且隱屏風疊中望天中望憶君思見君明朝拂衣去永與海鷗羣

在水軍宴贈幕府諸侍御（永王軍中）

月化五白（一作百）龍翻飛凌九天胡沙驚北海電掃洛陽川虜箭兩宮闕皇輿成播遷英王受廟略秉鉞清南邊雲旗卷海雪金戟羅江煙聚散百萬人弛張在一賢霜臺降羣彥水國奉戎旃繡服開宴語天人借樓

舩如登黄金臺遥謁紫霞仙卷身編蓬下冥機四十年寧知草間人腰下有龍泉浮雲在一决誓欲清幽燕願與四座公靜談金匱篇齊心戴朝恩不惜微軀捐所冀旄頭滅功成追魯連

贈潘侍御論錢少陽

繡衣柱史何昂藏鐵冠白筆横秋霜三軍論事多引納堦前虎士羅干將雖無二十五老者且有一翁錢少陽眉如松雪齊四皓調笑可以安儲皇君能禮此最下士九州拭目瞻清光

贈武十七諤　并序

門人武諤深於義（一作詩）者也質木沉悍慕要離之風潛

釣川海不數數於世間事聞中原作難西來訪余余愛子伯禽在魯許將冒胡兵以致之酒酣感激援筆而贈

馬如一匹練明日過吳門乃是要離客西來欲報恩笑開燕匕首拂拭竟無言狄犬吠清洛天津成塞垣愛子隔東魯空悲斷腸猨林回棄白璧千里阻同奔君爲我致之輕賫涉淮源精誠合天道不愧遠遊寃一作鄧攸寃

李太白文集卷第九

李太白文集卷第十

歌詩二十九首

贈三

贈張相鎬二首（時逃難病在宿松山作後一首亦作書懷重寄張相公）

神器難竊弄，天狼窺紫宸。六龍遷（一作駕）白日，四海（一作九洛）暗胡塵。昊穹降元宰，君子方經綸。澹然養浩氣，欻起持天鈞。秀骨象山嶽，英謀合鬼神。佐漢解鴻門，興唐（一作功成）思退身（一作生唐為後身）。擁旄秉金鉞，伐鼓乘朱輪。虎將如雷霆（一作電），揔戎向東巡。諸侯拜馬首，猛士騎鯨鱗。澤被魚鳥悅，令行草木春。聖智（一作逢聖）不失時，建功及良辰。醜虜安足紀，可貽幗與巾。倒瀉溟海珠，盡為入幕珍。馮異

獻赤伏鄧生欻來臻庶同昆陽舉再覩漢儀新昔爲
管將鮑中奔吳隔秦一生欲報主百代期榮親其事
竟不就哀哉難重陳卧病古松滋蒼山空四鄰風雲
激壯志枯槁驚常倫聞君自天來目張氣益振亞夫
得劇孟敵（一作七）國空（一作定）無人捫蝨對桓公願得論悲辛
大塊方噫氣何辭鼓青蘋斯言儻不合歸老漢江濱
本家（一作家本）隴西人先爲漢邊將功略蓋天地名飛青雲
上苦戰竟不侯當年頗惆悵世傳崆峒勇氣激金風
壯英烈遺厥孫伯代神猶王十五觀奇書作賦凌相
如龍顏惠殊寵麟閣憑天居（一作侍從承明廬）晚途未云已蹭
蹬遭讒毀想像晉末時崩騰胡塵起衣冠陷鋒鏑戎

虜盈朝市（一作荆棘生朝市）石勒窺神州劉聰劫天子撫劒夜吟嘯雄心日千里誓欲斬鯨鯢澄清洛陽水六合（一作三台）灑霖雨萬物（一作六合）無凋枯我揮一杯水自笑何驅驅因人恥成事貴欲決良圖滅虜不言功飄然陟（一作向）蓬壺唯有安期舄留之滄海隅

贈閭丘宿松

阮籍爲太守乘驢上東平剖竹十日間一朝風化清偶來拂衣去誰測主人情夫子理宿松浮雲知古城掃地物莽然秋來百草生飛鳥還舊巢遷人返躬耕何慙宓子賤不減陶淵明吾知千載後却掩二賢名

獄中上崔相渙

胡馬渡洛水血流征戰場千門閉秋景萬姓危朝霜賢相燮元氣再欲海縣康台庭有夔龍列宿粲成行羽翼三元聖發輝兩太陽應念覆盆下雪泣拜天光

繫尋陽上崔相渙三首

邯鄲四十萬同日陷長平能迴造化筆或冀一人生毛遂不墮井曾參寧（一作不）殺人虛言誤公子投杼惑慈親白璧雙明月方知一玉真

虛傳一片雨枉作陽臺神縱爲夢裏相隨去不是襄王傾國人（此一首恐非上崔相）

中丞宋公以吳兵三千赴河南軍次尋陽脫余之囚參謀幕府因贈之

獨坐清天下，專征出海隅。九江皆渡虎，三郡盡還珠。組練明秋浦，樓船入郢都。風高初選將，月滿欲平胡。殺氣横千里，軍聲動九區。白猨慙劒術，黄石借兵符。戎虜行當剪，鯨鯢立可誅。自憐非劇孟，何以佐良圖。

流夜郎贈辛判官　流夜郎

昔在長安醉花柳，五侯七貴同杯酒。氣岸遥凌豪士前，風流肯落他（一作誰，又作諸）人後。夫子紅顔我少年，章臺走馬著金鞭。文章獻納麒麟殿，歌舞淹留玳瑁筵。與君自謂長如此，寧知草動風塵起。函谷忽驚胡馬來，秦宮桃李向胡開。我愁遠謫夜郎去，何日金雞放赦迴。

贈劉都使

東平劉公翰南國秀餘芳一鳴即朱紱五十佩銀章
飲冰事戎幕衣錦華水鄉銅官幾萬人諍訟清玉堂
吐言貴珠玉落筆迴風霜而我謝明主銜哀投夜郎
歸家酒債多門客粲成行高談滿四座一日傾千觴
所求竟無緒裘馬欲摧藏主人若不顧明發釣滄浪

贈常侍御

安石在東山無心濟天下一起振橫流功成復蕭灑
大賢有舒卷季葉輕風雅匡復屬何人君爲知音者
傳聞武安將氣振長平瓦燕趙期洗清周秦保宗社
登朝若有言爲訪南遷賈

贈易秀才

少年解長劍投贈即分離何不斷犀象精光暗往時蹉跎君自惜竄逐我因誰地遠虞翻老秋深宋玉悲空摧芳桂色不屈古松姿感激平生意勞歌寄此辭

經亂離後天恩流夜郎憶舊遊書懷贈江夏韋太守良宰（江夏　岳陽）

天上白玉京十二樓五城仙人撫我頂結髮受長生誤逐世間樂頗窮理亂情九十六聖君浮雲挂空名天地賭一擲未能忘戰爭試涉霸王略將期軒冕榮時命乃大謬棄之海上行學劍翻自哂爲文竟何成劍非萬人敵文竊四海聲兒戲不足道五噫出西京臨當欲去時慷慨淚沾纓歎君倜儻才標舉冠羣英

開筵引祖帳慰此遠徂征鞍馬若浮雲送余驃騎亭歌鍾不盡意白日落昆明十月到幽州戈鋋若羅星君王棄北海掃地借長鯨呼吸走百川燕然可摧傾心知不得意（一作語）却欲棲蓬瀛彎弧懼天狼挾矢不敢張攬涕黃金臺呼天哭昭王無人貴駿骨綠耳空騰驤樂毅儻再生于今亦奔亡蹉跎（一作蹭蹬）不得意驅馬過貴鄉逢君聽絃歌肅穆坐華堂百里獨太古陶然卧羲皇徵樂昌樂館開筵列壺觴賢豪間青娥對燭儼成行醉舞紛綺席清歌繞飛梁歡娛未終朝秩滿（一作鄉）歸咸陽祖道擁萬人供帳遥相望一别隔千里榮枯異炎凉炎凉幾度改九土中横潰漢甲連胡兵沙塵

暗雲海草木摇殺氣星辰無光彩白骨成丘山蒼生竟何罪函關壯帝居國命懸哥舒長戟三十萬開門納兇渠公卿奴犬羊忠讜醢與菹二聖出遊豫兩京遂丘墟帝子許專征秉旄控強楚節制非桓文軍師擁熊虎人心失去就賊勢騰風雨惟君固房陵誠節冠終古僕臥香鑪頂飡霞漱瑶泉門開九江轉枕下五湖連半夜水軍來尋陽滿旌旃空名適自誤迫脅上樓船徒賜五百金棄之若浮煙辭官不受賞翻謫夜郎天夜郎萬里道西上令人老掃蕩六合清仍為負霜草日月無偏照何由訴蒼昊良牧稱神明深仁恤交道一忝青雲客三登黃鶴樓顧慚禰處士虛對

鸚鵡洲楚一作焚山霸氣盡寥落天地秋一作彤襜冠白筆爽氣淩清秋江
帶峨眉雪橫穿三峽流萬舸此中來連帆過揚州送
此萬里目曠然散我一作煩愁紗窗倚天開水樹綠如髮
一作水綠樹如髮窺日一作光畏銜山促酒喜見月吴娃與越豔窈
窕誇鉛紅呼來上雲梯含笑出簾櫳對客小垂手羅
衣舞春風賓跪請休息主人情未極覽君荆山作江
鮑堪動色清水出芙蓉天然去雕飾逸興横素襟無
時不招尋朱門一作旄擁虎士列戟何森森剪鑿竹石開
縈流漲清深登樓一作臺坐一作入水閣吐論多英一作奇音片辭
貴白璧一諾輕黃金謂我不媿君青鳥一作鸞明丹心五
色雲間鵲飛鳴天上來傳聞赦書至却放夜郎迴暖

氣變寒谷炎煙生死灰君登鳳池去勿棄賈生才桀犬尚吠堯匈奴笑千秋中夜四五歎常為大國憂旌旆夾兩山黃河當中流連雞不得進飲馬空夷猶安得羿善射一箭落旄頭

江夏使君叔席上贈史郎中

鳳凰丹禁裏銜出紫泥書昔放三湘去今還萬死餘仙郎久為別客舍問何如涸轍思流水浮雲失舊居多慙華省貴不以逐臣疎復如竹林下而陪芳宴初希君生羽翼一化北溟魚

流夜郎半道承恩放還兼欣剋復之美書懷示息秀才

黃口爲人羅白龍乃魚服得罪豈怨天以愚陷網目
鯨鯢未剪滅豺狼屢翻覆悲作楚地囚何由秦庭哭
遭逢二明主前後兩遷逐去國愁夜郎投身竄荒谷
半道雪屯蒙曠如鳥出籠遥欣剋復美光武安可同
天子巡劒閣儲皇守扶風揚袂正北辰開襟攬羣雄
胡兵出月窟雷破關之東左掃因右拂旋收洛陽宮
迴輿入咸京席卷六合通叱咤開帝業一作宇手成天地
功大駕還長安兩日忽再中一朝讓寶位劒璽傳無
窮媿無秋毫力誰念矍鑠翁弋者何所慕高飛仰冥
鴻棄劒學丹砂臨鑪雙玉童寄言息夫子歲晚陟方
蓬

巴陵贈賈舍人

賈生西望憶京華，湘浦南遷莫怨嗟。聖主恩深漢文帝，憐君不遣到長沙。

博平鄭太守自廬山千里相尋入江夏北市門見訪却之武陵立馬贈別

大梁貴公子，氣蓋蒼梧雲。若無三千客，誰道信陵君。救趙復存魏，英威天下聞。邯鄲能屈節，訪博從毛薛。夷門得隱淪，而與侯生親。仍要鼓刀者，乃是袖鎚人。好士不盡心，何能保其身。多君重然諾，意氣遥相託。五馬入市門，金鞍照城郭。都忘虎竹貴，且與荷衣樂。去去桃花源，何時見歸軒。相思無終極，腸斷朗江作一

陵樓

江上贈竇長史

漢求季布魯朱家楚逐伍胥去章華萬里南遷夜郎國三年歸及長風沙聞道青雲貴公子錦帆遊弈西江水人疑天上坐樓船水淨霞明兩重綺相約相期何太深棹歌搖艇月中尋不同珠履三千客别欲論交一片心

贈王漢陽

天落白玉棺（一作天上墮玉棺）王喬辭葉縣一去未千年漢陽復相見猶乗飛鳧舄尚識仙人面鬢髮何青青童顏皎如練吾曾弄海水清淺嗟三變果愜麻姑言時光

速流電與君數杯酒可以窮歡宴白雲歸去來何事
坐交戰

贈漢陽輔録事二首

聞君罷官意我抱漢川湄借問久疎索何如聽訟時
天清江月白心静海鷗知應念投沙客空餘弔屈悲
鸚鵡洲横漢陽渡水引寒煙没江樹南浦登樓不見
君君今罷官在何處漢口雙魚白錦鱗令傳尺素報
情人其中字數無多少秖是相思秋復春

江夏贈韋南陵冰

胡驕馬驚沙塵起胡雛飲馬天津水君為張掖近酒
泉我竄三巴九千里天地再新法令寬夜郎遷客帶

霜寒西憶故人不可見東風吹夢到長安寧期此地忽相遇驚喜茫如墮煙霧玉簫金管喧四筵苦心不得申一作長句昨日繡衣傾綠樽病如桃李竟何言昔騎天子大宛馬今乘欵段諸侯門賴遇南平豁方寸復兼夫子持清論有似山開萬里雲四望青天解人悶人悶還心悶苦辛長苦辛愁來飲酒二千石寒灰重暖生陽春山公醉後能騎馬別是風流賢主人頭陀雲月多僧氣山水何曾稱人意不然一作能鳴笳按鼓戲滄流呼取江南女兒歌棹謳我且爲君槌碎黃鶴樓君亦爲吾倒却鸚鵡洲赤壁爭雄如夢裏且須歌舞寬離憂

贈別舍人弟臺卿之江南

去國客行遠，還山秋夢長。梧桐落金井，一葉飛銀牀。覺罷把朝鏡，鬢毛颯已霜。良圖委蔓草，古貌成枯桑。欲道心下事，時人疑夜光。因爲洞庭葉，飄落之瀟湘（一作流浪至蕭湘）。令弟經濟士（一作才），謫居我何傷（一作出門見我傷）。潛虬隱尺（一作斗）水，著論談興亡。玄遇王子喬，口傳不死方。入洞過天地，登真朝玉皇。吾將撫爾背，揮手遂翱翔（一作攜手凌蒼蒼）。

贈盧司戶

秋色無遠近，出門盡寒山。白雲遥相識，待我蒼梧間。借問盧躭鶴，西飛幾歲還。

贈從弟南平太守之遥二首（時因飲酒過度貶武陵後詩故贈）

少年不作意落拓無安居願隨任公子欲釣吞舟魚常時飲酒逐風景壯心遂與功名踈蘭生谷底人不鋤雲在高山空卷舒漢家天子馳駟馬赤車蜀道迎相如天門九重謁聖人龍顔一解四海春彤庭左右呼萬歲拜賀明主收沉淪翰林秉筆迴英眄麟閣崢嶸誰可見承恩初入銀臺門一作承恩侍從甘泉宮著書獨在金鑾殿龍駒雕鐙白玉鞍象牀綺食一作席黃金盤當時笑我微賤者却來請謁為交歡一朝謝病遊江海疇昔相知幾人在前門長揖後門關今日結交明日改愛君山嶽心不移隨君雲霧迷所為夢得池塘生春草使我長價登樓詩別後遥傳臨海作可見羊何共和之

東平與南平今古兩步兵素心愛美酒不是顧專城
謫官桃源去尋花幾處行秦人如舊識出户笑相迎

醉後贈王歷陽 歷陽

書禿千兔毫詩裁兩牛背筆蹤起龍虎舞袖拂雲霄
雙歌（一作寄）二胡姬更奏（一作唱）遠清朝舉酒挑朔雪從君不
相饒

贈歷陽褚司馬時此公爲稚子舞

北堂千萬壽侍奉有光輝先同稚子舞更著老萊衣
因爲小兒啼醉倒月下歸人間無此樂此樂世中希

對雪醉後贈王歷陽

有身莫犯飛龍鱗有手莫辮猛虎鬚君看昔日汝南

市白頭仙人隱玉壺子猷聞風動窻竹相邀共醉杯中淥歷陽何異山陰時白雪飛花亂人目君家有酒我何愁客多樂酣秉燭遊謝尚自能鸜鵒舞相如免脫鸕鷀裘清晨興罷一作鼓棹過江去他日西看却月樓一作千里相思明月樓

李太白文集卷第十

李太白文集卷第十一

歌詩三十二首

贈四

贈宣城宇文太守兼呈崔侍御　宣

白若白鷺鮮清如清唳蟬受氣有本性不爲外物遷飲水箕山上食雪首陽巔迴車避朝歌掩口去盗泉岧嶤廣成子倜儻魯仲連卓絶二公外丹心無間然昔攀六龍飛今作百鍊鉛懷恩欲報主投佩向北燕彎弓綠弦開滿月不憚堅閑騎駿馬獵一射兩虎穿回旋若流光轉背落雙鳶胡虜三歎息兼知五兵權鎗鎗突雲將却掩我之妍多逢勦絶兒先著祖生鞭

據鞍空矍鑠壯志竟誰宣蹉跎復來歸憂恨坐相煎
無風難破浪失計長江邊危苦惜頹光金波忽三圓
時遊敬亭上閑聽松風眠或弄宛溪月虛舟信洄沿
顏公三十萬盡付酒家錢興發每取之聊向醉中仙
過此無一事靜談秋水篇君從九卿來水國有豐年
魚鹽滿市井布帛如雲煙下馬不作威冰壺照清川
霜眉邑中叟皆美太守賢時時慰風俗往往出東田
竹馬數小兒拜迎白鹿前含笑問使君日晚（一作早）可迴
旋遂（一作還）歸池上酌掩抑清風絃曾標橫浮雲（一作游雲端）下
撫謝脁肩樓高碧海出樹古青蘿懸光祿紫霞杯伊
昔忝相傳良圖掃沙漠別夢繞旌旃富貴日成疎願

言香無緣登龍有直道倚玉阻芳筵敢獻繞朝策思
同郭泰船何言一水淺似隔九重天崔生何傲岸縱
酒復談玄身爲名公子英才苦迍邅鳴鳳託高梧凌
風何翩翩安知慕羣客彈劍拂秋（一作青）蓮

贈宣城趙太守悅

趙得寶符盛山河功業存三千堂上客出入擁平原
六國楊清風英聲何喧喧大賢茂遠業虎竹光南藩
錯落千丈松虬龍盤古根枝下無俗草所植唯蘭蓀
憶在南陽時始承國士恩公爲柱下史脱繡歸田園
伊昔簪白筆幽都逐遊魂持斧佐三軍霜清天北門
差池宰兩邑鶚立重飛翻焚香入蘭臺起草多芳言

夔龍一顧重矯翼凌翔鵷赤縣揚雷聲強項聞至尊
驚飇摧秀木跡屈道彌敦出牧歷三郡所居猛獸奔
遷人同衞鶴謬上懿公軒自笑東郭履側慙狐白溫
閑吟步竹石精義忘朝昏顑頷成醜土風雲何足論
獼猴騎土牛羸馬夾雙轅願借羲皇景爲人照覆盆
溟海不震蕩何由縱鵬鯤所期要津日倜儻假騰騫

贈從弟宣州長史昭

淮南一作北望江南千里碧山對我行倦一作盡過之半落青
天外宗英佐雄郡水陸相控帶長川豁中流千里瀉
吳會君心亦如此包納無小大摇筆起風霜推誠結
仁愛訟庭垂桃李賓館羅軒蓋何意蒼梧雲飄然忽

相會才將聖不偶命與時俱背獨立山海間空老聖
明代知音不易得撫劍增感槩當結九萬期中途莫
先退

書懷贈南陵常贊府

歲星入漢年方朔見明主調笑當時人中天謝雲雨
一去麒麟閣遂將朝市乖故交不過門秋草日上堦
當時何特達獨與我心諧置酒淩敲臺歡娛未曾歇
歌動白紵山舞迴天門月問我心中事爲君前致辭
君看我才能何似魯仲尼大聖猶不遇小儒安足悲
雲南五月中頻喪渡瀘師毒草殺漢馬張兵奪秦旗
至今西二河流血擁僵屍將無七擒略魯女惜園葵

咸陽天地樞累歲人不足雖有數斗玉不如一盤粟
賴得契宰衡持鈞慰風俗自顧無所用辭家方未歸
霜驚壯士髮淚滿逐臣衣以此不安席蹉跎身世違
終當滅衛謗不受魯人譏

於五松山贈南陵常贊府

爲草當作蘭爲木當作松蘭秋香風遠松寒不改容
松蘭相因依蕭艾徒丰茸雞與雞並食鸞與鸞同枝
揀珠去沙礫但有珠相隨遠客投名賢眞堪寫懷抱
若惜方寸心待誰可傾倒虞卿棄趙相便與魏齊行
海上五百人同日死田横當時不好賢豈傳千古名
願君同心人於我少留情寂寂還寂寂出門迷所適

長劒歸乎來（一作歌歸來）秋風思歸客

自梁園至敬亭山見會公談陵陽山水兼期
同遊因有此贈（作宣州）

我隨秋風來瑤草恐衰歇中途寡名山安得弄雲月
渡江如昨日黃葉向人飛敬亭愜素尚弭棹流清輝
冰谷明且秀陵巒抱江城粲粲吳與史衣冠耀天京
水國饒英奇潛光卧幽草會公眞名僧所在即爲寶
開堂振白拂高論横青雲雪山掃粉壁墨客多新文
爲余話幽棲且述陵陽美天開白龍潭月映清秋水
黃山望石柱突兀誰開張（一作白柱擎星漢西崖誰開張）黃鶴久不來
子安在蒼茫東南焉可窮山鳥絕飛處（一作猨狖絕行處）稠

疊千萬峯相連入雲去聞此期振策歸來空閑關相思如明月可望不可攀何當移白足早晚凌蒼山且寄一書札令余解愁顔

贈友人三首

蘭生不當戶別是閑庭草夙被霜露欺紅榮已先老謬接瑶華枝結根君王池顧無馨香美叨沐清風吹餘芳若可佩卒歲長相隨

袖中趙匕首買自徐夫人玉匣閉霜雪經燕復歷秦其事竟不捷淪落歸沙塵持此願投贈與君同急難（一作歲寒）荊卿一去後壯士多摧殘長號易水上爲我揚波瀾鑿井當及泉張帆當濟川廉夫唯重義駿馬不勞

鞭人生貴相知何必金與錢
慢丗薄功業非無胷中畫謔浪萬古賢以爲兒童劇
立産如廣費匡君懷長策但苦山北寒誰知道南宅
歳酒上逐風霜鬢兩邊白蜀主思孔明晋家望安石
時來列五鼎談笑期一擲虎伏避胡塵漁謌遊海濵
弊裘耻妻嫂長劒託交親夫子秉家義羣公難與鄰
莫持西江水空許東溟臣他日青雲去黄金報主人

陳情贈友人

延陵有寶劒價重千黄金觀風歷上國暗許故人深
歸來挂墳松萬古知其心懦夫感達節壯氣激素衿
鮑生薦夷吾一舉致齊相斯人無良朋豈有青雲望

臨財不苟取推分固辭讓後世稱其賢英風邈難尚
論交但若此有道孰云喪多君騁逸藻掩映當時人
舒文振頹波秉德冠彝倫卜居乃此地共井爲比鄰
清琴弄雲月美酒娛冬春薄德中見捐忽之如遺塵
英豪未豹變自古多艱辛他人縱以疎君意宜獨親
奈何成離居相去復幾許飄風吹雲霓蔽目不得語
投珠冀有報按劒恐相拒所思采芳蘭欲贈隔荆（一作脩）
渚沉憂心若醉積恨淚如雨願假東壁輝餘光照貧女

贈從弟洌

楚人不識鳳重（一作高）價求山雞獻主昔云是今來方覺
迷自居漆園北久別咸陽西風飄落日去節變流鸎

啼桃李寒未開幽關豈來蹊逢君發花萼若與青雲齊及此桑葉緑春蠶起中閨日出撥穀鳴田家擁鋤犁顧余乏尺土東作誰相攜傳說降霖雨公輸造雲梯羌戎事未息君子悲塗泥報國有長策成功羞執珪無由謁明王杖策還蓬藜他年爾相訪知我在磻溪

贈閭丘處士

賢人有素業乃在沙塘陂竹影掃秋月荷衣落古池閑讀山海經散帙卧遥帷且耽田家樂遂曠一作廣林中期野酌勸芳酒園蔬烹露葵如能樹桃李爲我結茅茨

贈錢徵君少陽一作送趙雲卿

白玉一盃酒緑楊三月時春風餘幾日兩鬢各成絲

秉燭唯須飲投竿也未遲如逢渭水獵猶可帝王師

贈宣州靈源寺沖濬公

敬亭白雲氣秀色連蒼梧下映雙溪水如天落鏡湖
此中積龍象獨許濬公殊風韻逸江左文章動海隅
觀（一作了）心同水月解領得明珠今日逢支遁高談出有無

贈僧朝美

水客凌洪波長鯨湧溟海百川隨龍舟噓噏竟安在
中有不死者探得明月珠高價傾宇宙餘輝照江湖
苞卷金縷褐蕭然若空無誰人識此寶竊笑有狂夫
了心何言說各勉黃金軀

贈僧行融

昔日湯惠休常從鮑照遊峨眉史懷一獨映陳公出
卓絶二道人結交鳳與麟行融亦俊發吾知有英骨
海若不隱珠驪龍吐明月大海乗虛舟隨波任安流
詩賦旃檀閣縱酒鸚鵡洲待我適東越相擕上白樓

贈黄山胡公求白鷴并序

聞黄山胡公有雙白鷴蓋是家雞所伏自小馴狎了
無驚猜以其名呼之皆就掌取食然此鳥耿介尤難
畜之余平生酷好音莫能致而胡公輟贈於我唯求
一詩聞之欣然適會宿意因援筆三叫文不加點以
贈之
請以雙白璧買君雙白鷴白鷴白如錦白雪耻容顔

照影玉潭裏刷毛琪樹間夜棲寒月靜朝步落花閑
我願得此鳥翫之坐碧山胡公能輟贈籠寄野人還

登敬亭山南望懷古贈竇主簿

敬亭一迴首目盡天南端仙者五六人常聞此遊盤
谿流琴高水石聳麻姑壇白龍降陵陽黃鶴呼子安
羽花騎日月雲行翼鴛鸞下視宇宙間四溟皆波瀾
汏絶目下事從之復何難百歲落半途前期浩漫漫
強食不成味清晨起長歎願隨子明去鍊火燒金丹

贈汪倫 白游涇縣桃花潭村人汪倫常醞美酒以待白倫之裔孫至今寶其詩

李白乘舟將欲行忽聞岸上踏歌聲桃花潭水深千
尺不及汪倫送我情

經亂後將避地剡中留贈崔宣城

雙鵝飛洛陽五馬渡江徼何意上東門胡鶵更長嘯
中原走豺虎烈火焚宗廟太白晝經天頹陽掩餘照
王城皆蕩覆世路成奔峭四海望長安嚬眉寡西笑
蒼生疑落葉白骨空相弔連兵似雪山破敵誰能料
我垂北溟翼且學南山豹崔子賢主人歡娛每相召
胡床紫玉笛卻坐清雲叫楊花滿州城置酒同臨眺
忽思剡溪去水石遠清妙雪晝天地明風開湖山貌
悶爲洛生詠醉發吳越調赤霞動金光日足森海嶠
獨散萬古意閑垂一溪釣猨近天上啼人移月邊棹
無以墨綬苦來求丹砂要華髮長折腰將貽陶公誚

獻從叔當塗宰陽冰 當塗

金鏡霾六國亡秦亂天經焉知高光起自有羽翼生
蕭曹安屼屼耿賈摧欃搶吾家有季父傑出聖代英
雖無三台位不借四豪名激昂風雲氣終協龍虎精
弱冠燕趙來賢彥多逢迎魯連擅談笑季布折公卿
遥知禮數絶常恐不合并惕想結宵夢素心久已冥
顧慙青雲器謬奉玉樽傾山陽五百年緑竹忽再榮
高歌振林木大笑喧雷霆落筆灑篆文崩雲使人驚
吐辭又炳煥五色羅華星秀句滿江國高才掞天庭
宰邑艱難時浮雲空古城居人若薙草掃地無纖莖
惠澤及飛走農夫盡歸耕廣漢水萬里長流玉琴聲

雅頌播吳越還如太階平小子別金陵來時白下亭
羣鳳憐客鳥差池相哀鳴各拔五色毛意重太山輕
贈微所費廣斗水澆長鯨彈劍歌苦寒嚴風起前楹
月銜天門曉霜落牛渚清長歎即歸路臨川空屏營

寄上

安陸白兆山桃花巖寄劉侍御綰安陸下作春歸桃花巖貽許侍御

雲臥三十年好閑復愛仙蓬壺雖冥絕鸞鶴心悠然
歸來桃花巖得憩雲牕眠一本云幼採紫房談早愛滄溟仙心跡頗相誤世事空組還歸來丹巖曲得憩青霞眠對嶺人共語飲潭猨相連時昇翠
微上邈若羅浮巔兩岑抱東壑一嶂橫西天樹雜日

易隱崖傾月難圓芳草換野色飛蘿搖春煙入遠搆石室選幽開山田獨此林下意杳無區中緣永辭霜臺客一作繡衣客千載方來旋

淮南卧病書懷寄蜀中趙徵君蕤 淮南

吳會一浮雲飄如遠行客一作萬里無主人一身獨為客功業莫從就歲光屢奔迫良圖俄棄捐衰疾乃綿劇古琴藏虛匣長劒挂空壁楚懷奏鐘儀越吟比莊舄一作卧來恨已久興發思逾積國門遙天外鄉路遠山隔朝憶相如臺夜夢子雲宅旅情初結緝一作如結詣秋氣方寂歷風入松下清露出草間白故人不在此一作不可見而我一作幽夢誰與適寄書西飛鴻贈爾慰離析

寄弄月溪吴山人

嘗聞龐德公家住洞湖水終身栖鹿門不入襄陽市夫君弄明月滅景清淮裏高蹤邈難追可與古人比淸陽杳莫覿白雲空望美待號辭人間攜手訪松子

秋山寄衛尉張卿及王徵君 會稽

何以折相贈白花青桂枝月華若夜雪見此令人思雖然剡溪興不異山陰時明發懷二子空吟招隱詩

望終南山寄紫閣隱者 長安

出門見南山引領意無限秀色難爲名蒼翠白在眼有時白雲起天際自舒卷心中與之然託興每不淺何當造幽人滅跡棲絶巘

夕霽杜陵登樓寄韋繇

浮陽滅霽景萬物生秋容登樓送遠目伏檻觀羣峯原野曠超緬關河紛錯重清輝映竹日（一作水竹）翠色明雲松蹈海寄遐想還山迷舊蹤徙然迫晚暮未果諧心會結桂空佇立折麻恨莫從（一作来菊竟誰舉游蘭恨莫從）思君達永夜長樂聞疎鍾

秋夜宿龍門香山寺奉寄王方城十七丈奉國瑩上人從弟幼成令問（洛陽）

朝發汝海東暮棲龍門中水寒夕波急木落秋山空望極九霄迥賞幽萬壑通目皓沙上月心清松下（一作）裏風玉斗生（一作横）網戶銀何耿花宮興在趣方逸歡

餘情未終（一作咫尺世豈隔微冥眞理難）鳳駕憶王子虎溪懷遠公桂枝坐蕭瑟（一作銷歇）棣華不復同流恨（一作淚）寄伊水盈盈焉可窮

春日獨坐寄鄭明府

鷰麥青青遊子悲河堤弱柳鬱金枝長條一拂春風去盡日飄揚無定時我在河南别離久那堪對此當牕牖情人道來竟不來何人共醉新豐酒

寄淮南友人

紅顔悲舊國青歲歇芳洲不待金門詔空持寶劍遊海雲迷驛道江月隱鄉樓復作淮南客因逢桂樹留

汶丘城下寄杜甫（齊魯）

我來竟何事高臥沙丘城城邊有古樹日夕連秋聲
魯酒不可醉齊歌空復情思君若汶水浩蕩寄南征

聞丹丘子於城北山營石門幽居中有高鳳
遺跡僕離羣遠懷亦有棲遁之志因敘舊以
寄之

春華一作弄滄江月秋色碧海雲離居盈寒暑對此長
思君思君楚水南望君淮山北夢魂雖飛來會面不
可得疇昔在嵩陽同衾臥羲皇綠蘿笑簪紱丹壑賤
巖廊晚途各分析乘興任所適僕在鴈門關君爲峨
眉客心懸萬里外影滯兩鄉隔長劍復歸來相逢洛
陽陌陌上何喧喧都令心意煩迷津覺路失託勢隨

風翾以茲謝朝列長嘯歸故園故園恣閑逸求古散
縹帙夂欲入一作尋名山婚娶殊未畢人生信多故世
事豈惟一念此憂如焚悵然若有失聞君卧石門宿
昔契彌敦方從桂樹隱不羡桃花源高鳳起遐曠幽
人跡復存松風清瑶瑟溪月湛芳樽安居偶佳賞丹
心期此論

李太白文集卷第十一

李太白文集卷第十二

歌詩四十首

寄下

淮陰書懷寄王宗成一首再至淮南一作王宋城

沙墩至梁苑二十五長亭大舶夾雙櫓中流鵝鸛鳴雲天掃空碧川岳涵餘清飛鳧從西來適與佳興并眷言王喬舄婉孌故人情復此親懿會而增交道榮沿洄且不定飄忽悵徂征暝投淮陰宿欣得漂母迎斗酒烹黃雞一飡感素誠予為楚壯士不是魯諸生有德必報之千金恥為輕緬書羇孤意遠寄棹歌聲

聞王昌齡左遷龍標遥有此寄

楊州花落（一作楊花落盡）子規啼聞道龍標過五溪我寄愁心與明月隨君直到夜郎西

寄王屋山人孟大融

我昔東海上勞山飡紫霞親見安期公食棗大如瓜中年謁漢主不愜還歸家朱顏謝春暉白髮見生涯所期就金液飛步登雲車願隨夫子天壇上閑與仙人掃落花

憶舊遊寄譙郡元參軍（金陵）

憶昔洛陽董糟丘為余天津橋南造酒樓黃金白璧買歌笑一醉累月輕王侯海內賢豪青雲客就中與君（一作與君一見）心莫逆迴山轉海不作難傾情倒意無所

惜我向淮南攀桂枝君留洛北愁夢思不忍別還相隨相隨迢迢訪仙城三十六曲水廻縈一溪初入千花明萬壑度盡松風聲銀鞍金絡到平地漢東太守來相迎紫陽之真人邀我吹玉笙飡霞樓上動仙樂嘈然宛似鸞鳳鳴袖長管催欲輕舉漢中太守醉起舞一作漢東太守酣歌舞手持錦袍覆我身我醉橫眠枕其股當筵意氣凌九霄星離雨散不終朝分飛楚關山水遥余既還山尋故巢君亦歸家度渭橋君家嚴君勇貔虎作尹并州遏戎虜五月相呼度太行摧輪不道羊腸苦行來北涼歲月深感君貴義輕黄金瓊杯綺食青玉案使我醉飽無歸心時時出向城西曲晉祠

流水如碧玉浮舟弄水簫鼓鳴微波龍鱗莎草緑興來攜妓恣經過其若楊花似雪何紅一作鮮粧欲醉宜斜日一作如花落百尺清潭寫翠娥翠娥嬋娟初月輝美人更唱舞羅衣清風吹歌入空去歌曲自繞行雲飛此時行一作歡樂難再遇西遊因獻長楊賦北闕青雲不可期東山白首一作髮還歸去渭橋南頭一作渭水橋南一遇君酇臺之北又離羣問余別恨今多少落花春暮爭紛紛一作鸎飛求友滿芳樹落花送客何紛紛言一作情亦不可盡情一作言亦不可極呼兒長跪緘此辭寄君千里遥相憶

月夜江行寄崔員外宗之

飄飄江風起蕭颯海樹秋登艫美清夜挂席移輕舟

月隨碧山轉，水合青天流。杳如（一作然）星河上，但覺雲林幽。歸路方浩浩，徂川去悠悠。徒悲蕙草歇，復聽菱歌愁。岸曲迷後浦，沙明瞰前洲。懷君不可見，望遠增離憂。

宿白鷺洲寄楊江寧

朝別朱雀門，暮棲白鷺洲。波（一作沙）光搖海月，星影入城樓。望美金陵宰，如思瓊樹憂。徒令魂作夢，翻覺夜成秋。綠水解人意，為余西北流。因聲玉琴裏，蕩漾寄君愁。

新林浦阻風寄友人（一云金陵阻風雪書懷寄楊江寧）

潮水定可信，天風難與期。清晨西北轉，薄暮東南吹。

以此難挂席佳期益相思一本云以此難挂席洄沿頗淹遲使索金陵書又明賢宰知絃歌止過客惠化聞京師海月破圓一作團景菰蔣生綠池昨日北湖梅開花已滿枝一作昨日北湖花初開未滿枝今朝一作看白門柳夾道垂青絲歲物忽如此我來定一作復幾時紛紛江上雪草草客中悲明發新林浦一作反橋浦空吟謝眺詩

寄韋南陵冰余江上乘興訪之遇尋顏尚書笑有此贈

南船正東風北船來自緩江上相逢借問君語笑一作聲未了風吹斷聞君攜妓訪情人應爲尚書不顧身堂上三千珠履客甕中百斛金陵春恨我阻此樂淹

留楚（一作此）江濱月色醉遠客山花開欲燃春風狂殺
人一日劇三年乘興嫌太遲焚却子猷船夢見五柳
枝已堪挂馬鞭何日到彭澤長（一作狂）歌陶令前

題情深樹寄象公

腸斷枝上猨淚添山下樽白雲見我去亦爲我飛翻

北山獨酌寄韋六

巢父將許由未聞買山隱道存跡自高何憚去人近
紛吾下茲嶺地閑喧亦泯門横羣岫開水鑿衆泉引
屏高而在雲竇深莫能準川光晝昏凝林氣夕淒緊
於焉摘朱果兼得養玄牝坐月觀寶書拂霜弄瑤軫
傾壺事幽酌顧影還獨盡念君風塵遊傲爾令自哂

一作安知世上人名利空蠢蠢

寄當塗趙少府炎

晚登高樓望木落雙江清寒山饒積翠秀色連州城
目送楚雲盡心悲胡鴈聲相思不可見迴首故人情

寄東魯二稚子 在金陵作

吳地桑葉緑吳蠶已三眠我家寄東魯誰種龜陰田
春事已不及江行復茫然南風吹歸心飛墮酒樓前
樓東一株桃枝葉拂青煙此樹我所種别來向三年
桃今與樓齊我行尚未旋嬌女字平陽折花倚桃邊
折花不見我淚下如流泉小兒名伯禽與姊亦齊肩
雙行桃樹下撫背復誰憐念此失次第肝腸日憂煎

裂素寫遠意因之汶陽川

獨酌青溪江石上寄權昭夷 秋浦

我攜一樽酒獨上江祖石自從天地開更長幾千尺
舉杯向天笑天迴日西照永願坐此石長垂嚴陵釣
寄謝山中人可與爾同調

禪房懷友人岑倫南遊羅浮兼泛桂海自春
徂秋不返僕旅江外書情寄之 潯陽

嬋娟羅浮月搖艷桂水雲美人竟獨往而我安能羣
一朝語笑隔萬里懽情分沉吟綵霞沒夢寐瓊芳歇
歸鴻度三湘遊子在百越邊塵染衣劔白日凋華髮
春氣變楚關秋聲落吳山草木結悲緒風沙淒苦顏

揭來已永久頹思如循環飄飄限江裔想像空留滯
離憂每醉心別淚徒盈袂坐愁青天末出望黃雲蔽
目極何悠悠梅花南嶺頭空長滅征鳥水闊無還舟
寶劍終難託金囊非易求歸來儻有問桂樹山之幽

廬山謠寄盧侍御虛舟

我本楚狂人鳳謌笑（一本作哭）孔丘手持綠玉杖（一作技）朝
別黃鶴樓五嶽尋仙不辭遠一生好入名山遊廬山
秀出南斗傍屏風九疊雲錦張影落明湖青黛光金
闕前開二峯帳銀河倒挂（一作瀉）三石梁香爐瀑布遥
相望迴崖沓嶂崚（一作何）蒼蒼翠影紅霞映朝日（一作照千里）
鳥飛不到吳天長登高壯觀天地間大江茫茫去不

還黃雲萬里動風色白波九道流雪山好爲廬山謠興因廬山發閑窺石鏡清我心謝公行處蒼苔沒（一作綠羅開處懸明月）早服還丹無世情琴心三疊道初成遥見仙人綵雲裏手把芙蓉朝玉京先期汗漫九垓上願接盧敖遊太清

下尋陽城汎彭蠡寄黃判官

浪動灌嬰井尋陽（七作吾知）江上風開帆入天鏡直向彭湖東落景轉疎雨晴雲散遠空名山發佳興（一作返景照疎雨輕煙澹遠空中流得佳興）清賞亦何窮石鏡挂遥月香爐滅彩虹（一作瀑布灑清壁遥山挂彩虹）相思俱對此舉目與君同

書情寄從弟邠州長史昭

自笑客行久，我行定幾時。綠楊已可折，攀取最長枝。翩翩（一作翩翻）弄春色，延佇寄相思。誰言貴此物，意願（一作厚）重瓊蕤。昨夢見惠連，朝吟謝公詩。東風引碧草，不覺生華池。臨翫忽云夕，杜鵑夜鳴悲。懷君芳歲歇，庭樹落紅滋。

寄上吳王三首

淮王愛八公，攜手綠雲中。小子忝枝葉，亦攀丹桂叢。謬以詞賦重，而將枚馬同。何日背淮水，東之觀土風。

坐嘯廬江靜，閑聞進玉觴。去時無一物，東壁挂胡床。

英明廬江守，聲譽廣平籍。灑掃黃金臺，招邀青雲客。

客曾與天通，出入清禁中。襄王憐宋玉，願入蘭臺宮。

寄王漢陽

南湖秋月白王宰夜相邀錦帳郎官醉羅衣舞女驕
笛聲喧沔鄂歌曲上雲霄別後空愁我相思一水遥

春日歸山寄孟六浩然

朱紱遺塵境青山謁梵筵金繩開覺路寶筏度迷川
嶺樹攢飛栱嵒花覆谷泉塔形標海日樓勢出江煙
香氣三天下鍾聲萬壑連荷秋珠已滿松密蓋初圓
鳥聚疑聞法龍參若護禪愧非流水韻叨入伯牙絃

流夜郎永華寺寄潯陽羣官 流夜郎

朝別凌煙樓賢豪滿行舟暝投永華寺賓散予獨醉
願結九江流添成萬行淚寫意寄廬嶽何當來此地

天命有所懸安得苦愁思

流夜郎至西塞驛寄裴隱 上峽

揚帆借天風水驛苦不緩平明及西塞已先投沙伴廻巖引羣峯橫蹙楚山斷砯衝萬壑會震沓百川滿龍怪潛溟波倏時救炎旱我行望雷雨安得霑枯散鳥去天路長人悲春光短空將澤畔吟寄爾江南管

自漢陽病酒歸寄王明府 回江夏

去歲左遷夜郎道琉璃硯水長枯槁今年勑放巫山陽蛟龍筆翰生輝光聖主還聽子虛賦相如却欲論文章願掃鸚鵡洲與君醉百場嘯起白雲飛七澤歌吟綠水動三湘莫惜連船沽美酒千金一擲買春芳

望漢陽柳色寄王宰

漢陽江上柳，望客引東枝。樹樹花如雪，紛紛亂若絲。春風傳我意，草木度前知（一作草木發前墀）。寄謝絃歌宰，西來定未遲。

江夏寄漢陽輔録事

誰道此水廣狹如一匹練江夏黃鶴樓青山漢陽縣大語猶可聞故人難可見君草陳琳檄我書魯連箭報國有壯心龍顏不迴眷西飛精衛鳥東海何由塡皷角徒悲鳴樓船習征戰抽劒步霜月夜行空庭徧長呼結浮雲埋没顧榮扇他日觀軍容投壺接高宴

早春寄王漢陽

聞道春還未相識走傍寒梅訪消息昨夜東風入武陽一作昌陌頭楊柳黃金色碧水浩浩雲茫茫美人不來空斷腸預拂青山一片石與君連日醉壺觴

江上寄巴東故人

漢水波浪遠巫山雲雨飛東風吹客夢西落此中時覺後思白帝佳人與我違瞿塘饒賈客音信莫令稀

江上寄元六林宗

霜落江始寒楓葉綠未脫客行悲清秋永路苦不達滄波眇川汜白日隱天末停棹依林巒驚猿相叫聒夜分河漢轉起視溟漲闊涼風何蕭蕭流水鳴活活浦沙淨如洗海月明可掇蘭交空懷思瓊樹詎解渴

勗哉滄洲心歲晚庶不奪幽賞頗自得興遠與誰豁

寄從弟宣州長史昭

爾佐宣城郡守官清且閑常誇雲月好邀我敬亭山五落洞庭葉三江遊未還相思不可見歎息損朱顔

涇溪東亭寄鄭少府諤宣城

我遊東亭不見君沙上行將白鷺羣白鷺閑時散飛去又如雪點青山雲欲往涇溪不辭遠龍門蹙波虎眼轉杜鵑花開春已闌歸向陵陽釣魚晚

宣城九日聞崔四侍御與宇文太守遊敬亭余時登響山不同此賞醉後寄崔侍御二首

九日茱萸熟插鬢傷早白登高望山海滿目悲古昔

遠訪投沙人因爲逃名客故交竟誰在獨有崔亭伯
重陽不相知載酒任所適手持一枝菊調笑二千石
日暮岸幘歸傳呼隘阡陌彤襜雙白鹿賓從何輝赫
夫子在其間遂成雲霄隔良辰與美景兩地方虛擲
晚從南峯歸蘿月下水壁却登郡樓望松色寒轉碧
咫尺一作望美不可親棄我如遺舄
九卿天上落五馬道傍來列戟朱門曉褰帷碧嶂開
登高望遠海召客得英才紫綬歡情洽黃花逸興催
山從圖上見溪即一作向鏡中迴遥羨重陽作應過戲
馬臺

寄崔侍御

宛溪霜夜聽猿愁去國長爲不繫舟獨憐一鴈飛南海却羨雙溪解北流高人屢解陳蕃榻過客難登謝脁舟此處別離同落葉朝朝分散敬亭秋

涇溪南藍山下有落星潭可以卜築余泊舟石上寄何判官昌浩

藍岑竦天壁突兀如鯨額奔蹙横澄潭勢吞落星石沙帶秋月明水摇寒山碧佳境宜緩棹清輝能留客恨君阻歡遊使我自驚惕所期俱卜築結茅鍊金液

早過漆林渡寄萬巨

西經大藍山南來漆林渡水色倒空青林煙横積素漏流昔吞翕沓浪競奔注潭落天上星龍開水中霧

巉巖注公柵突兀陳焦墓嶺峭紛上干川明屢迴顧因思萬夫子解渴同瓊樹何日覩清光相歡詠佳句

遊敬亭寄崔侍御（一本作登古城望府中奉寄崔侍御其不同處丞重出）

我家敬亭下輒繼謝公作（一作我登謝公樓輒繼敬亭作）相去數百年風期宛如昨登高素秋月（一作高城素秋日）下望青山郭府中鴻鷺羣（一作俯視鴛鷺羣）飲啄自鳴躍夫子雖蹭蹬瑤臺雪中鶴獨立窺浮雲其心在寥廓時來一顧我笑飯葵與藿（一作時來顧我笑一飯與葵藿）世路如秋風相逢盡蕭索胥閶王巨劒意許無遺諾（一作願爲經冬栢不逐天霜落）壯士一不可輕（一作陳）相期在雲閣（一作相隨集雲閣）

三山望金陵寄殷淑

三山懷謝眺水澹（一作淥水）望長安蕪沒河陽縣秋江正
共看盧龍霜氣冷鳷鵲月光寒耿耿憶瓊樹天涯寄
一歡

自金陵泝流過白壁山翫月達天門寄句容
王主簿

滄江泝流歸白壁見秋月秋月照白壁皓如山陰雪
幽人停宵征賈客忘早發進帆天門山迴首牛渚沒
川長信風來日出宿霧歇故人在咫尺新賞成胡越
寄君青蘭花惠好庶不絕

李太白文集卷第十二

李太白文集卷第十三

歌詩三十六首

別

秋日魯郡堯祠亭上宴別杜補闕范侍御[illegible]

我覺秋興逸誰云秋興悲山將落日去水與晴空宜魯酒白玉壺送行駐金羈歇鞍憩古木解帶挂橫枝歌鼓川上亭曲度神飇吹（一本无歌鼓川上亭曲度神飇吹十字却添南歌憶郢客東樽齊兒清波忽澹蕩白雪紛逶迤一觴遠楚枻此歡各棄遺三韻）雲歸碧海夕鴈沒青天時相失各萬里茫然空爾思

留別魯頌

誰道太山高下却魯連節誰云秦軍衆摧却魯連舌

獨立天地間清風灑蘭雪夫子還倜儻攻文繼前烈錯落石上松無爲秋霜折贈言鏤寶刀千歲庶不滅

別中都明府兄

吾兄詩酒繼陶君試宰中都天下聞東樓喜奉連枝會南陌還爲落葉分城隅（一作江城）淥水明秋日海上青山隔暮雲取醉不辭留夜月鴈行中斷惜離羣

夢遊天姥吟留別（一作別東魯諸公）

海客談瀛洲煙濤微茫（一作瀰漫）信難求越人語（一作道）天姥雲霓明滅或（一作安）可覩天姥連天向天横勢拔（一作技）五岳掩赤城天台四萬八千丈對此欲（一作絕）倒東南傾我欲因之（一作冥搜）夢吳越一夜飛度鏡湖月湖月

照我影送我至剡谿謝公宿處今尚在淥水蕩漾清猿啼脚著謝公屐身登青雲梯半壁見海日空中聞天雞千巖萬轉路不定迷花倚石忽已暝熊咆龍吟殷巖泉慄深林兮驚層巔雲（一作楓）青青兮欲雨水澹澹兮生煙列缺霹靂丘巒崩摧洞天石扇（一作扉）訇然中（一作而）開青冥浩蕩不見底日月照耀金銀臺霓爲衣兮鳳爲馬雲之君兮紛紛而來下虎鼓瑟兮鸞回車仙之人兮列如麻忽魂悸以魄動怳驚起而長嗟惟覺時之枕席失向來之煙霞世間行樂亦如此古來萬事東流水別君去兮何時還且放白鹿青崖間須行即騎訪名山安能摧眉折腰事權貴使我不得

開心顔

留別曹南羣官之江南

我昔釣白龍放龍溪水傍道成本欲去揮手凌蒼蒼
時來不關人談笑遊軒皇獻納少成事歸休辭建章
十年罷西笑覽鏡如秋霜閉劒琉璃匣鍊丹紫翠房
身佩豁落圖腰垂虎盤囊仙人借綵鳳志在窮遐荒
戀子四五人徘徊未翺翔東流送白日驟歌蘭蕙芳
仙宫兩無從人間久摧藏范蠡説勾踐屈平去懷王
飄飄紫霞心流浪憶江鄉愁爲萬里別復此一銜觴
淥水帝王州金陵繞丹陽樓臺照海色衣馬揺川光
及此北望君相思淚成行朝雲落夢渚瑤草空高堂

帝子隔洞庭青楓滿瀟湘懷歸路緜邈覽古情淒凉登岳眺百川杳然萬恨長却戀蛾眉去弄景偶騎羊

留別于十一兄逖裴十三遊塞垣

太公渭川水李斯上蔡門釣周獵秦安黎元小魚鯢兎何足言天張雲卷有時節吾徒莫歎羝觸藩于公白首大梁野使人悵望何可論旣知朱亥爲壯士且願束心秋毫裏秦趙虎爭血中原當去抱關救公子裴生覽千古龍鸞炳天章悲（一作高）吟雨雪動林木放書輟劍思（一作悲）高堂勸爾一盃酒拂爾裘上霜爾爲我楚舞吾爲爾楚歌且探虎穴向沙漠鳴鞭走馬凌黄河恥作易水別臨歧淚滂沲

留别王司馬嵩

魯連賣談笑豈是顧千金陶朱雖相越本有五湖心余亦南陽子時為梁甫吟蒼山容偃蹇白日惜頹侵願一佐明主功成還舊林西來何所為孤劒託知音鳥愛碧山遠(一作碧相飄)集魚遊滄海深呼鷹過上蔡賣畚向嵩岑他日閑相訪丘中有素琴

還山留别金門知己(一本云出金門後書懷留别翰林諸公)

好古笑流俗素聞賢達風方希佐明主長揖辭成功白日在青天迴光矚(一作照)微躬恭承鳳凰詔欻起雲羅(一作藤蘿)中清切紫霄迥優遊丹禁通君王賜顏色聲價凌烟虹乘輿擁翠蓋扈從金城東寳馬驟(一作驪)絕

景錦衣人新豐倚巖望松雪對酒鳴絲桐方（一作因）學揚子雲獻賦甘泉宮天書美片善清芳（一作芬）播無窮歸來入咸陽譚笑皆王公一朝去金馬飄落成飛蓬賓友（一作從）日踈散玉罇亦（一作尋）已空長才（一作才力）猶可倚不慙世上雄閑來東武吟曲盡情未終書此謝知巳扁舟（一作滄波）尋釣翁

夜別張五

吾多張公子別酌酣高堂聽歌舞銀燭把酒輕羅霜橫笛弄秋月琵琶彈陌桑龍泉解錦帶爲爾傾千觴

魏郡別蘇少府因（北游）

魏都接燕趙美女誇芙蓉淇水流碧玉舟車日奔衝

青樓夾兩岸萬室喧歌鍾天下稱豪貴（一作豪貴遊）遊此（一作此中）每相逢洛陽蘇季子劍戟森詞鋒六印雖未佩（一作說趙復過秦）軒車若飛龍黃金數百鎰白璧有幾雙散盡空掉臂高歌賦還（一作臨）邛合從又連橫其意未可封落拓乃如此何（一作誰）人不相從遠别隔兩河雲山杳千重（一作雲天滿愁容）何時更盃酒再得論心胷

留别西河劉少府

秋（一作我）鬢已種種所爲竟無成閑傾魯壺酒笑對劉公榮謂我是方朔人間落歲星白衣千萬乘何事去天庭君亦不得意高歌羨鴻冥世人若醯雞安可識梅生雖爲刀筆吏緬懷在赤城余亦如流萍隨波樂

休明自有兩少妾雙騎駿馬行東山春酒緑歸隱謝浮名

潁陽別元丹丘之淮陽 河南

吾將元夫子異姓爲天倫本無軒裳契素以烟霞親嘗恨迫世網銘意俱未伸松栢雖寒苦羞逐桃李春悠悠市朝間玉顏日緇磷所共重山岳所得輕埃塵精魄漸蕪穢衰老相憑因我有錦囊訣可以持君身當餐黄金藥去爲紫陽賓萬事難並立百年猶崇晨別爾東南去悠悠多悲辛前志庶不易遠途期所遵已矣歸去來白雲飛天津

留別廣陵諸公 淮南一作留別邯鄲故人

憶昔作少年結交趙與燕金羈絡駿馬錦帶橫龍泉
寸心無疑事所向非徒然晚節覺此疎獵精草太玄
空名束壯士薄俗棄高賢中廻聖明顧揮翰凌雲煙
騎虎不敢下攀龍忽墮天還家守清眞孤潔勵秋蟬
鍊丹費火石採藥窮山川臥海不關人租税遼東田
乘興忽復起棹我谿中船臨醉謝葛強山公欲倒鞭
狂歌自此別垂釣滄浪前

廣陵贈別

三瓶沽美酒數里送君還繫馬垂楊下銜盃大道間
天邊看綠水海上見青山興罷各分袂何須醉別顏

感時留別從兄徐王延年一作延平從弟延陵

天籟何參差噫然大塊吹玄元苞槖籥紫氣何逶迤
轟一作怡七葉運皇化千齡光本枝仙風生指樹大雅歌
螽斯諸王若鸞鳳肅穆列藩維哲兄錫茅土聖代含
榮滋九卿領徐方七步繼陳思伊昔金盛日雄豪動
京師冠劒朝鳳闕樓船侍龍池鼓鍾出朱邸金翠照
丹墀君王一顧眄選色獻蛾眉列戟十八年未曾輒
遷移大臣小喑嗚讁竄天南垂長沙不足舞貝錦且
成詩佐郡浙江西病閑絶趨馳階軒日苔蘚鳥雀噪
簷帷時乘平肩輿出入畏人知北宅聊偃憩歡愉恤
惸嫠羞言梁苑地烜赫耀旌旗兄弟八九人吴秦各
分離大賢達機兆豈獨慮安危小子謝麟閣鴈行忝

肩隨令弟字延陵鳳毛出天姿清英神仙骨芬馥茝蘭蕤夢得春草句將非惠連誰深心紫河車與我特相宜金膏猶罔象玉液尚磷緇伏枕寄賓館宛同清漳湄藥物多見饋珍羞亦兼之誰道溟渤深猶言淺恩慈鳴蟬游子意促織念歸期驕陽何火赫海水爍龍龜百川盡凋枯舟檝閣中逵策馬摇涼月通宵出郊歧泣别目眷眷傷心步遲遲願言保明德王室佇清夷摻袂何所道援毫投此辭

别儲邕之剡中

借問剡中道東南指越鄉舟從廣陵去水入會稽長竹色溪下緑荷花鏡裏香辭君向天姥拂石卧秋霜

留別金陵諸公 金陵

海水昔飛動，三龍紛戰爭。鍾山危波瀾，傾側駭奔鯨。黃旗一掃蕩，割壤開吳京。六代更霸王，遺跡見都城。一作遺都見空城至今秦淮間，禮樂秀羣英。地扇鄒魯學，詩騰顏謝名。五月金陵西，祖余白下亭。欲尋廬峯頂，先繞漢水行。香爐紫煙滅，瀑布落太清。若攀星辰去，揮手緬含情。

口號一

食出野田美，酒臨遠水傾。東流若未盡，應見別離情。

金陵酒肆留別

白門柳花滿一作酒店香，吳姬壓酒喚客嘗。金陵子弟

家相送欲行不行各盡觴請君問取東流水別意與之誰短長

金陵白下亭留別

驛亭三楊樹正當白下門吴煙暝長條漢水齧古根向來送行處迴首阻笑言別後若見之為余一攀翻

別東林寺僧

東林送客處月出白猿啼笑別廬山遠何煩過虎谿

竄夜郎於烏江留別宗十六璟 疑烏江及宗字誤

君家全盛日台鼎何陸離斬鼇翼媧皇鍊石補天維一迴日月顧三入鳳凰池失勢青門傍種瓜復幾時猶會舊賓客三千光路岐皇恩雪憤懣松柏含榮滋

我非東牀人令姊忝齊眉浪迹未出世空名動京師
適遭雲羅解翻謫一作遣夜郎悲拙妻莫邪劒及此二
龍隨慙君湍波苦千里遠從之白帝曉猿斷黃牛過
客遲遙瞻明月峽西去益相思

留別龔處士

龔子棲閑地都無人世喧柳深陶令宅竹暗辟疆園
我去黃牛峽遙愁白帝猿贈君卷施草心斷竟何言

贈別鄭判官

竄逐勿復哀慙君問寒灰浮雲無本意吹落章華臺
遠別淚空盡長愁心已摧三年吟澤畔顦顇幾時迴

黃鶴樓送孟浩然之廣陵江夏岳陽

故人西辭黃鶴樓煙花三月下揚州孤帆遠影映一作碧山盡唯見長江天際流

將遊衡岳過漢陽雙松亭留別族弟浮屠談皓

秦欺趙氏璧却入邯鄲宮本是楚家玉還來荊山中符彩照滄溟精輝陵白虹青蠅一相點流落此時同卓絕道門秀談玄乃支公延蘿結幽居翦竹繞芳叢涼花拂戶牖天籟樂一作鳴虛空憶我初來時蒲萄開景風今茲大火落秋葉黃梧桐水色夢沅湘長沙去何窮寄書訪衡嶠但與南飛鴻

江夏別宋之悌

楚水清若空遙將碧海通人分千里外興在一盃中

谷鳥吟晴日江猿嘯晚風平生不下淚於此泣無窮

留别賈舍人至二首

大梁白雲起飄飄來南洲徘徊蒼梧野十見羅浮秋
鼇抃山海傾四溟揚洪流意欲託孤鳳從之摩天遊
鳳苦道路難翱翔還崑丘不肯銜我去哀鳴慙不周
遠客謝主人明珠難暗投拂拭倚天劍西登岳陽樓
長嘯萬里風掃清胸中憂誰念劉越石化爲繞指柔
秋風吹胡霜凋此簷下芳折芳怨歲晚離别悽以傷
謬攀青瑣賢延我於此堂君爲長沙客我獨之夜郎
勸此一盃酒豈唯道路長割珠兩分贈寸心貴不忘
何必兒女仁相看淚成行

渡荊門送別 荊州

渡遠荊門外來從楚國遊山隨平野盡江入大荒流月下飛天鏡雲生結海樓仍憐故鄉水萬里送行舟

聞李太尉大舉秦兵百萬出征東南懦夫請纓冀申一割之用半道病還留別金陵崔侍御十九韻 復至金陵

秦出天下兵蹴踏燕趙傾黃河飲馬竭赤羽連天明太尉杖旄鉞雲旗繞彭城三軍受號令千里肅雷霆函谷絕飛鳥武關擁連營意在斬巨鼇何論鱠長鯨一作與鯨鯢恨無左車略多愧魯連生拂劍照嚴霜彫戈鬘胡纓願雪會稽恥將期報恩榮半道謝病還無因

一作由東南征亞夫未見顧劇孟阻先行天奪壯士心長吁別吳京金陵遇太守倒屣欣一作相逢迎羣公咸祖餞四座羅朝英初發臨滄觀醉栖征虜亭舊國見秋月長江流寒聲帝車一作居信迴轉河漢縱復橫孤鳳向西海飛鴻辭北溟因之出寥廓揮手謝公卿

別韋少府宣州

西出蒼龍門南登白鹿原欲尋南一作商山皓猶戀漢皇恩水國遠行邁仙經深討論洗心句溪月清耳敬亭猿築室在人境閉關無世諠多君枉高駕贈我以微言交乃意氣合道因風雅存別離有相思瑶瑟與金樽

南陵別兒童入京 一云古意

白酒新一作初熟山中歸黃雞啄黍秋正肥呼童烹雞酌白酒兒女歌笑牽人衣高歌取醉欲自慰起舞落日爭光輝遊說萬乘苦不早著鞭跨馬涉遠道會稽愚婦輕買臣余亦辭家西一作方入秦仰天大笑出門去我輩豈是蓬蒿人

南陵五松山別荀七

六郎頴水荀　憖許郡賓相逢太史奏應是聚賢人王隱且在石蘭枯還見春俄成萬里別立得貴清真

別山僧 涇縣作

何處名僧到水西乘舟一作盃二弄月宿涇溪平明別我

上山去手攜金策踏雲梯騰身轉覺三天近舉足廻看萬嶺低謔浪肯居支遁下風流還與遠公齊此度別離何日見相思一夜暝猿啼

贈別王山人歸布山

王子析道論微言破秋毫還歸布山隱興入天雲高爾去安可遲瑤草恐衰歇我心亦懷歸屢夢松上月傲然遂獨往長嘯開巖扉林壑久已蕪石道生薔薇願言弄笙鶴歲晚來相依

李太白文集卷第十三

李太白文集卷第十四

歌詩三十五首

送上

南陽送客 楚漢

斗酒勿與薄寸心貴不忘坐惜故人去偏令遊子傷離顏怨芳草春思結垂楊揮手再三別臨歧空斷腸

送張舍人之江東 淮南

張翰江東去正值秋風時天清 一作晴 一鴈遠海闊孤帆遲白日行欲暮滄波杳難期 一作白日行已晚欲暮杳難期 吳洲好 如一作 見月千里幸相思

送王屋山人魏萬還王屋 魏附詩

王屋山人魏萬去自嵩宋沿吳相送數千里不遇乘興遊台越經永嘉觀謝公石門後於廣陵相見美其愛文好古浪跡方外因述其行而贈是詩一作見王屋山魏萬去自嵩歷兗遊梁入吳計程三千里相訪不遇因下江東尋諸名山往復百越後於廣陵一面遂乘興共過金陵美此公愛奇好古獨往物表因述其行李遂有此贈

仙人東方生浩蕩弄雲海沛然乘天遊獨往失所在一作東方不辭家獨訪紫泥海時人彷相逢往往失所在魏侯繼大名本家聊攝城卷舒入元化一作雜仙隱跡與古賢并十三弄文史揮筆如振綺辯折田巴生心齊魯連子西涉清洛源頗驚人世諠採秀臥王屋因窺洞天門朅來遊嵩峯羽客何雙雙朝攜月光子暮宿玉女牕鬼谷上窈窕龍

潭下奔瀑東浮汴河水訪我三千里逸興滿吳雲飄
飄浙江氾揮手抗越間樟亭望潮還濤卷海門石雪
横天際山白馬走素車雷奔駭心顔遥聞會稽美一
弄一作且度耶谿水萬壑與千巖崢嶸鏡湖裏秀色不可
名清輝滿江城人遊月邊去舟在空中行此中久延
佇入剡尋王許笑讀曹娥碑沉吟黃絹語天台連四
明日入向國清五峯轉月色百里行松聲靈溪恣沿
越華頂殊超忽石梁横青天側足履半月眷一作忽然
思永嘉不憚海路賒挂席歷海嶠迴瞻赤城霞赤城
漸微没孤嶼前嶢兀水續萬古流亭空千霜月縹雲
川谷難石門最可觀瀑布挂北斗莫窮此水端噴壁

灑素雪空濛生晝寒却尋惡溪去寧懼惡溪惡咆哮七十灘水石相噴薄路劃李北海（李公邕昔爲括州開此嶺路）巖開謝康樂（惡溪有謝康樂題詩處一作嶺路始此海巖詩題康樂）松風和猿聲搜索連洞壑徑出（一作岸接）梅花橋雙溪納歸潮落帆金華岸赤松若可招沈約八詠樓城西孤岧嶤岧嶤四荒外曠望羣川會雲卷天地開波連浙西大亂流新安口北指嚴光瀨釣臺碧雲中邈與蒼梧對稍稍來吴都徘徊上姑蘇煙緜横九疑漭蕩（一作盪漭）見五湖目極心更遠悲歌但長吁廻橈楚江濱揮策揚子津身著日本裘（裘則朝卿所贈日本布爲之）昂藏出風塵五月造我語知非儓儗人相逢樂無限水石日在眼徒干五諸侯

不致百金產吾友揚子雲絃歌播清芬雖為江寧宰
好與山公羣乗興但一行且知我愛君君來幾何時
仙臺應有期東鄰緑玉樹定長三五枝至一作即今天壇
人當笑爾歸遲我苦惜遠别茫然使心悲一作黄河
若不斷白首長相思

金陵詶翰林謫仙子

王屋山人魏萬

君抱碧海珠我懷藍田玉各稱希代寶萬里遥相燭
長卿慕藺子猷意已深平生風雲人暗合江海心
去秋忽乗興命駕來東土謫仙遊梁園愛子在鄒魯
二處一不見拂衣向江東五兩挂淮月扁舟隨海風

南遊吳越徧高揖二千石雪上天台山春逢翰林伯
宣父敬項託林宗重黃生一長復一少相看如弟兄
惕然意不盡更逐西南去同舟入秦淮建業龍盤處
楚歌對吳酒借問承恩初宮買長門賦天迎駟馬車
才高世難容道廢可推命安石重攜妓子房空謝病
金陵百萬户六代帝王都虎口踞西江鍾山臨北湖
湖山信爲美王屋人相待應爲歧路多不知歲寒在
君遊早晚還勿久風塵間此别未遠别秋期到仙山

送當塗趙少府赴長蘆

我來揚都市送客廻輕舸因誇吳太子便覩廣陵濤
仙尉趙家玉英風凌四豪維舟至長蘆目送煙雲高

摇扇對酒樓持袂把蟹螯前途儻相思登嶽一長謡

送友人尋越中山水

聞道稽山去偏宜謝客才千巖泉灑落萬壑樹縈迴
東海橫秦望西陵遶越臺湖清霜鏡曉濤白雪山來
八月枚乘筆三吳張翰盃此中多逸興早晚向天台

送族弟凝之滁求婚崔氏

與爾情不淺忘筌已得魚玉臺挂寶鏡持此意何如
坦腹東牀下由來志氣踈遥知向前路擲果定盈車

送友人遊梅湖

送君遊梅湖應見梅花發有使寄我來無令紅芳歇
暫行新林浦定醉金陵月莫惜一鴈書音塵坐胡越

送崔十二遊天竺寺

還聞天竺寺夢想懷東越每年海樹霜桂子落秋月送君遊此地已屬流芳歇待我來歲行相隨浮溟渤

送楊山人歸天台

客有思天台東行路超忽濤落浙江秋沙明浦陽月今遊方厭楚昨夢先歸越且盡秉燭歡無辭凌晨發我家小阮賢剖竹赤城邊詩人多見重官燭未曾然輿引登山屐情催泛海船石橋如可度攜手弄雲煙

送溫處士歸黃山白鵝峯舊居

黃山四千仞三十二蓮峯丹崖夾石柱菡萏金芙蓉伊昔昇絕頂下窺天目松仙人鍊玉處羽化留餘蹤

亦聞溫伯雪（一作雲）獨往今相逢採秀辭五嶽攀巖歷萬
重歸休白鵝嶺渴飲丹沙井鳳吹我時來雲車爾當
整去去陵陽東行行芳桂叢迴谿十六度碧嶂盡晴
空他日還相訪乘橋躡綵虹

送方士趙叟之東平

長桑晚洞視五藏無全牛趙叟得秘訣還從方士遊
西過獲麟臺為我弔孔丘念別復懷古潸然空淚流

送韓準裴政（一作正）孔巢父還山（魯中）

獵客張兔罝不能挂龍虎所以青雲人高歌（一作卧）在巖
戶韓生信英（一作豪）彥裴子含清真孔侯復秀出俱與雲
霞親峻節凌遠松同衾卧盤石斧冰漱寒泉三子同

（一作傳）二辰時時或乘輿徃徃（一作去去）雲無心出山揖牧伯長嘯輕衣簪昨宵夢裏還去弄竹溪月今辰魯東門帳飲與君別雪崖滑去馬蘿遲迷歸人相思若煙草歷亂無冬春

送楊少府赴選

大國置衡鏡準平天地心羣賢無邪人朗鑒窮清深吾君詠南風衮冕彈鳴琴時泰多美士京國會纓簪山苗落澗底幽松出高岑夫子有盛才主司得球琳流水非鄭曲前行遇知音衣工剪綺繡一誤傷千金何惜刀尺餘不裁寒女衣我非彈冠者感別但開襟空谷無白駒賢人豈悲吟大道安弃物時來或招尋

爾見山吏部當應無陸沉

對雪奉餞任城六父秩滿歸京

龍虎謝鞭策鴛鸞不司晨君看海上鶴何似籠中鵝
獨用天地心浮雲乃吾身雖將簪組狎若與煙霞親
季父有英風白眉超常倫一官即夢寐脫屣歸西秦
竇公敞華筵墨客盡來臻燕歌落胡鴈郢曲迴陽春
征馬百度嘶遊車動行塵躊躇未忍去戀此四座人
餞離駐高駕惜別空殷勤何時竹林下更與步兵鄰

魯郡堯祠送吴五之瑯琊

堯没三千歳青松古廟存送行奠桂酒拜舞清心魂
日色促歸人連歌倒芳樽馬嘶俱醉起分首更何言

魯郡堯祠送竇明府薄華還西京時久病初起

朝策犂眉騧舉鞭力不堪强扶愁疾向何處角巾微服一作步堯祠南長楊掃地不見日石門噴作金沙潭笑誇故人一作笑誰伯明指絕境山光水色青於藍廟中往往來擊鼓堯本無心爾何苦門前長跪雙石人有女如花日歌舞銀鞭繡轂往復迴簸林蹶石鳴風雷遠煙空翠時明滅白鷗歷亂長飛雪紅泥亭子赤一作朱闌干碧流環轉青錦湍深沉百丈洞海底那知不有蛟龍盤君不見綠珠潭水流東海綠珠紅粉沉光彩一作白首同歸翳光彩綠珠樓下花滿園今日曾無一枝在昨夜秋聲閶闔來洞庭木落騷人哀遂將三五少年輩登高送遠

（一作遠望）形神開生前一笑輕九鼎魏武何悲銅雀臺我歌
白雲倚窻牖（一作大開口）爾聞其聲但揮手長風吹月渡海
來遥勸仙人一杯酒酒中樂酣宵向分舉觴酹堯堯
可聞何不令皋繇（一作陶）擁篲橫八極直上青天揮（一作掃）浮
雲高陽小飲真瑣瑣山公酩酊何如我竹林七子去
道賒蘭亭雄筆安足誇堯祠笑殺五（一作鏡）湖水至今憔
悴空荷花爾向西秦我東越暫向瀛洲訪金闕藍田
太白若可期為余掃灑石上月

金鄉送韋八之西京

客自長安來還歸長安去狂（一作秋）風吹我心西挂咸陽
樹此情不可道（一作論）此別何時遇望望不見君連山起

煙霧

送薛九被讒去魯

宋人不辨玉魯賤東家丘我笑薛夫子一作而我笑夫子胡爲兩地遊黃金消衆口白璧竟難投梧桐生蒺蔾緑竹乏佳實鳳凰宿誰家遂與羣雞匹田一作方家養老馬窮士歸其門蛾眉笑躄者賓客去平原却斬美人首三千還駿奔毛公一挺劍楚趙兩相存孟嘗習一作悅狡兎三窟頼馮諼信陵奪兵符爲用侯生言一作朱生擊晉鄙爲感信陵恩春申一何愚刎首爲李園賢哉四公子撫掌黃泉裏借問笑何人笑人不好士爾去且勿諠一作論桃花竟何言沙丘無漂母誰肯飯王孫

單父東樓秋夜送族弟況之秦（一作西京）時凝弟在席

爾從咸陽來，問我何勞苦。沐猴而冠不足言，身騎土牛滯東魯。況弟欲行凝弟留，孤飛一鴈秦雲秋。坐來黃葉落四五，北斗已（一作稍）挂西城樓。絲桐感人絃亦（一作已）絶，滿堂送客皆惜别。卷簾見月清興來，疑是山陰夜中雪。明日斗酒别，惆悵清路塵。遥望長安日，不見長安人。長安宮闕九天上，此地曾經為近臣。一朝復一朝，白髮心不改。屈平顦顇滯江潭，亭伯流離放遼海。折翮翻飛隨轉蓬（一作翼短天長去不窮），聞弦虛墜下霜空。聖朝久棄青雲士，他日誰憐張長公（一作誰肯相思張長公）。

送族弟凝至晏堌單父三十里

雪滿原野白戎裝出盤遊揮鞭布獵騎四顧登高丘
兔起馬足間蒼鷹下平疇喧呼相馳逐取樂銷人憂
捨此戒禽荒微聲列齊謳鳴鷄發晏堌别鴈驚淶溝
西行有東音寄與長河流

魯城北郭曲腰桑下送張子還嵩陽

送别枯桑下凋葉落半空我行懵道遠爾獨知天風
誰念張仲蔚還依蒿與蓬何時一盃酒更與李膺同

送魯郡劉長史遷弘農長史

魯國一杯水難容橫海鱗仲尼且不敬況乃尋常人
白玉換斗粟黃金買尺薪閉門木葉下始覺秋非春

聞君向西遷地即鼎湖鄰寶鏡匣蒼蘚丹經埋素塵軒后上天時攀龍遺（一作維）小臣及此留惠愛庶幾風化淳魯縞如白煙五縑不成束臨行贈貧交一尺重山岳相國齊晏子贈行不及言託陰當樹李忘憂當樹萱他日見張禄綈袍懷舊恩

送族弟單父主簿凝攝宋城主簿至郭南月橋却迴棲霞山留飲贈之

吾家青萍劍操割有餘閑往來糾二邑此去何時還鞍馬月橋南光輝歧路間賢豪相追餞却到棲霞山羣花散芳園斗酒開離顔樂酣相顧起征馬無由攀

魯郡東石門送杜二甫

醉別復幾日，登臨徧池臺。何言石門路一作下，重有金樽開。秋波落泗水，海色明徂來。飛蓬各自遠，且盡林中盃。

魯郡堯祠送張十四遊河北

猛虎伏尺草，雖藏難蔽身。有如張公子，骯髒在風塵。豈無橫腰劒，屈彼淮陰人。擊筑向北燕，燕歌易水濵。歸來太山上，當與爾爲鄰。

杭州送裴大擇時赴廬州長史 吳中

西江天柱遠，東越海門深。去割辭親戀，行憂報國心。好風吹落日，流水引長吟。五月披裘者，應知不取金。

灞陵行送別 長安

送君灞陵亭灞水流浩浩上有無花之古樹下有傷心之春草我向秦人問路岐云是王粲南登之古道古道連緜走西京紫闕落日浮雲生正當今夕斷腸處驪歌愁絶不忍聽

送賀監歸四明應制

久辭榮禄遂初衣曾向長生説息機眞訣自從茅氏得恩波寧阻洞庭歸瑶臺含霧星辰滿仙嶠浮空島嶼微借問欲棲珠樹鶴何年却向帝城飛

送竇司馬貶宜春

天馬白銀鞍親承明主歡鬬雞金宮（一作闕）裏射鴈碧雲端堂上羅巾貴歌鍾清夜闌何言謫南國拂劒坐長

歎趙璧爲誰點隨珠枉被彈聖朝多雨露莫厭此行難

送羽林陶將軍

將軍出使擁樓船江上旌旗拂紫煙萬里横戈探虎穴三杯拔劒舞龍泉莫道詞人無膽氣臨行將贈繞朝鞭

送程劉二侍御兼獨孤判官赴安西幕府

安西幕府多才雄喧喧唯道三數公繡衣貂裘明積雪飛書走檄如飄風朝辭明主出紫宫銀鞍送别金城空天外飛霜下葱海火旗雲馬生光彩胡塞塵清計日歸漢家草緑遥相待

送姪良攜二妓赴會稽戲有此贈

攜妓東山去春光半道催遙看二桃李雙入鏡中開

送賀賓客歸越

鏡湖流水漾清波（一作春始波）狂客歸舟逸興多山陰道士如相見應寫黃庭換白鵝

送張遙之壽陽幕府

壽陽信天險天險橫荆關苻堅百萬衆遙阻八公山不假築長城大賢在其間戰夫若熊虎破敵有餘閑張子勇且英少輕衛霍孱投軀紫髯將千里望風顏勗爾効才略功成衣錦還

李太白文集卷第十四

李太白文集卷第十五

歌詩四十八首

送中

送裴十八圖南歸嵩山二首

何處可爲別長安青綺門胡姬招素手延（一作留）客醉金樽臨當上馬時我獨（一作因）與君言風吹（一作驚）芳蘭折日没鳥雀喧舉手指飛鴻此情難具論同歸無早晚潁水有清源

君思潁水綠忽復歸嵩岑歸時莫洗耳爲我洗其心洗心得真情洗耳徒買名謝公終一起相與濟蒼生

同王昌齡送族弟襄歸桂陽二首（一作同王昌齡崔國

輔送李舟歸郴州

秦地見碧草楚謠對清樽把酒爾何思鷓鴣啼南園余欲羅浮隱猶懷明主恩躊躇紫宮戀孤負滄洲言終然無心雲海上同飛翻相期乃不淺幽桂有芳根爾家何在瀟湘川青莎白石長江邊昨夢江花照江日幾枝正發東牕前覺來欲往心悠然魂隨越鳥飛南天秦雲連山海相接桂水橫煙不可涉送君此去令人愁風帆茫茫隔河洲春潭瓊草綠可折西寄長安明月樓

送外甥鄭灌從軍三首

六博爭雄好彩來金盤一擲萬人開丈夫賭命報天

子當斬胡頭衣錦廻
丈八蛇矛出隴西彎弧拂箭白猿啼破胡必用龍韜
策積甲應將熊耳齊
月蝕西方破敵時及瓜歸日未應遲斬胡血變黃河
水梟首當懸白鵲旗

送于十八應四子舉落第還嵩山

吾祖吹橐籥天人信森羅歸根復太素羣動熙元和
炎炎四真人摛辯若濤波交流無時寂楊墨日成科
夫子闡洛誦誇才才故多爲金好踊躍久客方蹉跎
道可東賣之五寶溢山河勸君還嵩丘開酌眄庭柯
三花如未落乘興一來過

送別

尋陽五溪水沿洄直入巫山裏勝境由來人共傳君到南中自稱美送君別有八月秋颯颯蘆花復益愁雲帆望遠不相見日暮長江空自流

送族弟綰一作琯從軍安西

漢家兵馬乘北風鼓行而一作向西破犬戎爾隨漢將一作鬬揮長劍出門去剪虜若草收奇功君王按劍望邊色旄頭已落胡天空匈奴繫頸數應盡明年應一作驅入蒲桃宮

送梁公昌從信安王北征

入幕推英選捐書事遠戎高談百戰術鬱作萬夫雄

起舞蓮華劍，行歌明月宮。將飛天地陣，兵出塞垣通。
祖席留丹景，征麾拂綵虹。旋應獻凱入，麟閣佇深功。

送白利從金吾董將軍西征 長安

西羌延國討，白起佐軍威。劍決浮雲氣，弓彎明月輝。
馬行邊草綠，旌卷曙霜飛。抗手凛相顧，寒風生鐵衣。

送張秀才從軍

六駁食猛武，恥從駑馬羣。一朝長鳴去，矯若龍行雲。
壯士懷遠略，志存解世紛。周粟猶不顧，齊珪安肯分。
抱劍辭高堂，將投霍冠軍。長策掃河洛，寧親歸汝墳。
當令千古後，麟閣著奇勲。

送崔度還吳度故人禮部員外國輔之子 幽燕

幽燕沙雪地萬里盡黄雲朝吹歸秋鴈南飛日幾羣
中有孤鳳鶵哀鳴九天聞我乃重此鳥綵章五色分
胡爲雜凡禽雞鶩輕賤君舉手捧爾足疾心若火焚
拂羽淚滿面送之吴江濆去影忽不見躊躇日將曛

送祝八之江東賦得浣紗石 峽西

西施越溪女明豔光雲海未（一作來）入吴王宫殿時浣紗
古石（一作石古）今猶在桃李新開映古（一作杏）查菖蒲猶短出平
沙昔時紅粉照流水今日青苔覆落花君去西秦適
東越碧山清江幾超忽若到天涯思故人浣紗石上
窺明月

送侯十一 梁宋

朱亥已擊晉侯嬴尚隱身時無魏公子豈貴抱關人
余亦不火食遊梁同在陳空餘湛盧劒贈爾託交親

魯中送二從弟赴舉之西京再至魯中一作送族弟鍠

魯客向西笑君門若夢中霜凋逐臣髮日憶明光宮
復羨二龍去才華冠世雄平衢騁高足逸翰凌長風
舞袖拂秋月歌筵聞早鴻送君日千里良會何由同

奉餞高尊師如貴道士傳道籙畢歸北海齊州

道隱不可見靈書藏洞天吾師四萬劫歷世遞相傳
別杖留青竹行歌躡紫煙離心無遠近長在玉京懸

金陵送張十一再遊東吳金陵

張翰黃花句風流五百年誰人今繼作夫子世稱賢

再動遊吴棹還浮入海舩春光白門柳霞色赤城天
去國難爲别思歸各未旋空餘賈生涙相顧共悽然

送紀秀才遊越

海水不滿眼觀濤難稱心即知蓬萊石却是巨鼇簪
送爾遊華頂令余發舃吟仙人居射的道士住山陰
禹穴尋溪入雲門隔嶺深緑蘿秋月夜相憶在鳴琴

送長沙陳太守二首

長沙陳太守逸氣凌青松英主賜玉馬本是天池龍
湘水迴九曲衡山望五峯榮君按節去不及（一作得）遠相
從

七郡長沙國南連湘水濵定王垂舞袖地窄不迴身

莫小二千石當安遠俗人洞庭鄉路遠遥羡錦衣春

送楊燕之東魯

關西楊伯起漢日舊稱賢四代三公族清風播人天
夫子華陰居開門對玉蓮何事歷衡霍雲帆今始還
君坐稍解顏爲我一作君歌此篇我固侯門士謬登聖主
筵一辭金華殿蹭蹬長江邊二子魯門東別來已經
年因君此中去不覺淚如泉

送蔡山人

我本不棄世世人自棄我一乘無倪舟八極縱遠柂
燕客期躍馬唐生安敢譏採珠勿驚龍大道可暗歸
故山有松月遲爾翫清暉

送蕭三十一之魯中兼問稚子伯禽

六月南風吹白沙吳牛喘月氣成霞水國鬱（一作歊）蒸不可處時炎道遠無行車夫子如何涉江路雲帆嫋嫋金陵去高堂倚門望伯魚魯中正是趨庭處我家寄在沙丘傍三年不歸空斷腸君行既識伯禽子應駕小車騎白羊

送楊山人歸嵩山

我有萬古宅嵩陽玉女峯長留一片月挂在東溪松爾去掇仙草昌蒲花紫茸（一作君行到此峯餐霞駐衰容）歲晚或相訪青天騎白龍

送殷淑三首

海水不可解連江夜爲潮俄然浦嶼闊岸去酒船遥
惜别耐取醉鳴榔且長謡天明爾當去應有便風飄
白鷺洲前月天明送客迴青龍山後日早出海雲來
流水無情去征帆逐吹開相看不忍别更進手中盃
痛飲龍笻下燈青月復寒醉歌驚白鷺半夜起沙灘

送岑徵君歸鳴臯山

岑公相門子雅望歸安石弃世皆夔龍中台竟一作有三
拆至人達機兆高揖九州伯奈何天地間而作隱淪
客貴道皆一作能全真潛輝卧幽鄰一作鱗探元入窅默觀化
遊無垠光武有天下嚴陵爲故人雖登洛陽殿不屈
巢由身余亦謝明主今稱偃蹇臣登高覽萬古思與

廣成鄰蹈海寧受賞還山非問津西來（一作終期）一搖扇共拂元規塵

送范山人歸太山

魯客抱白雞（一作鶴）別余徃太山初行若片雪（一作雲）杳在青崖間高高至天門海日（一作日觀）近可攀雲生望不及此去何時還

送韓侍御之廣德令

昔日繡衣何足榮今宵貰酒與君傾暫就東山賒月色酣歌一夜送泉明

白雲歌送友人

楚山秦山多白雲白雲處處長隨君君今還入楚山

裏雲亦隨君渡湘水水上女蘿衣白雲早卧早行君

早起

送通禪師還南陵隱靜寺

我聞隱靜寺山水多奇蹤巖種朗公橘門深盃渡松
道人制猛虎振錫還孤峯他日南陵下相期谷口逢

送友人

青山横北郭白水遶東城此地一爲别孤蓬萬里征
浮雲遊子意落日故人情揮手自玆去蕭蕭班馬鳴

送别

斗酒渭城邊鑪頭醉不眠梨花千樹雪楊葉萬條煙
惜别傾壺醑臨分贈馬鞭看君潁上去新月到家圓

江上送女道士褚三清遊南岳

吴江女道士頭戴蓮花巾霓裳不濕雨特異陽臺神足下遠遊履凌波生素塵尋僊向南岳應見魏夫人

送友人入蜀

見說蠶叢路崎嶇不易行山從人面起雲傍馬頭生芳樹籠秦棧春流遶蜀城升沉應已定不必訪君平

送趙雲卿

白玉一杯酒緑楊三月時春風餘幾日兩鬢各成絲秉燭唯須飲投竿也未遲如逢渭川獵猶可帝王師

送李青歸華陽川

伯陽僊家子容色如青春日月祕靈洞雲霞辭世人

化心養精魄隱几宵天真莫作千年別歸來城郭新

送舍弟

吾家白額駒遠別臨東道他日相思一夢君應得池塘生春草

送別 得書字

水色南天遠舟行若在虛遷人發佳興吾子訪閑居日落看歸鳥潭澄憐一作羨躍魚聖朝思賈誼應降紫泥書

送麴十少府

試發清秋興因爲吳會吟碧雲斂海色流水折江心我有延陵劍君無陸賈金艱難此爲別惆悵一何深

送張秀才謁高中丞 并序 尋陽

余時繫尋陽獄中正讀留侯傳秀才張孟熊蘊滅胡之策將之廣陵謁高中丞余喜子房之風感激於斯人因作是詩以送之

秦帝淪玉鏡 一作六雄滅金虎 留侯降氛氲感激黃石老經過滄海君壯士揮金槌報讎六合聞智勇冠終古蕭陳難與羣兩龍爭鬬時天地動風雲酒酣 一作縱橫 舞長劍倉卒解漢紛宇宙初倒懸洪濤勢將分英謀信奇絕夫子揚清芬 一作夫子稱卓絕超然繼清芬 胡月入紫微三光亂天文高公鎮淮海談笑廓妖氛採爾幕中畫戡難光殊勳我無燕霜感玉石俱燒焚但灑一行淚臨歧竟何云

尋陽送弟昌峘鄱陽司馬作

桑落洲渚連滄江無雲烟尋陽非剡水忽見子猷舩了見欲相近來遅杳若仙人乗海上月帆落湖中天一覩無二諾朝懽更勝昨爾則吾惠連吾非爾康樂朱紱白銀章上官佐鄱陽松門拂中道石鏡迴清光摇扇及于越水亭風氣凉與爾期此亭期在秋月滿時過或未來兩鄉心已斷吳山對楚岸彭蠡當中州相思定如此有窮盡年愁

餞校書叔雲

少年費白日歌笑矜朱顔不知忽已老喜見春風還惜別且爲懽徘徊桃李間看花飲美酒聽鳥臨晴山

向晚竹林寂無人空閑關

送王孝廉覲省盧江

彭蠡將天合姑蘇在日邊寧親候海色欲動孝廉舩

窈窕晴江轉參差遠岫連相思無晝夜東注似長川

同吳王送杜秀芝舉入京

秀才何翩翩王許回也賢暫别盧江守將遊京兆天

秋山宜落日秀木出寒煙欲折一枝桂還來鴈沼前

李太白文集卷第十五

李太白文集卷第十六

歌詩三十八首

送下

洞庭醉後送絳州呂使君杲流澧州江夏

昔别若夢中天涯忽相逢洞庭破秋月縱酒開愁容贈劒刻玉字延平兩蛟龍送君不盡意書及鴈廻峯

與諸公送陳郎將歸衡陽并序

仲尼旅人文王明夷苟非其時聖賢低眉況僕之不肖者而遷逐枯槁固非其宜朝心不開暮髮盡白而登高送遠使人增愁陳郎將義風凜然英思逸發來下曹城之榻去邀才子之詩動清興於中流泛素波

而徑去諸公仰望不及連章祖之序慙起予輒冠名賢之首作者嗤我乃爲撫掌之資乎衡山蒼蒼入紫冥下看南極老人星廻飇吹散五峯雪往往飛花落洞庭氣清嶽秀有如此郎將一家拖金紫門前食客亂浮雲丗人皆比孟嘗君江上送行無白璧臨岐惆悵若爲分

江夏送倩公歸漢東并序

謝安四十卧白雲於東山桓公累徵爲蒼生而一起常與支公遊賞貴而不移大人君子神冥契合正可乃爾僕與倩公一面不忝古人言歸漢東使我心痗夫漢東之國聖人所出神農之後季良爲大賢爾來寂

寔無一物可紀有唐中興始生紫陽先生先生六十而隱化若繼跡而起者惟倩公焉蓄壯志而未就期老成於他日且能傾産重諾好賢攻文即惠休上人與江鮑徃復各一時也僕平生述作罄其草而授之思親遂行流涕惜别今聖朝已捨季布當徵賈生開顏洗目一見白日冀相視而笑於新松之山耶作小詩絶句以寫别李白辭

路入漢東國川藏明月輝寧知喪亂後更有一珠歸

送趙判官赴黔府中丞叔幕

廓落青雲心結交黄金盡富貴翻相忘令人忽自哂蹭蹬鬢毛斑盛時難再還巨源咄石生何事馬蹄間

綠蘿長不厭却欲還東山君爲魯曾子拜揖高堂裏叔繼趙平原偏承明主恩風霜推一作催獨坐旌節鎮雄藩虎士秉金鉞蛾眉開玉樽才高幕下去義重林中言水宿五溪月霜啼三峽猿東風春草綠江上候歸軒

送陸判官往琵琶峽

水國秋風夜殊非遠別時長安如夢裏何日是歸期

送梁四歸東平

玉壺挈美酒送別強爲歡大火南星月長郊北路難殷王期負鼎汶水起垂竿莫學東山卧參差老謝安

江夏送友人

雪點翠雲裘送君黃鶴樓黃鶴振玉羽西飛帝王州
鳳無琅玕實何以贈遠遊徘徊相顧影淚下漢江流

送郗昂謫巴中

瑤草寒不死移植滄江濱東風灑雨露會入天地一作池
春予若洞庭葉隨波送逐臣思歸未可得書此謝情人

江夏送張丞

欲別心不忍臨行情更親酒傾無限月客醉幾重春
藉草依流水攀花贈遠人送君從此去廻首泣迷津

賦得白鷺鷥送宋少府入三峽

白鷺拳一足月明秋水寒人驚遠飛去直向使君灘

送二季之江東

初發強中作題詩與惠連多慙一日長不及二龍賢

西塞當中路南風欲進舩雲峯出遠海帆影挂清川禹穴藏書地匡山種杏田此行俱有適遲爾早歸旋

江西送友人之羅浮 南昌

桂水分五嶺衡山朝九疑鄉關眇安西流浪將何之素色愁明湖秋渚晦寒姿疇昔紫芳意已過黃鬂期君王縱疎散雲壑借巢夷爾去之羅浮我還憩峨眉中闊道萬里霞月遥相思如尋楚狂子瓊樹有芳枝

宣州謝朓樓餞別校書叔雲 一作陪侍御叔華登樓歌

棄我去者昨日之日不可留亂我心者今日之日多煩憂長風萬里送秋鴈對此可以酣高樓蓬萊文章

建安骨中間小謝又清發俱懷逸興壯思飛欲上青天（一作雲）覽明月抽刀斷水水更流舉杯消愁愁更（一作復）愁人生（一作男兒）在世不稱意明朝散髮弄扁舟（一作舉棹還滄洲）

宣城送劉副使入秦

君卽劉越石雄豪冠當時淒清橫吹曲慷慨扶風詞虎嘯俟騰躍鷄鳴遭亂離千金市駿馬萬里逐王師結交樓煩將侍從羽林兒統兵捍吳越豺虎不敢窺大勳竟莫敘已過秋風吹秉鉞有季公凜然負英姿寄深且戎幕望重必台司感激一然諾縱橫兩無疑伏奏歸北闕鳴騶忽西馳列將咸出祖英寮惜分離斗酒滿四筵歌笑宛溪湄君攜東山妓我詠北門詩

貴賤交不易恐傷中園葵昔贈紫騮駒今傾白玉卮同驩萬斛酒未足解相思此别又千里（一作此外别千里）秦吴眇天涯月明關山苦水劇隴頭悲借問幾時還春風入黄池無令長相思折斷緑楊枝

涇川送族弟錞（時盧校書草序常侍御爲詩）

涇川三百里若耶羞見之錦石照碧山兩邊白鷺鷥佳境千萬曲客行無歇時上有琴高水下有陵陽祠仙人不見我明月空相知問我何事來盧敖結幽期蓬山振雄筆繡服揮清詞江湖發秀色草木含榮滋置酒送惠連吾家稱白眉愧無海嶠作敢闕河梁詩見爾復幾朝俄然告將離中流漾綵鷁列岸叢金羈

歎息蒼梧鳳分棲瓊樹枝清晨各飛去飄落天南垂望極落日盡秋深暝猨悲寄情與流水但有長相思

五松山送殷淑

秀色發江左風流奈若何仲文了不還獨立揚清波載酒五松山頹然白雲歌中天度落月萬里遥相過撫酒惜此月流光畏蹉跎明日别離去連峯鬱嵳峩

送崔氏昆季之金陵一作秋夜崔八丈水亭送崔二

放一作吴歌倚東樓行子期曉發秋風渡江來吹落山上月主人出美酒滅燭延清光二崔向金陵安得不盡觴水客弄歸棹雲帆卷輕霜扁舟敬亭下五兩先飄揚峽石入水花碧流日更長思君無歲月西笑阻河

梁

登黃山陵歊臺送族弟溧陽尉濟充(一作統)泛舟赴華陰(當塗)

鸞乃鳳之族翱翔紫雲霓文章輝(一作耀)五色雙在瓊樹棲一朝各飛去鳳與鸞俱啼炎赫五月中朱曦爍河堤爾從泛舟役使我心魂悽秦地無草木南雲喧鼓鼙君王減玉膳早起思鳴鷄漕引救關輔疲人免塗泥宰相作霖雨農夫得耕犂靜者伏草間羣才滿金閨空手無壯士窮居使人低送君登黃山長嘯倚(一作上)天梯小舟若鳧鴈大舟若鯨鯢開帆散長風舒卷與雲齊日入牛渚晦蒼然夕煙迷相思在何所(一作定何許)杳

在洛陽西

送儲邕之武昌

黄鶴西樓月長江萬里情春風三十度空憶武昌城送爾難爲别銜杯惜未傾湖連張樂地山逐汎舟行諾謂楚人重詩傳謝脁清滄浪吾有曲寄入棹歌聲

詶荅上

詶談少府 襄漢

一尉居倏忽梅生有仙骨三事或可羞匈奴哂千秋壯心屈黄綬浪跡寄滄洲昨觀荆峴作如從雲漢遊老夫當暮矣蹀足懼驊騮

詶宇文少府見贈桃竹書筒

桃竹書筒綺繡文良工巧妙稱絶羣靈心圓映三江月彩質疊成五色雲中藏寶訣峨眉去千里提攜長憶君

五月東魯行荅汶上翁 魯中

五月梅始黃 一作禾黍綠 蠶凋桑柘空魯人重織作機杼鳴簾櫳顧余不及仕學劒來山東舉鞭訪前塗獲笑汶上翁下愚 一作宵人 忽壯士未足論窮通我以一箭書能取聊城功終然不受賞羞與時人同西歸去直道落日昏陰虹此 一作我 去爾勿言甘心如轉蓬

早秋單父南樓詶竇公衡

白露見日滅紅顏隨霜凋别君若俯仰春芳辭秋條

太山嵳峩夏雲在疑是白波漲東海散爲飛雨川上來遥帷却卷清浮埃知君獨坐青軒下此時結念同懷者我閉南樓著道書幽簾清寂若仙居曾無好事來相訪賴爾高文一起予

山中荅俗人 一云荅問

問余何意一作事棲碧山笑而不荅一作語心自閑桃花流水窅一作宛然去别有天地非人間

荅友人贈烏紗帽

領得烏紗帽全勝白接䍦山人不照鏡稚子道相宜

詶張司馬贈墨 吴中

上黨碧松煙夷陵丹沙末蘭麝凝珍墨精光乃堪掇

黃頭奴子雙鴉鬟錦囊養之懷袖間今日贈余蘭亭去與來灑筆會稽山

荅湖州迦葉司馬問白是何人

青蓮居士謫仙人酒肆藏名三十春湖州司馬何須問金粟如來是後身

荅長安崔少府叔封遊終南翠微寺太宗皇帝金沙泉見寄 長安

河伯見海若傲然誇秋水小物暗遠圖寧知通方士一作寧識通方理多君紫霄意獨往蒼山裏地古寒雲一作雪深巖高長風起初登翠微嶺復憩金沙泉踐苔朝霜滑弄波夕月圓飲彼石下流一作潭結蘿宿谿煙鼎湖夢淥水

龍駕空（一作何）茫然早行子午間（一作關又作峯）却登山路遠（一作却歎山路遠又作頗識關路遠）拂琴聽霜猿滅燭乃星飯人煙無明異鳥道絶徃返攀崖倒青天（一作到青山）下視白日晚旣過（一作遇）石門隱還唱（一作聞）石潭歌涉雪搴紫芳（一作采紫莖）濯纓想（一作掬）清波此（一作斯）人不可見此地君自過爲余謝風泉其如幽意何

贈李十二左司郎中崔宗之

涼秋八九月白露空園庭耿耿意不暢捎捎（一作悄悄）風葉聲思見雄俊士共話今古情李侯忽來儀把袂苦不早清論旣抵掌玄談又絶倒分明楚漢事歷歷王霸道擔囊無俗物訪古千里餘袖有匕首劍懷中茂陵

書雙眸光照人詞賦凌子虛酌酒絃素琴霜氣正凝
潔平生心事中今日爲君説我家有別業寄在嵩之
陽明月出高岑清溪澄素光雲散窗戸静風吹松桂
香子若同斯遊千載不相忘

詶崔五郎中 崔詩附

朔雲横高天萬里起秋色壯士心飛揚落日空歎息
長嘯出原野凛然寒風生幸遭聖明時功業猶未成
奈何懷良圖鬱悒獨愁坐 一作空獨坐 杖策尋英豪立談乃
知我崔公生人秀緬邈青雲姿制作參造化託諷含
神祇海嶽尚可傾吐諾終不移是時霜飇寒逸興臨
華池起舞拂長劒四座皆揚眉因得窮歡情贈我以

新詩又結汗漫期九垓遠相待舉身憩蓬壺濯足弄滄海從此凌倒景一去無時還朝遊明光宮暮入閶闔關但得長把袂何必嵩丘山

以詩代書荅元丹丘

青鳥（一作烏）海上來今朝發何處口銜雲錦字（一作書）與我忽飛去鳥去凌紫煙書留綺牕前開緘方（一作時）一笑乃是故人傳故人深相勗憶我勞心曲離居在咸陽三見秦草緑置書雙袂間引領不暫閑長望（一作歎）杳難見浮雲横遠山

金門荅蘇秀才

君還石門日朱火始改木春草如有情山中尚含緑

折芳愧遥憶永路當自勗遠見故人心平生以此足
巨海納百川麟閣多才賢獻書入金闕酌醴奉瓊筵
屢忝白雲唱恭聞黄竹篇恩光照拙薄雲漢希騰遷
銘鼎儻云遂扁舟方渺然我留在金門不去卧丹壑
未果三山期遥欣一丘樂玄珠寄罔象赤水非寥廓
願狎東海鷗共營西山藥栖巖君寂蔑處世余龍蠖
良辰不同賞永日應閑居鳥吟簷間樹花落牕下書
緑谿見緑篠隔岫窺紅蕖採薇行笑歌眷我情何已
月出石鏡間松鳴風琴裏得心自虚妙外物空頹靡
身世如兩忘從君老煙水

訓坊州王司馬與閻正字對雪見贈陝右

遊子東南來，自宛適京國。飄然無心雲，倏忽復西北。訪戴昔未偶，尋嵇此相得。愁顔發新歡，終宴敘前識。閻公漢庭舊，沉鬱富才力。價重銅龍樓，聲高重門側。寧期此相遇，華館陪遊息。積雪明遠峯，寒城泛春色。主人蒼生望，假我青雲翼。風水如見資，投竿佐皇極。

詶中都小吏攜斗酒雙魚於逆旅見贈　齊魯

魯酒若琥珀（一作琥珀色），汶魚紫錦鱗。山東豪吏有俊氣，手攜（一作持）此物贈遠人。意氣相傾兩相顧，斗酒雙魚表情素。酒來我飲之，鱠作別離處。雙鰓呼呷鰭鬣張，跋刺銀盤欲飛去。呼兒拂机霜刃揮，紅肥花落白雪霏。爲君下筯一餐飽（一作罷），醉著金鞍上（一作走）馬歸。

詶張卿夜宿南陵見贈

月出魯城東明如天上雪魯女驚莎雞鳴機應秋節當君相思夜火落金風高河漢挂戶牖欲濟無輕舠我昔辭林丘雲龍忽相見客星動太微朝去洛陽殿爾來得茂彥七葉仕漢餘身爲下邳客家有圯橋書傳說未夢時終當起巖野萬古騎辰星光輝照天下與君各未遇長策委蒿萊寶刀隱玉匣鏽澁空莓苔遂令世上愚輕我土與灰一朝攀龍去鼃黽安在哉故山定有酒與爾傾金罍

詶岑勛見尋就元丹丘對酒相待以詩見招

黃鶴東南來寄書寫心曲倚松開其緘憶我腸斷續

不以千里遥命駕來相招中逢元丹丘登嶺宴碧霄
對酒忽思我長嘯臨清飈蹇余未相知茫茫緑雲垂
俄然素書及解此長渴飢策馬望山月途窮造堦墀
喜兹一會面若覩瓊樹枝憶君我遠來我歡方速至
開顔酌美酒樂極忽成醉我情既不淺君意方亦深
相知兩相得一顧輕千金且向山客笑與君論素心

荅從弟幼成過西園見贈

一身自蕭灑萬物何囂喧拙薄謝明時棲閑歸故園
二季過舊壑四鄰馳華軒衣劍照松宇賓徒光石門
山童薦珍果野老開芳罇上陳樵魚事下敘農圃言
昨來荷花滿今見蘭苕繁一笑復一歌不知夕景昏

醉罷同所樂此情難具論

詶王補闕惠翼莊廟宋丞泚贈別

學道三十春自言羲皇人軒蓋宛若夢雲松長相親偶將二公合復與三山鄰喜結海上契自爲天外賔鸞翮我先鎩龍性君莫馴朴散不尚古時訛皆失眞勿踏荒溪波朅來浩然津薜帶何辭楚桃源堪避秦世迫且離別心在期隱淪詶贈非炯誡永言銘珮紳

李太白文集卷第十六

李太白文集卷第十七

歌詩三十首

詶荅下

荅王十二寒夜獨酌有懷　再入吴中

昨夜吴中雪子猷佳興發萬里浮雲卷碧山青天中道流孤月孤月蒼浪（一作波）河漢清北斗錯落長庚明懷余對酒夜霜白玉牀金井氷崢嶸人生飄忽百年内且須酣暢萬古情君不能狸膏金距學鬬雞坐令鼻息吹虹霓君不能學哥舒横行青海夜帶刀西屠石堡取紫袍吟詩作賦北牕裏萬言不直一杯水世人聞此（一作之）皆掉頭有如東風射馬耳魚目亦笑我請（一作謂）

與明月同騂騮拳跼不能食蹇驢得志鳴春風折楊
黃花合流俗晉君聽琴枉清角巴一作幾人誰肯和陽春
楚地猶來賤奇璞黃金散盡交不成白首爲儒身被
輕一談一笑失顏色蒼蠅貝錦喧謗聲曾參豈是殺
人者讒言三及慈母驚與君論心握君手榮辱於余
亦何有孔聖猶聞傷鳳麟董龍更是何雞狗一生傲
岸苦不諧恩疏媒勞志多乖嚴陵高揖漢天子何必
長劍拄頤事玉階達亦不足貴窮亦不足悲韓信羞
將絳灌比禰衡恥逐屠沽兒君不見李北海英風豪
氣今何在君不見裴尚書土墳三尺蒿棘一作下居少年
早欲五湖去見此彌將鍾鼎疏

詶裴侍御對雨感時見贈 金陵

雨色秋來寒風嚴清江爽孤高繡衣人蕭灑青霞賞平生多感激忠義非外獎禍連積怨生事及徂川往楚邦有壯士鄢郢翻掃蕩申包哭秦庭泣血將安仰鞭屍辱已及堂上羅宿莽頗似今之人蟊賊陷忠讜渺然一水隔何由税歸鞅日夕聽猿愁懷賢盈夢想

贈李十二攝監察御史崔成甫

我是瀟湘放逐臣君辭明主漢江濱天外常求太白老金陵捉得酒仙人

詶崔侍御 崔詩附

嚴陵不從萬乘遊歸卧空山釣碧流自是客星辭帝

坐元非太白醉揚州

翫月金陵城西孫楚酒樓達曙歌吹日晚乘醉著紫綺裘烏紗巾與酒客數人棹歌秦淮往石頭訪崔四侍御

昨翫西城月青天垂玉鉤朝沽金陵酒歌吹孫楚樓忽憶繡衣人乘船往石頭草裹烏紗巾倒披紫綺裘兩岸拍手笑疑是王子猷酒客十數公崩騰醉中流謔浪棹海客喧呼傲陽侯半道逢吴姬卷簾出揶歈我憶君到此不知狂與羞月下一見君三杯便迴橈捨舟共連袂行上南渡橋興發歌渌水秦客爲之摇一作謳雞鳴復相招清宴逸雲霄贈我數百字字字凌風

颸繫之衣裘上相憶每長謡

江上荅崔宣城

太華三芙蓉明星玉女峯尋仙下西岳陶令忽相逢問我將何事湍波歷幾重貂裘非季子鶴氅似王恭謬忝燕臺召而陪郭隗蹤水流知入海雲去或從龍樹繞蘆洲月山鳴鵲鎮鐘還期如可訪台嶺蔭長松

荅族姪僧中孚贈玉泉仙人掌茶 并序

余聞荊州玉泉寺近清溪諸山山洞往往有乳窟窟中多玉泉交流中有（一作見）白蝙蝠大如鵶按仙經蝙蝠一名仙鼠千歲之後體白如雪（一作銀）棲則倒懸蓋飲乳水而長生也其水邊處處有茗草羅生枝葉如碧玉

唯玉泉真公常采而飲之年八十餘歲顏色如桃花而此茗清香滑熱異於他者所以能還童振枯壯(一作扶)人壽也余遊金陵見宗僧中孚示余茶數十片拳然重疊其狀如手號爲仙人掌茶蓋新出乎玉泉之山曠古未覿因持之見遺兼贈詩要余荅之遂有此作後之高僧大隱知仙人掌茶發乎中孚禪子及青蓮居士李白也

常聞玉泉山山洞多乳窟仙鼠如白鴉倒懸深(一作清)谿月茗生此中石玉泉流不歇根柯灑芳津採服潤肌骨楚老卷緑葉枝枝相接連曝成仙人掌似拍洪崖肩舉世未見之其名定誰傳宗英乃禪伯投贈有佳

篇清鏡燭無鹽顧慙西子姸朝坐有餘興長吟播諸
天

詶裴侍御留岫師彈琴見寄

君同鮑明遠邀彼休上人鼓琴亂白雪秋變江上春
瑶草緑未衰攀翻寄情親相思兩不見流淚空盈巾

張相公出鎮荆州尋除太子詹事余時流夜
郎行至江夏與張公相去千里公因太府丞
王昔使車寄羅衣二事及五月五日贈余詩
余荅以此詩（流夜郎至江夏）

張衡殊不樂應有四愁詩慙君錦繡段贈我慰相思
鴻鵠復矯翼鳳皇憶故池榮樂一如此商山老紫芝

醉後荅丁十八以詩譏予搥碎黄鶴樓

黄鶴高樓已搥碎黄鶴仙人無所依黄鶴上天訴玉帝却放黄鶴江南歸神明太守再凋飾新圖粉壁還芳菲一州笑我爲狂客少年往往來相譏君平簾下誰家子云是遼東丁令威作詩掉我驚逸興白雲遶筆牕前飛待取明朝酒醒罷與君爛漫尋春暉

荅裴侍御先行至石頭驛以書見招期月滿汎洞庭

君至石頭驛寄書黄鶴樓開緘識遠意速此南行舟風水無定準湍波或一作成滯留憶昨新一作初月生西簷若瓊鈎今來何所似破鏡懸清秋恨不三五明平湖汎

澄流此歡竟莫遂狂殺王子猷巴陵定近遠持贈解
人憂

荅高山人兼呈權顧二侯

虹霓掩天光哲后起康濟應運生夔龍開元掃氛翳
太微廓金鏡端拱清遐裔輕塵集嵩岳虛點盛明意
謬揮紫泥詔獻納青雲際讒惑英主心恩疎佞臣計
徬徨庭闕下歎息光陰逝未作仲宣詩先流賈生涕
挂帆秋江上不爲雲羅制山海向東傾百川無盡勢
我於鴟夷子相去千餘歲運闊英達稀同風遥執袂
登艫望遠水忽見滄浪枻高士何處來虛舟眇安繫
衣貌本淳古文章多佳麗延引故鄉人風義未淪替

顧侯達語默權子識通蔽曾是無心雲俱爲此留滯雙萍易流轉獨鶴思凌厲明晨去瀟湘共謁蒼梧帝

荅杜秀才五松山見贈五松山南陵銅坑西五六里 宣城

昔獻長楊賦天開雲雨歡當時待詔承明裏皆道揚雄才可觀敕賜飛龍二天馬黄金絡頭白玉鞍浮雲蔽日去不返摠爲秋風摧紫蘭角巾東出商山道採秀行歌詠芝草路逢園綺笑向人而君解來一何好聞道金陵龍虎盤還同謝朓望長安千峯夾水向秋浦五松名山當夏寒銅井炎鑪敲九天赫如鑄鼎荆山前陶公攫爍呵赤電回禄睢盱揚紫煙此中豈是久留處便欲燒丹從列仙愛聽松風且高卧颼飀吹

盡炎氛過登崖獨立望九州陽春欲奏誰相和聞君往年遊錦城章仇尚書倒屣迎飛箋絡驛奏明主天書降問迴恩榮骯髒不能就珪組至今空揚高道名夫子工文絕世奇五松新作天下推吾非謝尚邀彥伯異代風流各一時一時相逢樂在今袖拂白雲開素琴彈爲三峽流泉音從茲一別武陵去去後桃花春水深

至陵陽山登天柱石酬韓侍御見招隱黃山

韓衆騎白鹿西往華山中玉女千餘人相隨在雲空見我傳祕訣精誠與天通何意到陵陽遊目送飛鴻天子昔避狄與君亦乘驄擁兵五陵下長策遏胡戎

時泰解繡衣脫身若飛蓬鸞鳳翻翕翼啄粟坐樊籠
海鶴一笑之思歸向遼東黃山過石柱巘崿上攢叢
因巢翠玉樹忽見浮丘公又引王子喬吹笙舞松風
朗詠紫霞篇請開蘂珠宮步綱繞碧落倚樹招青童
何日可攜手遺形入無窮

酬崔十五見招

爾有鳥跡書相招琴溪飲手跡尺素中如天落雲錦
讀罷向空笑疑君在我前長吟字不滅懷袖且三年

遊宴上

遊南陽白水登石激作 襄陽

朝涉白水源暫與人俗疎島嶼佳境色江天涵清虛

目送去海雲心閑遊川魚長歌盡落日乗月歸田廬

遊南陽清泠泉

惜彼落日暮愛此寒泉清西耀逐水流蕩漾遊子情空歌望雲月曲盡長松聲

尋魯城北范居士失道落蒼耳中見范置酒摘蒼耳作魯中

鴈度秋色遠日静無雲時客心不自得浩漫將何之忽憶范野人閑園養幽姿茫然起逸興但恐行來遲城壕失往路馬首迷荒陂不惜翠雲裘遂爲蒼耳欺入門且一笑把臂君爲誰酒客愛秋蔬山盤薦霜梨他筵不下筯此席忘朝飢酸棗垂北郭寒瓜蔓東籬

還傾四五酌自詠猛虎詞近作十日歡遠爲千載期
風流自簸蕩謔浪偏相宜酣來上馬去却笑高陽池

魯東門汎舟二首

日落沙明天倒開波摇石動水縈迴輕舟汎月尋溪
轉疑是山陰雪後來
水作青龍盤石堤桃花夾岸魯門西若教月下乘舟
去何啻風流到剡溪

秋獵孟諸夜歸置酒單父東樓觀妓

傾暉速短炬走海無停川冀飡圓丘草欲以還頹年
此事不可得微生若浮煙俊發跨名駒雕弓控鳴弦
鷹豪魯草白狐兎多肥鮮邀遮相馳逐遂出城東田

一掃四野空喧呼鞍馬前歸來獻所獲炮炙宜霜天
出舞兩美人飄颻若雲仙留歡不知疲清曉方來旋

遊太山六首一作天寶元年四月從故御道上太山

四月上太山石平御道開六龍過萬壑澗谷隨縈迴
馬跡遶碧峯于今滿青苔飛流灑絕巘水急一作色松聲哀
北眺崿嶂奇傾崖向東摧洞門閉石扇地底興雲雷
登高望蓬瀛想象金銀臺天門一長嘯萬里清風來
玉女四五人飄颻下九垓含笑引素手遺我流霞盃
稽首再拜之自媿非仙才曠然小宇宙棄世何悠哉
清曉騎白鹿直上天門山山際逢羽人方瞳好容顏
捫蘿欲就語却掩青雲關遺我鳥跡書飄然落巖間

其字乃上古讀之了不閑感此三歎息從師方未還
平明登日觀舉手開雲關精神四飛揚如出天地間
黄河從西來窈窕入遠山憑崖覽八極目盡長空閑
偶然值青童緑髮雙雲鬟笑我晚學仙蹉跎凋朱顔
躊躇忽不見浩蕩難追攀

清齋三千日裂素寫道經吟誦有所得衆神衛我形
雲行信長風颯若羽翼生攀崖上日觀伏檻窺東溟
海色動遠山天雞已先鳴銀臺出倒景白浪翻長鯨
安得不死藥高飛向蓬瀛

日觀東北傾兩崖夾雙石海水落眼前天光遥空碧
千峯爭攢聚萬壑絶凌歷緬彼鶴上仙去無雲中跡

長松入霄漢遠望不盈尺山花異人間五月雪中白
終當遇安期於此鍊玉液
朝飲王母池暝投天門關獨抱緑綺琴夜行青山月
山明月露白夜静松風歇仙人遊碧峯處處笙歌發
寂聽娱清輝玉真連翠微想像鸞鳳舞飄飖龍虎衣
捫天摘匏瓜恍惚不憶歸舉手弄清淺誤攀織女機
明晨坐相失但見五雲飛

秋夜與劉碭山汎宴喜亭池

明宰試舟楫張燈宴華池文招梁苑客歌動郢中兒
月色望不盡空天交相宜令人欲汎海只待長風吹

攜妓登梁王棲霞山孟氏桃園中

碧草已滿地與柳梅爭春謝公自有東山妓金屛笑
坐如花人今日非昨日明日還復來白髮對綠酒強
歌心已摧君不見梁王池上月昔照梁王樽酒中梁
王已去明月在黃鸝愁醉啼春風分明感激眼前事
莫惜醉卧桃園東

觀魚潭

觀魚碧潭上木落潭水清日暮紫鱗躍圓波處處生
涼烟浮竹盡秋月照沙明何必滄浪去茲焉可濯纓

李太白文集卷第十七

李太白文集卷第十八

歌詩四十六首

遊宴下

與從姪杭州刺史良遊天竺寺 吴中

挂席凌蓬丘觀濤憩樟樓三山動逸興五馬同遨遊
天竺森在眼松門颯驚秋覽雲測變化弄水窮清幽
疊嶂隔遥海當軒寫歸流詩成傲雲月佳趣滿吴洲

同友人舟行遊台越作

楚臣傷江楓謝客拾海月懷沙去瀟湘挂席汎溟渤
謇予訪前跡獨往造窮髮古人不可攀去若浮雲没
願言弄倒景從此鍊真骨華頂窺絶冥蓬壺望超忽

不知青春度但怪緑芳歇空持釣鼇心從此謝魏闕

下終南山過斛斯山人宿置酒 長安

暮從碧山下山月隨人歸却顧所來徑蒼蒼横翠微相攜及田家童稚一作稚子開荆扉緑竹入幽援青蘿拂行衣歡言得所憩美酒聊共揮長歌吟松風曲盡河星稀我醉君復樂陶然共忘機

朝下過盧郎中敘舊遊

君登金華省我入銀臺門幸遇聖明主俱承雲雨恩復此休浣時閑爲疇昔言却話山海事宛然林壑存明湖思曉月疊嶂憶清猿何由返初服田野醉芳樽

侍從遊宿温泉宫作

羽林十二將羅列應星文霜仗懸秋月蜺旌卷夜雲
嚴更千户肅清樂九天聞日出瞻佳氣蔥蔥繞聖君

邯鄲南亭觀妓（燕趙）

歌鼓（一作妓）燕趙兒魏姝弄鳴絲粉色艷月彩舞袖（一作衫）拂
花枝把酒領（一作顧）美人請歌邯鄲詞清箏何繚繞度曲
綠雲垂平原君安在科斗生古池座客三千人于今
知有誰我輩不作樂但爲後代悲

春遊羅敷潭

行歌入谷口路盡無人躋攀崖度絕壑弄水尋迴磎
雲從石上起客到花間迷淹留未盡興日落羣峯西

春陪商州裴使君遊石娥溪（時欲東歸遂有此贈）

裴公有仙標拔俗數千丈澹蕩滄洲雲飄飄紫霞想
剖竹商洛間政成心已閑蕭條出世表冥寂閉玄關
我來屬芳節解榻時相悅褰帷對雲峯揚袂指松雪
暫出東城邊遂遊西巖前横天聳翠壁噴壑鳴紅泉
尋幽殊未歇愛此春光發溪傍饒名花石上有好月
命駕歸去來露華生緑苔淹留昔將晚復聽清猿哀
清猿斷人腸遊子思故鄉明發首東路此歡焉可忘

陪從祖濟南太守汎鵲山湖三首 齊州

初謂鵲山近寧知湖水遥此行殊訪戴自可緩歸橈
湖闊數十里湖光摇碧山湖西正有月獨送李膺還
水入北湖去舟從南浦迴遥看鵲山轉却似送人來

春日陪楊江寧及諸官宴北湖感古作 金陵

昔聞顏光禄攀龍宴京[一作重又作明]湖樓船入天鏡帳殿開雲衢君王歌大風如樂豐沛都延年獻嘉作邈與詩人俱我來不及此獨立鍾山孤楊宰穆清飈[一作風]芳聲騰海隅英寮滿四座粲若瓊林敷鷁首弄倒景蛾眉掇明珠新絃綵[一作來]梨園古舞嬌吳歈曲度繞雲[一作清]漢聽者皆歡娛雞棲何嘈嘈沿[一作江]月沸笙竽古之帝宮苑今乃人樵蘇感此勸一觴願君覆瓢壺榮盛[一作盛時]當作樂無令後賢吁

宴鄭參卿山池

爾恐碧草晚我畏朱顏移愁看楊花飛置酒正相宜

歌聲送落日舞影迴清池今夕不盡盃留歡更邀誰

遊謝氏山亭

淪老卧江海再歡天地清病閑久寂寞歲物徒芬榮借君西池遊聊以散我情掃雪松下去捫蘿石道行謝公池塘上春草一作風颯已生花枝拂人來山鳥向我鳴田家有美酒落日與之傾醉罷弄歸月遥欣稚子迎

把酒問月故人賈淳令余問之

青天有月來幾時我今停盃一問之人攀明月不可得月行却與人相隨皎如飛鏡臨丹闕緑煙滅盡清暉發但見宵從海上來寧知曉向雲間沒白兎擣藥

秋復春姮娥孤棲與誰鄰今人不見古時月今月曾
經照古人古人今人若流水共看明月皆如此唯願
當歌對酒時月光長照金罇裏

同族姪一作弟評事黯遊昌禪師山池二首

遠公愛康樂爲我開禪關蕭然松石下何異清涼山
花將色不染水與心俱閑一坐度小劫觀空天地間
客來花雨際秋水落金池片石寒青錦踈楊挂綠絲
高僧拂玉柄童子獻霜梨惜去愛佳景煙蘿欲暝時

金陵鳳凰臺置酒

置酒延落景金陵鳳凰臺長波寫萬古心與雲俱開
借問往昔時鳳凰爲誰來鳳凰去已久正當今日迴

明君越羲軒天老坐三台豪士無所用彈絃醉金罍
東風吹山花安可不盡杯六帝沒幽草深宮冥綠苔
置酒勿復道歌鍾但相催

秋浦清溪雪夜對酒客有唱鷓鴣者　秋浦

披君（一作我）貂襜褕對君白玉壺雪花酒上滅頓覺夜寒
無客有桂陽至能吟山鷓鴣清風動牕竹越鳥起相
呼持此足爲樂何煩笙與竽

與周剛青溪玉鏡潭宴別（潭在秋浦桃樹陂下予新名此潭）

康樂上官去永嘉遊石門江亭有孤嶼千載跡猶存
我來憩秋浦三入桃陂源千峯照（一作點）積雪萬壑盡啼
猿興與謝公合文因周子論掃崖去落葉席月開清

鐏溪當大樓南溪水正南奔迴作玉鏡潭澄明洗心
魂此中得佳境可以絶囂喧清夜方歸來酣（一作蓮）歌出
平原别後經此地爲子謝蘭蓀

遊秋浦白笴陂二首

何處夜行好月明白笴陂山光摇積雪猿影挂寒枝
但恐佳景晚小令歸棹移人來有清興及此有相思

白笴夜長嘯爽然溪谷寒魚龍動陂水處處生波瀾
天借一明月飛來碧雲端故鄉不可見腸斷正西看

宴陶家亭子（尋陽）

曲巷幽人宅高門大士家池開照膽鏡林吐破顏花
緑水藏春日青軒祕晚霞若聞絃管妙金谷不能誇

在水軍宴韋司馬樓船觀妓（永王軍中）

搖曳帆在空清流（一作川）順歸風詩因鼓吹發酒爲劍歌雄對舞青樓妓雙鬟白玉童行雲且莫去留醉楚王宮

流夜郎至江夏陪長史叔及薛明府宴興德寺南閣（江夏）

紺殿橫江上青山落鏡中岸迴沙不盡日映水成空天樂流（一作聞）香閣蓮舟颺晚風恭陪竹林宴留醉與陶公

汎沔州城南郎官湖（并序）

乾元歲秋八月白遷於夜郎遇故人尚書郎張謂出

使夏口沔州牧杜公漢陽宰王公觴于江城之南湖樂天下之再平也方夜水月如練清光可掇張公殊有勝槩四望超然乃顧白曰此湖古來賢豪遊者非一而枉踐佳景寂寥無聞夫子可為我標之嘉名以傳不朽白因舉酒酹水号之曰郎官湖亦由鄭圃之有僕射陂也席上文士輔翼岑靜以為知言乃命賦詩紀事刻石湖側將與大別山共相磨滅焉

張公多逸興　共汎沔城隅　當時秋月好　不減武昌都
四坐醉清光　為歡古來無　郎官愛此水　因号郎官湖
風流若未減　名與此山俱

陪侍郎叔遊洞庭醉後三首

今日竹林宴我家賢侍郎三盃容小阮醉後發清狂
舡上齊橈樂湖心汎月歸白鷗閑不去爭拂酒筵飛
剗却君山好平鋪湘水流巴陵無限酒醉殺洞庭秋

夜汎洞庭尋裴侍御清酌

日晚湘水渌孤舟無端倪明湖漲秋月獨汎巴陵西
遇憩裴逸人巖居陵丹梯抱琴出深竹爲我彈鵾雞
曲盡酒亦傾北牕醉如泥人生且行樂何必組與珪

陪族叔刑部侍郎曄及中書賈舍人至遊洞庭五首

洞庭西望楚江分水盡南天不見雲日落長沙秋色
遠不知何處弔湘君

南湖秋水夜無煙耐可乘流直上天且就洞庭賒月色將船買酒白雲邊
洛陽才子謫湘川元禮同舟月下仙記得長安還欲笑不知何處是西天
洞庭湖西秋月輝瀟湘江北早鴻飛醉客滿船歌白紵不知霜露入秋衣
帝子瀟湘去不還空餘秋草洞庭間淡掃明湖開玉鏡丹青畫出是君山

楚江黄龍磯南宴楊執戟治樓 荆楚

五月分五洲碧山對青樓故人楊執戟春賞楚江流一見醉漂月三杯歌棹謳桂枝攀不盡他日更相求

銅官山醉後絶句 宣城

我愛銅官樂千年未擬還要須迴舞袖拂盡五松山

與南陵常贊府遊五松山 山在南陵銅井西五里有古精舍

安石汎溟渤獨嘯長風還逸韻動海上高情出人間
靈異可並跡澹然與世閑我來五松下置酒窮躋攀
徵古絶遺老因名五松山五松何清幽勝境美沃洲
蕭颯鳴洞壑終年風雨秋響入百泉去聽如三峽流
剪竹掃天花且從傲吏遊龍堂若可憩吾欲歸精脩

宣城清溪 一云入青溪山

青溪勝桐廬水木有佳色山皃日高古石容天傾側
緑鳥昔未名白猿初相識不見同懷人對之空歎息

與謝良輔遊涇川陵巖寺

乗君素舸汎涇西宛似雲門對若溪且從康樂尋山水何必東遊入會稽

遊水西簡鄭明府

天宮水西寺雲錦照東郭清湍鳴迴溪緑竹遶飛閣涼風日蕭洒幽客時憩泊五月思貂裘謂言秋霜落石蘿引古蔓岸笋開新籜吟翫空復情相思爾佳作鄭公詩人秀逸韻宏寥廓何當一來遊愜我雪山諾

九日登山

淵明歸去來不與世相逐爲無杯中物遂偶本州牧因招白衣人笑酌黄花菊我來不得意虛過重陽時

題輿何俊發遂結城南期築土接響山俯臨宛水湄
胡人叫玉笛越女彈霜絲自作英王冑斯樂不可窺
赤鯉涌琴高白龜道冰夷靈仙如彷彿奠酹遥相知
古來登高人今復幾人在滄洲違宿諾明日猶可待
連山似驚波合沓出溟海揚袂揮四座酩酊安所知
齊歌送清觴起舞亂參差賓隨落葉散帽逐秋風吹
別後登此臺願言長相思

九日

今日雲景好水緑秋山明攜壺酌流霞搴菊汎寒榮
地遠松石古風揚絃管清窺觴照歡顏獨笑還自傾
落帽醉山月空歌懷友生

九日龍山飲當塗

九日龍山飲黃花笑逐臣醉看風落帽舞愛月留人

九月十日即事

昨日登高罷今朝更舉觴菊花何太苦遭此兩重陽

陪族叔當塗宰遊化城寺升公清風亭

化城若化出金牓天宮開疑是海上雲飛空結樓臺
升公湖上一作中秀粲然有辯才濟人不利己立俗無嫌
猜了見水中月青蓮出塵埃閑居清風亭左右清風
來當暑陰廣殿太陽爲徘徊茗酌待幽客珍盤薦彫
梅飛文何灑落萬象爲之摧季父擁鳴琴德聲布雲
雷雖遊道林室亦一作不舉陶潛盃清樂動諸天長松自

吟哀留歡若可盡劫石乃成灰

李太白文集卷第十八

李太白文集卷第十九

歌詩三十六首

登覽

登錦城散花樓蜀中

日照錦城頭朝光散花樓金牕夾繡户珠箔懸瓊鈎飛梯綠雲中極目散我憂一作愁暮雨向三峽春江繞雙流今來一登望如上九天遊

登峨眉山

蜀國多仙山峨眉邈難匹周流試登覽絕怪安可悉青冥倚天開彩錯疑畫出泠然紫霞賞果得錦囊術雲間吟瓊簫石上弄寶瑟平生有微尚歡笑自此畢

煙容如在顔塵累忽相失儻逢騎羊子攜手凌白日

大庭庫 魯中

朝登大庭庫雲物何蒼然莫辨陳鄭火空霾鄒魯烟我來尋梓慎觀化入寥天古[illegible]翔氣多松風如五絃帝圖終冥没歎息滿山川

登單父陶少府半月臺

陶公有逸興不與常人俱築臺像半月迴向（一作出）高城隅置酒望白雲商（一作高）飈起寒梧秋山入遠海桑柘羅平蕪水色渌且明（一作清）令人思鏡湖終當過江去愛此暫踟躕

天台曉望 吳中

天台隣四明華頂高百越門標赤城霞樓棲滄島月
憑高遠登覽直下見溟渤雲垂大鵬翻波動巨鼇沒
風潮爭洶湧神怪何翕忽觀奇跡無倪好道心不歇
攀條摘朱實服藥鍊金骨安得生羽毛千春卧蓬闕

早望海霞邊

四明三千里朝起赤城霞日出紅光散分輝照雪崖
一餐嚥瓊液五内發金沙舉手何所待青龍白虎車

焦山杳望松寥山

石壁望松寥宛然在碧霄安得五綵虹架天作長橋
仙人如愛我舉手來相招

杜陵絶句 長安

南登杜陵上北望五陵間秋水明落日流光滅遠山

登太白峯

西上太白峯夕陽窮登攀太白與我語為我開天關
願乘泠風去直出浮雲間舉手可近月前行若無山
一別武功去何時復更還

登邯鄲洪波臺置酒觀發兵燕趙時將遊薊門

我把兩赤羽來遊燕趙間天狼正可射感激無時閑
觀兵洪波臺倚劒望玉關請纓不繫越且向燕然山
風引龍虎旗歌鐘昔一作憶追攀擊筑落高月投壺破愁
顏遥知百戰勝定掃鬼方還

登廣武古戰場懷古

秦鹿奔野草逐之若飛蓬項王氣蓋世紫電明雙瞳
呼吸八千人横行起江東赤精斬白帝叱咤入關中
兩龍不並躍五緯與天同楚滅無英圖漢興有來功
按劒清八極歸酣歌大風伊昔臨廣武連兵決雌雄
分我一杯羮太皇乃汝翁戰爭有古跡壁壘頹層穹
猛虎吟洞壑飢鷹鳴秋空翔雲列曉陣殺氣赫長虹
撥亂屬豪聖俗儒安可通沉湎呼豎子狂言非至公
撫掌黄河曲嗤嗤阮嗣宗

登新平樓　陝西

去國登茲樓懷歸傷暮秋天長落日遠水淨寒波流
秦雲起嶺樹胡鴈飛沙洲蒼蒼幾萬里目極令人愁

謁老君廟 梁宋

先君懷聖德靈廟肅神心草合人蹤斷塵濃鳥跡深流沙丹竈滅關路紫烟沉獨傷千載後空餘松栢林

秋日登揚州西靈塔 淮南

寶塔凌蒼蒼登攀覽四荒頂高元氣合標出海雲長萬象分空界三天接畫梁水摇金刹影日動火珠光鳥拂瓊簷度霞連繡栱張目隨征路斷心逐去帆揚露浩梧楸白風催橘柚黄玉毫如可見於此照迷方

登金陵冶城西北謝安墩 此墩即晉太傅謝安與右軍王羲之同登超然有高世之志余將營園其上故作是詩 金陵

晉室昔横潰永嘉遂南奔沙塵何茫茫龍虎鬬朝昏

胡馬風漢草天驕蹙中原哲匠感頹運雲鵬忽飛翻組練照楚國旌旗連海門西秦百萬衆戈甲如雲屯投鞭可填江一掃不足論一作投箠可填江一朝爲我吞皇運有返正醜虜無遺魂談笑遏橫流蒼生望斯存冶城訪古跡一作至今冶城隅猶有謝安墩憑覽周地險高標絶人喧想像東山姿緬懷右軍言梧桐識佳樹蕙草留芳根白鷺映春洲青龍見朝暾地古雲物在臺傾禾黍繁我來酌清波於此樹名園功成拂衣去歸入一作長嘯武陵源

登瓦官閣

晨登瓦官閣極眺金陵城鍾山對北户淮水入南榮

漫漫雨花落嘈嘈天樂鳴兩廊振法鼓四角吟一作吹風箏杳出霄漢上仰攀日月行山空霸氣滅地古寒陰生寥廓雲海晚蒼茫宮觀平門餘閶闔字樓識鳳皇名雷作百山動神扶萬栱傾靈光何足貴長此鎮吳京

登梅崗望金陵贈族姪高座寺僧中孚

鍾山抱金陵霸氣昔騰發天一作神開帝王居海色照宮闕羣峯如逐鹿奔走相馳突江水九道來雲端遥明没時遷大運去龍虎勢休歇我來屬天清登覽窮楚越吾宗挺禪伯特秀鸞鳳骨一作吾宗道門秀特異鸞鳳骨衆星羅青天朗者獨有月冥居順生理草木不翦伐煙牕引薔薇石壁老野蕨吳風謝安屐白足傲履襪幾宿一

下山（一作下山來）蕭然忘干謁談經演金偈降鶴舞海雪時聞天香來了與世事絶佳遊不可得春去惜遠別賦詩留巖屏千載庶不滅

登金陵鳳皇臺

鳳皇臺上鳳皇遊鳳去臺空江自流吴宫（一作時）花草埋幽徑晉代（一作國）衣冠成古丘三山半落青天外一水（一作二水）中分白鷺洲總爲（一作盡道）浮雲能蔽日長安不見使人愁

望廬山瀑布二首　尋陽

西登香爐峯南見（一作望）瀑布水挂流三百丈（一作三千匹）噴壑數十里歘如飛電（一作練）來隱若白虹起初驚河漢（一作銀河）落半灑雲天裏（一作半瀉金潭裏）仰觀勢轉雄壯哉造化功海風

吹不斷江（一作山）月照還空空中亂潀射左右洗青壁飛珠散輕霞流沫沸穹石而我遊名山對之心益閑無論漱瓊液且得洗塵顏且諧宿所好永願辭人間（一作集譜宿所好永不歸人間）

日照香爐生紫煙遙看瀑布挂長川飛流直下三千尺疑是銀河落九（一作半）天（一本題云望廬山香爐峯瀑布一日廬山上與星斗連日照香爐生紫煙下兩句同）

望廬山五老峯

廬山東南五老峯青天削出金芙蓉九江秀色可攬結吾將此地巢雲松

江上望皖公山 宿松

奇峯出奇雲秀木含秀氣青宴皖公山巉絶稱人意
獨遊滄江上終日淡無味但愛茲嶺高何由討靈異
默然遥相許欲往心莫遂待吾還丹成投跡歸此地

望黄鶴山 江夏 岳陽

東望黄鶴山雄雄半空出四面生白雲中峯倚紅日
巖巒行穹跨峯嶂亦冥密頗聞列仙人於此學飛術
朝向蓬海千載空石室金竈生烟埃玉潭祕清謐
地古遺草木庭寒老芝术蹇余羨攀躋因欲保閑逸
觀奇徧諸嶽茲嶺不可匹結心寄青松永悟客情畢

鸚鵡洲

鸚鵡來過吳江水江上洲傳鸚鵡名鸚鵡西飛隴山

去芳洲之樹何青青煙開蘭葉香風暖岸夾桃花錦浪生遷客此時徒極目長洲孤月向誰明

九日登巴陵置酒望洞庭水軍時賊逼華容縣

九日天氣清登高無秋雲造化闢川岳了然楚漢分長風鼓橫波合沓蹙龍文憶昔傳遊豫樓舩壯橫汾今兹討鯨鯢旌旆何繽紛白羽落酒樽洞庭羅三軍黄花不掇手戰鼓遥相聞劒舞轉頹陽當時日停曛酣歌激壯士可以摧妖氛齷齪東籬下泉明不足羣

秋登巴陵望洞庭

清晨登巴陵周覽無不極明湖映天光徹底見秋色秋色何蒼然際海俱澄鮮山青滅遠樹水渌無寒煙

來帆出江中去鳥向日邊風清長沙浦霜空雲夢田瞻光惜頹髮閱水悲徂年北渚既蕩漾東流自潺湲郢人唱白雪越女歌採蓮聽此更腸斷憑崖淚如泉

與夏十二登岳陽樓

樓觀岳陽盡川迥洞庭開鴈引愁心去一作鴈別秋江去山銜好月來雲間逢下榻天上接行盃醉後涼風起吹人舞袖迴

登巴陵開元寺西閣贈衡岳僧方外

衡岳有開士五峯秀真骨見君萬里心海水照秋月大臣南溟去問道皆請謁灑明甘露言清涼潤肌髮明湖落天鏡香閣凌銀闕登眺餐惠風新花期啓發

與賈舍人於龍興寺剪落梧桐枝望㴩湖

剪落青梧枝㴩湖坐可窺雨洗秋山淨林光澹碧滋
水閑明鏡轉雲繞畫屏移千古風流事名賢共此時

挂席江上待月有懷

待月月未出望江江自流倏忽城西郭青天懸玉鈎
素華難可攬清景不同遊耿耿金波裏空瞻鳷鵲樓

金陵望漢江

漢江迴萬里派作九龍盤横潰豁中國崔嵬飛迅湍
六帝淪亡後三吳不足觀我君混區宇垂拱衆流安
今日任公子滄浪罷釣竿

秋登宣城謝朓北樓 宣城

江城如畫裏山晚望晴空兩水夾明鏡雙橋落采虹人煙寒空一作橘柚秋色老梧桐誰念北樓上臨風懷謝公

望天門山當塗

天門中斷楚江開碧水東流直北廻兩岸青山相對出孤帆一片日邊來

望木瓜山

早起見日出暮看棲鳥還客心自酸楚況對木瓜山

登敬亭北二小山余時客逢崔侍御並登此地

送客謝亭北逢君縱酒還屈盤戲白馬大笑上青山廻鞭指長安西日落秦關帝鄉三千里杳在碧雲間

過崔八丈水亭

高閣横秀氣清幽併在君簷飛宛溪水牕落敬亭雲
猨嘯風中斷漁歌月裏聞閑隨白鷗去沙上自爲羣

李太白文集卷第十九

國家珍貴古籍叢刊

宋本李太白文集

三

（唐）李白 撰

國家圖書館出版社

第三册目録

卷二十三　歌詩五十三首

咏物

題咏

卷二十七

序

卷二十八

贊

卷二十九

頌

銘

記

卷三十

碑

文

李太白文集卷第二十

歌詩六十一首

行役

安州應城玉女湯作 安州

神女歿幽境，湯池流大川。陰陽結炎炭，造化開靈泉。地底爍朱火，沙傍歊素煙。沸珠躍晴月，皎鏡涵空天。氣浮蘭芳滿，色漲桃花然。精覽萬殊入，潛行七澤連。愈疾功莫尚，變盈道乃全。濯纓掬清泚，晞髮弄潺湲。散下楚王國，分澆宋玉田。可以奉巡幸，奈何隔窮偏。獨隨朝宗水，赴海輸微涓。

之廣陵宿常二南郭幽居 淮南

渌水接柴門有如桃花源忘憂或假草滿院羅叢萱
暝色湖上來微雨飛南軒故人宿茅宇夕鳥歸楊園
還惜詩酒別深爲江海言明朝廣陵道獨憶此傾樽

夜下征虜亭

船下廣陵去月明征虜亭山花如繡頰江火似流螢

下途歸石門舊居 吳中

吳山高越水清握手無言傷別情將欲辭君挂帆去
離魂不散煙郊樹此心鬱悵誰能論有愧叨承國士
恩雲物共傾三月酒歲時同餞五侯門羨君素書常
滿桉含丹照白霞色爛余嘗學道窮冥筌夢中往往
遊仙山何當脫屣謝時去壺中別有日月天俛仰人

間易凋朽鑪峯五雲在軒牖惜别愁窺玉女牕歸來笑把洪崖手隱居寺隱居山陶公鍊液棲其間靈神閉氣昔登攀恬然但覺心緒閑數人不知幾甲子昨來猶帶冰霜顔我離雖則歲物改如今了然識所在别君莫道不盡懽懸知樂客遥相待石門流水徧桃花我亦曾到秦人家不知何處得雞豕就中仍見繁桑麻翛然遠與世事間裝鸞駕鶴又服遠何必長從七貴遊勞生徒聚萬金産挹君去長相思雲遊雨散從此辭欲知悵别心易苦向暮春風楊柳絲

客中作

蘭陵美酒鬱金香玉埦盛來琥珀光但使主人能醉

客不知何處是他鄉

太原早秋 并州

歲落衆芳歇時當大火流霜威出塞早雲色渡河秋夢遶邊城月心飛故國樓思歸若汾水無日不悠悠

奔亡道中五首 江東

蘇武天山上田横海島邊萬重關塞斷何日是歸年

亭伯去安在李陵降未歸愁容變海色短服改胡衣

談笑三軍却交遊七貴踈仍留一隻箭未射魯連書

函谷如玉關幾時可生還洛川為易水嵩高是燕山

俗變羌胡語人多沙塞顔申包唯慟哭七日鬢毛班

淼淼望湖水青青蘆葉齊歸心落何處日没大江西

歇馬傍春草，欲行遠道迷。誰忍子規鳥，連聲向我啼。

郢門秋懷（荊州江夏岳陽）

郢門一爲客，巴月三成弦。朔風正搖落，行子愁歸旋。
杳杳山外日，茫茫江上天。人迷洞庭水，鴈度瀟湘煙。
清曠諧宿好，緇磷及此年。百齡何蕩漾，萬化相推遷。
空謁蒼梧帝，徒尋溟海仙。已聞蓬岳淺，豈見三桃圓。
倚劍增浩歎，捫襟還自憐。終當遊五湖，濯足滄浪泉。

至鴨欄驛上白馬磯贈裴侍御

側疊萬古石，横爲白馬磯。亂流若電轉，舉棹揚珠煇。
臨驛卷緹幕，升堂接繡衣。情親不避馬，爲我解霜威。

荊門浮舟望蜀江

春水月峽來浮舟望安極正見桃花流依然錦江色
江色渌且明茫茫與天平逶迤巴山盡遥曳楚雲行
雪照聚沙鴈花飛出谷鸎芳洲却已轉碧樹森森迎
流目浦煙夕揚帆海月生江陵識遥火應到渚宫城

上三峽

巫山夾青天巴水流若兹巴水忽可盡青天無到時
三朝上黄牛三暮行太遲三朝又三暮不覺鬢成絲

自巴東舟行經瞿唐峽登巫山最高峯晚還

題壁

江行幾千里海月十五圓始經瞿唐峽遂步巫山巔
巫山高不窮巴國盡所歷日邊攀垂蘿霞外倚穹石

飛步凌絶頂極目無纖煙却顧失丹壑仰觀臨青天青天若可捫銀漢去安在望雲知蒼梧記水辨瀛海周遊孤光晚歷覽幽意多積雪照空谷悲風鳴森柯歸途行欲曛佳趣尚未歇江寒早啼猿松暝已吐月月色何悠悠清猿響啾啾辭山不忍聽揮策還孤舟

早發白帝城一作白帝下江陵

朝辭白帝彩雲間千里江陵一日還兩岸猿聲啼不盡輕舟已過萬重山一作須史過却萬重山

秋下荆門

霜落荆門江樹空布帆無恙挂秋風此行不爲鱸魚鱠自愛名山入剡中

江行寄遠

刳木出吴楚危槎百餘尺疾風吹片帆日暮千里隔別時酒猶在已爲異鄉客思君不可得愁見江水碧

宿五松山下荀媪家 宣州

我宿五松下寂寥無所歡田家秋作苦鄰女夜舂寒跪進彫胡飯月光明素盤令人慙漂母三謝不能飡

下涇縣陵陽溪至澁灘

澁灘鳴嘈嘈兩山足猿猱白波若卷雪側石不容舠漁人與舟人撐折萬張篙

下陵陽㳂高溪三門六刺灘

三門橫峻灘六刺走波瀾石驚虎伏起水狀龍縈盤

何勲七里瀨使我欲垂竿

夜泊黄山聞殷十四吴吟

昨夜誰爲吴會吟風生萬壑振空林龍驚不敢水中卧猨嘯時聞巖下音我宿黄山碧溪月聽之却罷松間琴朝來果是滄洲逸酤酒提盤飯霜栗半酣更發江海聲客愁頓向盃中失

宿鰕湖

鷄鳴發黄山暝投鰕湖宿白雨映寒山森森似銀竹提攜採鉛客結荷水邊沐半夜四天開星河爛人目明晨大樓去崗隴多屈伏當與持斧翁前溪伐雲木

懷古

西施　吳越

西施越溪女出自苧羅山秀色掩今古荷花羞玉顏
浣紗弄碧水自與清波閑皓齒信難開沉吟碧雲間
勾踐徵絕艷揚蛾入吳關提攜館娃宮杳渺詎可攀
一破夫差國千秋竟不還

王右軍

右軍本清真瀟灑在風塵山陰遇羽客要此好鵝賓
掃素寫道經筆精妙入神書罷籠鵝去何曾別主人

上元夫人

上元誰夫人偏得王母嬌嵯峨三角髻餘髮散垂腰
裘披青毛錦身著赤霜袍手提嬴女兒閑與鳳吹簫

眉語兩自笑忽然隨風飄

蘇臺覽古

舊苑荒臺楊柳新菱歌春唱不勝春只今唯有江西月曽照吳王宫裏人

越中覽古

越王勾踐破吳歸義士還家盡錦衣宫女如花滿春殿只今唯有鷓鴣飛

商山四皓

白髮四老人昂藏南山側偃卧松雪間冥翳不可識雲牕拂青靄石壁横翠色龍虎方戰爭於焉自休息秦人失金鏡漢祖昇紫極陰虹濁太陽前星遂淪匿

一行佐明兩嶽起生羽翼功成身不居舒卷在胷臆窅冥合元化茫昧信難測飛聲塞天衢萬古仰遺迹

過四皓墓

我行至商洛幽獨訪神仙園綺復安在雲蘿尚宛然荒涼千古跡蕪没四墳連伊昔鍊金鼎何言閉玉泉隴寒唯有月松古漸無煙木魅風號去山精雨嘯旋紫芝高詠罷青史舊名傳今日併如此哀哉信可憐

峴山懷古

訪古登峴首憑高眺襄中天清遠峯出水落寒沙空弄珠見遊女醉酒（一作月）懷山公感歎發秋興長松鳴夜風

自廣平乘醉走馬六十里至邯鄲登城樓覽古書懷燕趙

醉騎白花駱（一作馬）西走邯鄲城揚鞭動柳色寫鞚春風生入郭登高樓山川與雲平深宮翳綠草（一作雄都半古冢）萬事傷人情相如章華巔猛氣折秦嬴兩虎不可鬬廉公終負荆提攜袴中兒杵臼及程嬰空孤獻白刃（一作立孤就白刃）必死耀丹誠平原三千客談笑盡豪英毛君能穎脫二國且同盟皆爲黃泉土使我涕縱橫磊磊石子崗蕭蕭白楊聲諸賢（一作賢豪）没此地碑版有殘銘太古共今時由來互衰榮傷哉何足道感激仰空（一作虛）名趙俗愛長劒文儒少逢迎閑從博陵（一作徒）遊帳飲雪朝酲

一作雪中醒歌酣易水動鼓震叢臺傾日落把燭歸凌晨向
燕京方陳五餌策一使胡塵清

蘇武

蘇武在匈奴十年持漢節白鴈上林飛空傳一書札
牧羊邊地苦落日歸心絶渴飲月窟氷飢餐天上雪
東還砂塞遠北愴河梁别泣把李陵衣相看淚成血

經下邳圯橋懷張子房淮泗

子房未虎嘯破産不爲家滄海得壯士椎秦博浪沙
報韓雖不成天地皆振動潛匿遊下邳豈曰非智勇
我來圯橋上懷古欽英風唯見碧流水曾無黃石公
歎息此人去蕭條徐泗空

月夜金陵懷古　金陵

蒼蒼金陵月，空懸帝王州。天文列宿在，霸（一作鼎）業大江流。淥水絶馳道，青松摧古丘。臺傾鳷鵲觀，宮沒鳳皇樓。別殿悲清暑，芳園罷樂遊。一聞歌玉樹，蕭瑟後庭秋（一作千古不勝愁）。

金陵三首

晉家南渡日，此地舊（一作即）長安。地即帝王宅，山爲龍虎盤（一作碧宇樓臺滿，青山龍虎盤）。金陵空壯觀，天塹（一作江塞）淨波瀾。醉客迴橈去，吴歌且自歎（一作誰云行路難）。

地擁金陵勢，城迴江（一作漢）水流。當時百萬户，夾道起朱樓。亡國生春草，離宮沒古丘。空餘後湖月，波上對

瀛洲

六代興亡國，三杯爲爾歌。苑方秦地少一作小，山似洛陽多。古殿吴花草，深宫晉綺羅。併隨人事滅，東逝與一作只滄波。

秋夜板橋浦汎月獨酌懷謝朓

天上何所有，迢迢白玉繩。斜低建章闕，耿耿對金陵。漢水舊如練，霜江夜清澄。長川瀉落月，洲渚曉寒凝。獨酌板橋浦，古人誰可徵。玄暉難再得，灑酒氣填膺。

金陵新亭

金陵風景好，豪士集新亭。舉目山河異，偏傷周顗情。四坐楚囚悲，不憂社稷傾。王公何慷慨，千載仰雄名。

過彭蠡湖 尋陽

謝公入彭蠡因此遊松門余方窺石鏡兼得窮江源前賞迹可見後來道空存而欲繼風雅豈唯清心魂雲海方助興波濤何足論青嶂憶遥月綠蘿鳴愁猿水碧或可採金膏祕莫言余將振衣去羽化出囂煩

入彭蠡經松門觀石鏡緬懷謝康樂題詩書遊覽之志 二篇或同或異故并録之

謝公之彭蠡因此遊松門余方窺石鏡兼得窮江源將欲繼風雅豈徒清心魂前賞逾所見後來道空存況屬臨泛美而無洲渚喧漾水向東去漳流直南奔空濛三川夕廻合千里昏青桂隱遥月綠楓鳴愁猿

水碧或可采金精祕莫論吾將學仙去冀與琴高言

盧江主人婦 宿松

孔雀東飛何處棲廬江小吏仲卿妻爲客裁縫石自見城烏獨宿夜空啼

陪宋中丞武昌夜飲懷古 江夏

清景南樓夜風流在武昌庾公愛秋月乘興坐胡牀龍笛吟寒水天河落曉霜我心還不淺懷古一作留客醉餘觴

望鸚鵡洲悲禰衡

魏帝營八極蟻觀一禰衡黄祖斗筲人殺之受惡名吴江賦鸚鵡落筆超羣英鏘鏘振金玉句句欲飛鳴

鷙鶚啄孤鳳千春傷我情五岳起方寸隱然詐可平
才高竟何施寡識冒天刑至今芳洲上蘭蕙不忍生

宿巫山下 巫峽

昨夜巫山下猿聲夢裏長桃花飛淥水三月下瞿塘
雨色風吹去南行拂楚王高丘懷宋玉訪古一霑裳

金陵白楊十字巷

白楊十字巷北夾湖溝道不見吳時人空生唐年草
天地有反覆宮城盡傾倒六帝餘古丘樵蘇泣遺老

謝公亭 蓋謝朓范雲之所游

謝亭離别處風景每生愁客散青天月山空碧水流
池花春映日牕竹夜鳴秋今古一相接長歌懷舊遊

紀南陵題五松山一作南陵五松山感時贈別山名銅坑村五里

聖達有去就潛光愚其德魚與龍同池龍去魚不測當時板築輩豈知傅說情一朝和一作雨殷人光氣爲列星伊尹生空桑捐庖佐皇極桐宮放太甲攝政無愧色三年帝道明委質終輔翼曠哉至人心萬古可爲則時命或大謬仲尼將一作其柰何鸞鳳忽覆巢麒麟不來過龜山蔽魯國有斧且無柯歸去來歸去來一作歸來歸去來宵濟越洪波

夜泊牛渚懷古此地即謝尚聞袁宏詠史處

牛渚西江夜青天無片雲登舟望秋月空憶謝將軍余亦能高詠斯人不可聞明朝挂帆席一作洞庭去楓葉落

紛紛一作正

姑熟十詠

姑熟谿

愛此溪水閑乘流興無極漾楫怕鷗驚垂竿待魚食波翻曉霞影岸疊春山色何處浣紗人紅顏未相識

丹陽湖

湖與元氣連風波浩難止天外賈客歸雲間片帆起龜遊蓮葉上鳥宿蘆花裏少女棹輕舟歌聲逐流水

謝公宅

青山日將暝寂寞謝公宅竹裏無人聲池中虚月白荒庭衰草徧廢井蒼苔積唯有清風閑時時起泉石

陵敲臺

曠望登古臺臺高極人目疊嶂列遠空雜花間平陸
閑雲入牕牖野翠生松竹欲覽碑上文苔侵豈堪讀

桓公井

桓公名已古廢井曾未竭石甃冷蒼苔寒泉湛孤月
秋來桐暫落春至桃還發路遠人罕窺誰能見清澈

慈姥竹

野竹攢石生含仲映江島翠色落波深虛聲帶寒早
龍吟曾未聽鳳曲吹應好不學蒲柳凋貞心常自保

望夫山

寫望臨碧空怨情感離別江草不知愁巖花但爭發

雲山萬重隔音信千里絶春去秋復來相思幾時歇

牛渚磯

絶壁臨巨川連峯勢相向亂石流洑間迴波自成浪
但驚羣木秀莫測精靈狀更聽猿夜啼憂心醉江上

靈墟山

丁令辭世人拂衣向仙路伏鍊九丹成方隨五雲去
松蘿蔽幽洞桃杏深隱處不知曾化鶴遼海歸幾度

天門山

迴出江上山雙峯自相對岸映松色寒石分浪花碎
參差遠天際縹緲晴霞外落日舟去遥迴首沉青靄

李太白文集卷第二十

李太白文集卷第二十一

歌詩四十七首

閑適

與元丹丘方城寺談玄作 蜀中一作仙城山寺

茫茫大夢中唯我獨先覺騰轉風火來假合作容貌
滅除昏疑盡領略入精要澄慮觀此身因得通寂照
朗悟前後際始知金仙妙幸逢禪居人酌玉坐相召
彼我俱若喪雲山豈殊調清風生虛空明月見談笑
怡然青蓮宮永願恣遊眺

尋高鳳石門山中元丹丘 楚漢

尋幽無前期乘興不覺遠蒼崖渺難涉白日忽欲晚

未窮三四山已歷千萬轉寂寂聞猿愁行行見雲收高松上好月空谷宜清秋谿深古雪在石斷寒泉流峯巒秀中天登眺不可盡丹丘遥相呼顧我忽而哂遂造窮谷間始知静者閑留歡達永夜清曉方言還

安州般若寺水閣納涼喜遇薛貟外乂 安州

翛然金園賞遠近含晴光樓臺成海氣草木皆天香忽逢青雲士共解丹霞裳水退池上熱風生松下涼呑討破萬象褰窺臨衆芳而我遺有漏與君用無方心垢都已滅永言題禪房

魯中都東樓醉起作 魯中

昨日東樓醉一作東城飲還應一作歸來倒接䍦阿誰扶上馬不

省下樓時

對酒醉題屈突明府廳 吳中

陶令八十日，長歌歸去來。故人建昌宰，借問幾時迴。風落吳江雪，紛紛入酒杯。山翁今已醉，舞袖爲君開。

月下獨酌四首 長安

花間一作下一壺酒，獨酌無相親。舉盃邀明月，對影成三人。月既不解飲，影徒隨我身。暫伴月將影，行樂須及春。我歌月徘徊，我舞影凌亂。醒時同交歡，醉後各分散。永結無情遊，相期邈雲漢。

天若不愛酒，酒星不在天。地若不愛酒，地應無酒泉。天地既愛酒，愛酒不愧天。已聞清比聖，復道濁如賢。

賢聖既已飲何必求神仙三盃通大道一斗合自然
但得醉中趣勿爲醒者傳
三月咸陽時（一作城）千花晝如錦（一作好鳥吟清風落花散如錦又作園鳥語成歌庭花笑如錦）誰能春獨愁對此徑須飲窮通與脩短造化夙所稟一樽齊死生萬事固難審醉後失天地兀然就孤枕不知有吾身此樂最爲甚
窮愁千萬端（一作有千端）美酒三百杯（一作唯數杯）愁多酒雖少酒傾愁不來所以知酒聖（一作聖賢）酒酣心自開辭粟卧首陽（一作伯夷餓）屢空飢（一作悲）顏回當代不樂飲虛名安用哉蟹螯即金液糟丘是蓬萊且須飲美酒乘月醉高臺

春歸終南山松龍舊隱

我來南山陽事事不異昔却尋溪中水還望巖下石
薔薇緣東牕女蘿遶北壁别來能幾日草木長數尺
且復命酒樽獨酌陶永夕

冬夜醉宿龍門覺起言志洛陽

醉來脱寶劒旅憩高堂眠中夜忽驚覺起立明燈前
開軒聊直望曉雪河冰壯哀哀歌苦寒鬱鬱獨惆悵
傅説板築臣李斯鷹犬人驟起匡社稷寧復長艱辛
而我胡爲者歎息龍門下富貴未可期殷憂向誰寫
去去漠滿襟舉聲梁甫吟青雲當自致何必求知音

尋山僧不遇作金陵

石徑入丹壑松門閉青苔閑階有鳥跡禪室無人開
窺牕見白拂挂壁生塵埃使我空歎息欲去仍徘徊
香雲徧山起花雨從天來已有空樂好況聞青猿哀
了然絶世事此地方悠哉

過汪氏別業二首

遊山誰可遊子明與浮丘疊嶺礙河漢連峯横斗牛
汪生面北阜池館清且幽我來感意氣搥炰列珍羞
掃石待歸月開池漲寒流酒酣益爽氣爲樂不知秋
疇昔未識君知君好賢才隨山起館宇鑿石營池臺
大火五月中景風從南來數枝石榴發一丈荷花開
恨不當此時相過醉金罍我行值木落月苦清猿哀

永夜達五更，吴歈送瓊盃。酒酣欲起舞，四座歌相催。日出遠海明，軒車且徘徊。更遊龍潭去，枕石拂莓苔。

待酒不至

玉壺繫青絲，沽酒來何遲。山花向我笑，正好銜盃時。晚酌東牕下，流鶯復在兹。春風與醉客，今日乃相宜。

獨酌

春草如有意，羅生玉堂陰。東風吹愁來，白髮坐相侵。獨酌勸孤影，閑歌面芳林。長松爾何知（一作無情）本蕭瑟，爲誰吟。手舞石上月，膝横花間琴。過此一壺外，悠悠非我心。（一本去：春草變緑野，新鶯有佳音。落日不盡歡，恐爲愁所侵。獨酌勸孤影，閑歌面芳林。清風尋空來，碧松與共吟。手舞石上月，膝横花下琴。過此一壺外，悠悠非我心。）

友人會宿

滌蕩千古愁留連百壺飲良宵宜清談皓月(一作然)未能寢醉來卧空山天地即衾枕

春日獨酌二首

東風扇淑氣水木榮春暉白日照綠草落花散且飛孤雲還空山衆鳥各已歸彼物皆有託吾生獨無依對此石上月長歌醉芳菲

我有紫霞想緬懷滄洲間且對一壺酒澹然萬事閑橫琴倚高松把酒望遠山長空去鳥沒落日孤雲還但悲光景晚宿昔成秋顏

金陵江上遇蓬池隱者(時於落星石上以紫綺裘換酒爲歡)

心愛名山遊身隨名山遠羅浮麻姑臺此去或未返
遇君蓬池隱就我石上飯空言不成歡強笑惜日晚
緑水向鴈門黄雲蔽龍山歎息兩客鳥徘徊吴越間
一語一執手留連夜將久解我紫綺裘且换金陵酒
酒來笑復歌興酣樂事多水影弄月色清光奈愁何
明晨挂帆席離恨滿滄波

月夜聽盧子順彈琴

閑夜坐明月幽人彈素琴忽聞悲風調宛若寒松吟
白雪亂纖手淥水清虚心鍾期久已殁世上無知音

青溪半夜聞笛 秋浦

羌笛梅花引吴溪隴水清情一作寒山秋浦月一作空山滿明

月腸斷玉關情（一作聲）

日夕山中忽然有懷（廬山）

久卧名（一作青）山雲遂爲名（一作青）山客山深（一作春）雲更好賞弄終日夕月銜樓間峯泉漱階下石素心自此得眞趣非外借鼯啼桂方秋風滅籟歸寂緬思洪崖術欲往滄海（一作島）隔雲車來何遲撫已空歎息

夏日山中

嬾摇白羽扇躶袒青林中脫巾挂石壁露頂灑松風

山中與幽人對酌

兩人對酌山花開一盃一盃復一盃我醉欲眠卿且去明朝有意抱琴來

春日醉起言志

處世若大夢胡爲勞其生所以終日醉頹然卧前楹
覺來眄庭前一鳥花間鳴借問此何時春風語流鶯
感之欲歎息對酒還自傾浩歌待明月曲盡已忘情

廬山東林寺夜懷

我尋青蓮宇獨往謝城闕霜清東林鍾水白虎溪月
天香生虚空天樂鳴不歇宴坐寂不動大千入毫髮
湛然冥眞心曠劫斷出没

尋雍尊師隱居

羣峭碧磨天逍遥不記年撥雲尋古道倚樹聽流泉
花暖青牛卧松高白鶴眠語來江色暮獨自下寒煙

與史郎中飲聽黃鶴樓上吹笛 江夏

一爲遷客去長沙西望長安不見家黃鶴樓中吹玉笛江城五月落梅花

對酒

勸君莫拒盃春風笑人來桃李如舊識傾花向我開流鸎啼碧樹明月窺金罍昨來朱顏子今日白髮催棘生石虎殿鹿走姑蘇臺自古帝王宅城闕閉黃埃君若不飲酒昔人安在哉

醉題王漢陽廳

我似鷓鴣鳥南遷嬾北飛時尋漢陽令取醉月中歸

嘲王歷陽不肯飲酒 歷陽

地白風色寒雪花大如手笑殺陶泉明不飲盃中酒
浪撫一張琴虛栽五株柳空負頭上巾吾於爾何有

獨坐敬亭山 宣城

衆鳥高飛盡孤雲獨去閑相看兩不厭只有敬亭山

自遣

對酒不覺暝落花盈我衣醉起步溪月鳥還人亦稀

訪戴天山道士不遇

犬吠水聲中桃花帶露濃樹深時見鹿溪午不聞鍾
野竹分青靄飛泉挂碧峯無人知所去愁倚兩三松

秋日與張少府楚城韋公藏書高齋作

日下空亭暮城荒古跡餘地形連海盡天影落江虛

舊賞人雖隔新知樂未踈綵雲思作賦丹壁間藏書
查擁隨流葉萍開出水魚夕來秋興滿回首意何如

懷思

秋夜獨坐懷故山 去長安後

小隱慕安石遠遊學子平天書訪江海雲卧起咸京
入侍瑶池宴出陪玉輦行誇胡新賦作諫獵短書成
但奉紫霄顧非邀青史名莊周空說劒墨翟恥論兵
拙薄遂踈絶歸閑事耦耕顧無蒼生望空愛紫芝榮
寥落暝霞色微茫舊壑情秋山緑蘿月今夕爲誰明

憶崔郎中宗之遊南陽遺吾孔子琴撫之潸
然感舊

昔在南陽城唯餐獨山蕨憶與崔宗之白水弄素月
時過菊潭上縱酒無休歇汎此黄金花頽然清歌發
一朝摧玉樹生死殊飄忽留我孔子琴琴存人已没
誰傳廣陵散但哭邙山骨泉户何時明長歸狐兎窟

憶東山二首

不向東山久薔薇幾度花白雲他自散明月落誰家
我今携謝妓長嘯絶人羣欲報東山客開關掃白雲

望月有懷

清泉映疎松不知幾千古寒月摇輕波流光入牕户
對此空長吟思君意何深無因見安道興盡愁人心

對酒憶賀監二首并序

太子賓客賀公於長安紫極宫一見余呼余爲謫仙人因解金龜换酒爲樂没後對酒悵然有懷而作是詩

四明有狂客風流（一作霞衣）賀季真長安一相見呼我謫仙人昔好盃中物翻（一作今）爲松下塵金龜换酒處却憶淚沾巾

狂客歸四明山陰道士迎勅賜鏡湖水爲君臺沼榮人亡餘故宅空有荷花生念此杳如夢凄然傷我情

重憶一首

欲向江東去定將誰舉杯稽山無賀老却棹酒船回

春滯沅湘有懷山中

沅湘春色還風暖煙草緑古之傷心人於此腸斷續
予非懷沙客但美採菱曲所願歸東山寸心於此足

落日憶山中

雨後烟景緑晴天散餘霞東風隨春歸發我枝上花
花落時欲暮見此令人嗟願遊名山去學道飛丹砂

憶秋浦桃花舊遊時竄夜郎

桃花春水生白石今出没摇蕩女蘿枝半挂青天月
不知舊行徑初拳幾枝蕨三載夜郎還於茲鍊金骨

李太白集卷第二十一

李太白文集卷第二十二

歌詩四十五首

感遇

越中秋懷

越水遶碧山周迴數千里乃是天鏡中分明畫相似（一本首四句云蹈海思仲連遊山慕康樂攀雲窮千峯弄水涉萬壑下同）愛此從冥搜永懷臨端遊（一作林端幽）一為滄波客十見紅蕖秋觀濤壯天險望海令人愁路遐迫西照歲晚悲東流何必探禹穴誓將歸蓬丘不然五湖上亦可乘扁舟

效古二首

朝入天苑中謁帝蓬萊宮青山映輦道碧樹搖煙空

謬題金閨籍得與銀臺通待詔奉明主抽毫頌清風
歸時落日晚躞蹀浮雲驄人馬本無意飛馳自豪雄
入門紫鴛鴦金井雙梧桐清歌弦古曲美酒沽新豐
快意且爲樂列筵坐羣公光景不可留生世如轉蓬
早達勝晚遇羞比垂釣翁

自古有秀色西施與東鄰蛾眉不可妬況乃効其嚬
所以尹婕妤羞見邢夫人低頭不出氣塞默少精神
寄語無鹽子如君何足珍

感寓二首

寶劒雙蛟龍雪花照芙蓉精光射天地雷騰不可衝
一去別金匣飛沉失相從風胡歿已久一作聖人歿已久所

以潛其鋒吴水深萬丈楚山邈千重雌雄終不隔神物會當逢

咸陽二三月百鳥鳴花枝（一作宮柳黄金枝）玉劍誰家子西秦豪俠兒（一作緣幘誰家子賣珠輕薄兒）日暮醉酒歸白馬驕且馳意氣人所仰（一作傾）遊冶方及時子雲不曉事晚獻長楊詞賦達身已老草玄鬢若絲投閣良可歎但爲此輩嗤

擬古十二首

青天何歷歷明星白如石黄姑與織女相去不盈尺銀河無鵲橋非時將安適閨人理紈素遊子悲行役瓶冰知冬寒霜露欺遠客客似秋葉飛飄颻不言歸

别後羅帶長愁寬去時衣乘月託宵夢因之寄金徽

高樓入青天下有白玉堂明月看欲墮當牕懸清光
遥夜一美人羅衣霑秋霜含情弄柔瑟彈作陌上桑
弦聲何激烈風卷繞飛梁行人皆躑躅棲鳥去回翔
但寫妾意苦莫辭此曲傷願逢同心者飛作紫鴛鴦

長繩難繫日自古共悲辛黄金高北斗不惜買陽春
石火無留光還如世中人即事已如夢後來我誰身
提壺莫辭貧取酒會四鄰仙人殊恍惚未若醉中真

清都緑玉樹灼爍瑶臺春攀花弄秀色遠贈天仙人
香風送紫蘂直到扶桑津恥掇世上豔所貴心之珍
相思傳一笑聊欲示情親

今日風日好明日恐不如春風笑於人何乃愁自居
吹簫舞彩鳳酌醴鱠神魚千金買一醉取樂不求餘
達士遺天地東門有二蹤愚夫同瓦石有才知卷舒
無事坐悲苦塊然涸轍魚
運速天地閉胡風結飛霜百草死冬月六龍頹西荒
太白出東方彗星揚精光鴛鴦非越鳥何爲眷南翔
惟昔鷹將犬今爲侯與王得水成蛟龍爭池奪鳳皇
北斗不酌酒南箕空簸揚
世路今太行迴車竟何託萬族皆凋枯遂無少可樂
曠野多白骨幽魂共銷鑠榮貴當及時春華宜照灼
人非崑山玉安得長璀錯身沒期不朽榮名在麟閣

月色不可掃客愁不可道玉露生秋衣流螢飛百草日月終銷毁天地同枯槁蟪蛄啼青松安見此樹老金丹寧誤俗昧者難精討爾非千歲翁多恨去世早飲酒入玉壺藏身以爲寶

生者爲過客死者爲歸人天地一逆旅同悲萬古塵月兎空擣藥扶桑已成以一作爲薪白骨寂無言青松豈知春前後更歎息浮榮何足珍

仙人騎綵鳳昨下閬風岑海水三清淺桃源一見尋遺我緑玉盃兼之紫瓊琴盃以傾美酒琴以閑素心二物非世有何論珠與金琴彈松裏風盃勸天上月風月長相知世人何倏忽

涉江弄秋水愛此荷花鮮攀荷弄其珠蕩漾不成圓
佳期綵雲重欲贈隔遠天相思無由見悵望涼風前
去去復去去辭君還憶君漢水既殊流楚山亦此分
人生難稱意豈得長爲羣越鷰喜海日燕鴻思朔雲
別久容華晚琅玕不能飯日落知天昏夢長覺道遠
望夫登高山化石竟不返

感興八首

瑶姬天帝女精彩化朝雲宛轉入夢宵無心向楚君
錦衾抱秋月綺席空蘭芬茫昧竟誰測虛傳宋玉文
洛浦有宓妃飄飄雪爭飛輕雲拂素月了可見清輝
解珮欲西走含情詎相違香塵動羅襪淥水不沾衣

陳王徒作賦神女豈同歸好色傷大雅多爲世所譏
裂素持作書將寄萬里懷眷眷待遠信竟歲無人來
征鴻務從陽又不爲我棲委之在深篋蠹魚壞其題
何如投火中流落他人開不惜他人開但恐生是非
芙蓉嬌緑波桃李誇白日偶蒙春風榮生此豔陽質
豈無佳人色但恐花不實宛轉龍火飛零落互相失
詎知凌寒松千載長守一
十五遊神仙仙遊未曾歇吹笙吟松風汎瑟窺海月
西山玉童子使我鍊金骨欲逐黃鶴飛相呼向蓬闕
西國有美女結樓青雲端蛾眉豔曉月一笑傾城歡
高節奪明主烱心如凝丹常恐彩色晚不爲人所觀

安得配君子共成雙飛鸞

揭來荆山客誰爲珉玉分良寶絶見弃虚持三獻君直木忌先伐芬蘭哀自焚盈滿天所損沉冥道所羣

東海有碧水西山多白雲魯連及夷齊可以躡清芬

嘉穀隱豐草草深苗且稀農夫旣不異孤穗將安歸常恐委疇隴忽與秋蓬飛烏得薦宗廟爲君生光輝

寓言三首

周公負斧扆成王何夔夔武王昔不豫剪爪投河湄賢聖遇讒慝不免人君疑天風拔大木禾黍咸傷萎管蔡扇蒼蠅公賦鴟鴞詩金縢若不啓忠信誰明之

遥裔雙綵鳳婉孌三青禽往還瑶臺裏鳴舞玉山岑

以歡秦娥意復得王母心驅驅精衛鳥銜木空哀吟
長安春色歸先入青門道緑楊不自持從風欲傾倒
海鷰還秦宮雙飛入簾櫳相思不可見託夢遼城東

秋夕旅懷

涼風度秋海吹我鄉思飛連山去無際流水何時歸
日夕浮雲色心斷明月暉芳草歇柔艷白露催寒衣
夢長銀漢落覺罷天星稀含歎想舊國泣下誰能揮

感遇四首

吾愛王子晉得道伊洛濵金骨既不毀玉顔長自春
可憐浮丘公猗靡與情親舉手白日間分明謝時人
二仙去已遠夢想空殷勤

可歎東籬菊莖疎葉且微雖言異蘭蕙亦自有芳菲
未汎盈樽酒徒沾清露輝當榮君不採飄落欲何依
昔余聞常娥竊藥駐雲髮不自嬌玉顔方希鍊金骨
飛去身莫返含笑坐明月紫宫誇蛾眉隨手會凋歇
宋玉事楚王立身本高絜巫山賦綵雲郢路歌白雪
舉國莫能和巴人皆卷舌一感登徒言恩情遂中絶

寫懷

翰林讀書言懷呈集賢院内諸學士 長安

晨趨紫禁中夕待金門詔觀書散遺帙探古窮至妙
片言茍會心掩卷忽而笑青蠅易相點白雪難同調
本是疎散人屢貽褊促誚雲天屬清朗林壑憶遊眺

或時清風來閑倚欄（一作簷）下嘯嚴光桐廬溪謝客臨海
嶠功成謝人君（一作間）從此一投釣

尋陽紫極宮感秋作

何處聞秋聲翛翛北牕竹迴薄萬古心攬之不盈掬
靜坐觀衆妙浩然媚幽獨白雲南山來就我簷下宿
嬾從唐生決羞訪季主卜四十九年非一往不可復
野情轉蕭散世道有飜覆陶令歸去來田家酒應熟

江上秋懷

餐霞臥舊壑散髮謝遠遊山蟬號枯桑始復知天秋
朔鴈別海裔越鷰辭江樓颯颯風卷沙茫茫霧縈洲
黃雲結暮色白水揚寒流惻愴心自悲潺湲淚難收

衡蘭方蕭瑟長歎令人愁

秋夕書懷（一作秋日南遊書懷）

北風吹海鴈南度落寒聲感此瀟湘客悽其流浪情

海懷結滄洲（一作遠心飛著梧）霞（一作遐）想遥（一作游）赤城始探蓬壺

事（一作始採蓬壺術）旋覺天地輕澹然吟（一作思）高秋閑卧瞻太

清蘿月掩（一作隱）空幕松霜皓（一作雲散）前楹滅見息羣動獵

微窮至精桃花有源水可以保吾生

避地司空原言懷（舒州）

南風昔不競豪聖思經綸劉琨與祖逖起舞鷄鳴晨

雖有匡濟心終爲樂禍人我則異於是潛光皖水濵

卜築司空原北將天柱鄰雪霽萬里月雲開九江春

俟乎太階平然後託微身領家事金鼎年皃何長新
所願得此道終然保清真弄景奔日馭攀星戲河津
一隨王喬去長年玉天賔

南奔書懷一作自丹陽南奔道中作

遥夜何漫漫一作何時旦空歌白石爛寗戚未匡齊陳平終
佐漢欃槍掃河洛直割鴻溝半歷數方未遷雲雷屢
一作起多難天人秉旄鉞虎竹光藩翰侍筆黃金臺傳觴
青玉案不因秋風起自有思歸歎主將動讒疑王師
忽離叛自來白沙上一作兵羅滄海上鼓噪丹陽岸賔御如
浮雲從風各消散舟中指可掬城上骸爭爨草草出
近關行行昧前筭南奔劇星火北寇無涯畔顧乏七

寶鞭留連道邊翫太白夜食昴長虹日中貫秦趙興
天兵茫茫九州亂感遇一作結明主恩顧髙祖逖言過江
誓流水志在清中原拔劒擊前柱悲歌難重論

上崔相百憂章四言時在尋陽獄

共工赫怒天維中摧鯤鯨噴蕩揚濤起雷魚龍陷人
成此禍胎火焚昆山玉石相磓仰希霖雨灑寶炎煨
箭發石開戈揮日迴鄒衍慟哭燕霜颯來微誠不感
猶贅一作縶夏臺蒼鷹搏攫丹棘崔嵬豪聖凋枯王風傷
哀斯文未喪東岳豈頽穆逃楚難鄒脫吳災見機苦
遲二公所咍驥不驟進麟何來哉星離一門草擲二
孩萬憤結緝一作縎憂從中催金瑟玉壺盡爲愁媒舉酒

大息泣血盈盃台星再朗天網重恢屈法申恩弃瑕取材治長非罪尼父無猜覆盆儻舉應照寒灰

萬憤詞投魏郎中

海水渤潏人羅鯨鯢蓊胡沙而四塞始滔天於燕齊何六龍之浩蕩遷白日於秦西九土星分嗷嗷悽悽南冠君子呼天而啼戀高堂而掩泣淚血地而成泥獄戶春而不草獨幽怨而沉迷兄九江兮弟三峽悲羽化之難齊穆陵關北愁愛子豫章天南隔老妻一門骨肉散百草遇難不復相提攜樹榛拔桂囚鸞寵雞舜昔授禹伯成耕犁德自此衰吾將安棲好我者恤我不好我者何忍臨危而相擠子胥鴟夷彭越醢

醢自古豪烈胡爲此繄蒼蒼之天高乎視低如其聽卑脫我牢狴儻辨美玉君收白珪

荆州賊亂臨洞庭言懷作

脩虵橫洞庭吞象臨江島積骨成巴陵遺言聞楚老水窮三苗國地窄三湘道歲晏天崢嶸時危人枯槁思歸阻喪亂去國傷懷抱郢路方丘墟章華亦傾倒風悲猿嘯苦木落鴻飛早日隱西赤沙月明東城草關河望已絕氛霧行當掃長叫天可聞吾將問蒼昊

覽鏡書懷

得道無古今失道還衰老自笑鏡中人白髮如霜草捫心空歎息問影何枯槁桃李竟何言終成南山皓

田園言懷

賈誼三年謫班超萬里侯何如牽白犢飲水對清流

江南春懷

青春幾何時黃鳥鳴不歇天涯失鄉(一作歸)路江外老華髮心飛秦塞雲影滞楚關月身世殊爛漫田園久蕪没歲晏何所從長歌謝金闕

李太白文集卷第二十二

李太白文集卷第二十三

歌詩五十三首

詠物

聽蜀僧濬彈琴 蜀中

蜀僧抱緑綺西下峩眉峯為我一揮手如聽萬壑松
客心洗流水餘響入霜鍾不覺碧山暮秋雲暗幾重

魯東門觀刈蒲 魯中

魯國寒事早初霜刈渚蒲揮鎌若轉月拂水生連珠
此草最可珍何必貴龍鬚織作玉牀席欣承清夜娛
羅衣能再拂不畏素塵蕪

詠鄰女東牕海石榴

魯女東䆫下海榴世所稀珊瑚映渌水未足比光輝
清香隨風發落日好鳥歸願爲東南枝低舉拂羅衣
無由一攀折引領望金扉

南軒松

南軒有孤松柯葉自綿冪清風無閑時蕭灑終日夕
陰生古苔緑色染秋煙碧何當凌雲霄直上數千尺

詠山樽二首前一首一作詠柳少府山癭木樽

蟠木不凋飾且將斧斤疎樽成山岳勢材是棟梁餘
外與金罍並中涵玉醴虛慙君垂拂拭遂忝玳筵居
擁腫寒山木嵌空成酒樽愧無江海量偃蹇在君門

初出金門尋王侍御不遇詠壁上鸚鵡一作翂放

歸山留別陸侍御不遇詠鸚鵡

落羽辭金殿孤鳴託繡衣能言終見棄還向隴山飛

紫藤樹

紫藤挂雲木花蔓宜陽春密葉隱歌鳥香風留美人

觀放白鷹二首

八月邊風高胡鷹白錦毛孤飛一片雪百里見秋毫

寒冬十二月蒼鷹八九毛寄言燕雀莫相啅自有雲霄萬里高

觀博平王志安少府山水粉圖

粉壁爲空天丹青狀江海游雲不知歸日見白鷗在

博平真人王志安沉吟至此願挂冠松溪石磴帶秋

色愁客思歸生曉寒

題雍丘崔明府丹竈

美人爲政本忘機服藥求仙事不違葉縣已泥丹竈畢瀛州當伴赤松歸先師有訣神將助大聖無心火自飛九轉但能生羽翼雙鳧忽去定何依

觀元丹丘坐巫山屏風

昔遊三峽見巫山見畫巫山宛相似疑是天邊十二峯飛入君家綵屏裏寒松蕭颯如有聲陽臺微茫如有情錦衾瑶席何寂寂楚王神女徒盈盈高咫尺如千里翠屏丹崖粲如綺蒼蒼遠樹圍荊門歷歷行舟汎巴水水石潺湲萬壑分烟光草色俱氤氛溪花笑

日何年發江客聽猨幾歲聞使人對此心緬邈疑入
高丘夢綵雲

求崔山人百丈崖瀑布圖

百丈素崖裂四山丹壁開龍潭中噴射晝夜生風雷
但見瀑泉落如潨雲漢來聞君寫真圖島嶼備縈迴
石黛刷幽草曾青澤古苔幽緘儻相傳何必向天台

見野草中有名白頭翁者

醉入田家去行歌荒野中如何青草裏亦有白頭翁
折取對明鏡宛將衰鬢同微芳似相誚流恨向東風

流夜郎題葵葉

慙君能衛足歎我遠移根白日如分照還歸守故園

瑩禪師房觀山海圖

眞僧閑精宇滅跡含達觀列嶂圖雲山攢峯入霄漢丹崖森在目清晝疑卷幔蓬壺來軒牕瀛海入几桉烟濤爭噴薄島嶼相凌亂征帆飄空中瀑水灑天半崢嶸若可陟想像徒盈歎杳與眞心冥遂諧靜者翫如登赤城裏揭涉滄洲畔即事能娛人從玆得蕭散

白鷺鷥

白鷺下秋水孤飛如墜霜心閑且未去獨立沙洲傍

詠桂二首

園花笑芳年池草豔春色猶不如槿花嬋娟玉階側芬榮何夭促零落在瞬息豈若瓊樹枝終歲長翕赩

世人種桃李多在金張門攀折爭捷徑及此春風暄
一朝天霜下榮耀難久存安知南山桂緑葉垂芳根
清隂亦可託何惜樹君園

白胡桃

紅羅袖裏分明見白玉盤中看却無疑是老僧休念
誦腕前推下水精珠

巫山枕障

巫山枕障畫高丘白帝城邊樹色秋朝雲夜入無行
處巴水橫天更不流

庭前晚開花

西王母桃種我家三千陽春始一花結實苦遲爲人

笑攀折唧唧長咨嗟

宣城長史弟昭贈余琴溪中雙舞鶴詩以見志

令弟佐宣城贈余琴溪鶴謂言天涯雪忽向牕前落白玉爲毛衣黄金不肯博當風振六翮對舞臨山閣顧我如有情長鳴似相託何當駕此物與爾騰寥廓

題詠

題隨州紫陽先生壁

神農好長生風俗久已成復聞紫陽客早署丹臺名喘息飡妙氣步虚吟真聲道與古仙合心將元化并樓疑出蓬海鶴似飛玉京松雪牕外曉池水階下明忽躭笙歌樂頓失軒冕情終願惠金液提攜凌太清

題元丹丘山居

故人棲東山自愛丘壑美青春卧空林白日猶不起
松風清襟袖石潭洗心耳羨君無紛喧高枕碧霞裏

題元丹丘潁陽山居 并序

丹丘家于潁陽新卜別業其地北倚馬嶺連峯嵩丘南瞻鹿臺極目汝海雲巖映鬱有佳致焉白從之遊故有此作

仙遊渡潁水訪隱同元君忽遺蒼生望獨與洪崖羣
卜地初晦跡興言且成文却顧北山斷前瞻南嶺分
遥通汝海月不隔嵩丘雲之子合逸趣而我欽清芬
舉跡倚松石談笑迷朝曛終願狎青鳥拂衣棲江濆

題瓜洲新河餞族叔舍人賁

齊公鑿新河萬古流不絕豐功利生人天地同朽滅兩橋對雙閣芳樹有行列愛此如甘棠誰云敢攀折吴關倚此固天險自兹設海水落斗門潮平見沙汭我行送季父弭棹徒流悦楊花滿江來疑是龍山雪惜此林下興愴爲山陽别瞻望清路塵歸來空寂蔑

洗脚亭

白道向姑熟洪亭臨道旁前有吴時井下有五丈牀樵女洗素足行人歇金裝西望白鳥洲蘆花似朝霜送君此時去回首淚成行

勞勞亭

天下傷心處勞勞送客亭春風知別苦不遣柳條青

題金陵王處士水亭此亭蓋齊朝南苑又是陸機故宅

王子耽玄言賢豪多在門好鵝尋道士愛竹嘯名園樹色老一作秀荒苑池光蕩華軒此堂見明月更憶陸平原掃地青玉簟爲余置金樽醉罷一作後欲歸去花枝宿鳥喧何時復來此再一作更得洗囂煩

題嵩山逸人元丹丘山居并序

白久在廬霍元公近遊嵩山故交深情出處無間岳信頻及許爲主人欣然適會本意當冀長往不返欲便舉家就之兼書共遊因有此贈

家本紫雲山道風未淪落況懷丹丘志沖賞歸寂寞

朅來遊閩荒捫涉窮禹鑿夤緣泛潮海偃蹇陟廬霍
憑雷躡天窻弄景憩霞閣且欣登眺美頗愜隱淪諾
三山曠幽期四岳聊所託故人契嵩潁高義炳丹臒
滅迹遺紛囂終言本峯壑自矜林湍好不羨市朝樂
偶與真意并頓覺世情薄爾能折芳桂吾亦採蘭若
拙妻好乘鸞嬌女愛飛鶴提攜訪神仙從此鍊金藥

題江夏脩靜寺 此寺是李北海舊宅

我家北海宅作寺南江濵空庭無玉樹高殿坐幽人
書帶留青草琴堂一作臺冪素塵平生種桃李寂滅不成春

攺九子山爲九華山聯句 并序

青陽縣南有九子山山高數千丈上有九峯如蓮華

按圖徵名無所依據太史公南遊略而不書事絕古老之口復闕名賢之紀雖靈仙往復而賦詠罕聞予乃削其舊號加以九華之目時訪道江漢憩於夏侯迴之堂開簷岸幘坐眺松雪因與二三子聯句傳之將來

妙有分二氣靈山開九華李白層標遏遲日半壁明朝霞高霽積雪曜陰壑飛流歘陽崖韋權輿權作灌青熒玉樹色縹緲羽人家李白

題宛谿館

吾憐宛谿好百尺照心明一作久照心益明何謝新安水千尋見底清白沙留月色綠竹助秋聲却笑嚴湍上于今

獨擅名

題東谿公幽居

杜陵賢人清且廉東谿卜築歲將淹宅近青山同謝朓門垂碧柳似陶潛好鳥迎春歌後院飛花送酒舞前簷客到但知留一醉盤中秖有水精鹽

雜詠

嘲魯儒

魯叟談五經白髮死章句問以經濟策茫如墜煙霧足著遠遊履首戴方頭巾緩步從直道未行先起塵秦家丞相府不重褒衣人君非叔孫通與我本殊倫時事且未達歸耕汶水濵

懼讒

二桃殺三士詎假劒如霜衆女姤蛾眉雙花競春芳
魏姝信鄭袖掩袂對懷王一惑巧言子朱顔成死一作損
傷行將泣團扇戚戚愁人腸

觀獵

太守耀清威乘閑弄晚輝江沙横獵騎山火繞行圍
箭逐雲鴻落鷹隨月兎飛不知白日暮歡賞夜方歸

觀胡人吹笛

胡人吹玉笛一半是秦聲十月吴山曉梅花落敬亭
愁聞出塞曲淚滿逐臣纓却望長安道空懷戀主情

軍行

騮馬新跨一作誇白玉鞍戰罷沙場月色寒城頭鐵鼓聲
猶震匣裏金刀血未乾

從軍行

百戰沙場碎鐵衣城南已合數重圍突營射殺呼延
將獨領殘兵千騎歸

平虜將軍妻

平虜將軍婦入門二十年君心自不悦妾寵豈能專
出解牀前帳行吟道上篇古人不唾井莫忘昔纏綿

春夜洛城聞笛

誰家玉笛暗飛聲散入春風滿洛城此夜曲中聞折
柳何人不起故園情

嵩山採菖蒲者

神人多古貌雙耳下垂肩嵩岳逢漢武疑是九疑仙
我來採菖蒲服食可延年言終忽不見滅影入雲煙
喻帝竟莫悟終歸茂陵田

金陵聽韓侍御吹笛

韓公吹玉笛倜儻流英音風吹繞鍾山萬壑皆龍吟
王子停鳳管師襄掩瑶琴餘響渡江去天涯安可尋

流夜郎聞酺不預

北闕聖人歌大康南冠君子竄遐荒漢酺聞奏鈞天
樂願得風吹到夜郎

放後遇恩不霑

天作雲與雷霈然德澤開東風日本至白雉越裳來獨棄長沙國三年未許回何時入宣室更問洛陽才

宣城見杜鵑花

蜀國曾聞子規鳥宣城還見杜鵑花一叫一迴腸一斷三春三月憶三巴

白田馬上聞鶯

黃鸝啄紫椹五月鳴桑枝我行不記日誤作陽春時蠶老客未歸白田已繅絲（一作吴人欲蚕絲）驅馬又前去捫心空自悲（一作嗤）

暖酒

熱暖將來賓鐵文暫時不動聚白雲撥却白雲見青

天搬頭裏許便乘仙

三五七言

秋風清秋月明落葉聚還散寒烏栖復驚相思相見知何日此時此夜難爲情

雜詩

白日與明月晝夜尚一作常不閑況爾悠悠人安得久世間傳聞海水上乃有蓬萊山玉樹生緑葉靈仙每登攀一食駐玄髮再食留紅顔吾欲從此去去之無時還

李太白文集卷第二十三

李太白文集卷第二十四

歌詩六十二首

閨情

寄遠十二首

三鳥別王母銜書來見過腸斷若剪絃其如愁思何遥知玉牕裏纖手弄雲和奏曲有深意青松交女蘿寫水落井中同泉豈殊波秦心與楚恨皎皎爲誰多

青樓何所在乃在碧雲中寶鏡挂秋水一作月羅衣輕春風新糊坐落日悵望金一作錦屏空念此一作剪綵送短書願因一作同雙飛鴻

本作一行書慇勤道相憶一行復一行滿紙情何極

瑤臺有黃鶴爲報青樓人朱顔凋落盡白髮一何新
自知未應還(一作老)離居(一作君)經三春桃李今若爲當總發
光彩莫使香風飄留與(一作取)紅芳待
玉筯落春(一作清)鏡坐愁湖陽水聞(一作且)與陰麗華風煙接
鄰里青春已復過白日忽相催但恐荷(一作飛)花晚令人
意已摧相思不惜夢日夜向陽臺
遠憶巫山陽花明渌江暖躊躇未得往淚向南雲滿
春風復無情吹我夢魂斷不見眼中人天長音信短
陽臺隔楚水春草生黃河(一作陰雲隔楚水轉蓬落渭河)相思無日
夜浩蕩若流波流波向海去欲見終無因(一作定繞珠江濵)遥
將一點淚遠寄如花人

昔（一作妾）在春陵東，君居漢江島。百里望花光，往來成白道（一作日日採蘼蕪上山成白道）。一爲雲雨別，此地生秋草。秋草秋蛾飛，相思愁落輝。何由一相見，滅燭解羅衣（一本輝下添昔時攜手去今時流淚歸遥知不得意玉筯點羅衣）。

憶昨東園桃李紅碧枝，與君此時初別離。金瓶落井無消息，令人行歎復坐思。坐思行歎成楚越，春風玉顔畏銷歇。碧窻紛紛下落花，青樓寂寂空明月。兩不見，但相思。空留錦字表心素，至今緘愁不忍窺。

長短春草緑，緑門如有情。卷葹心獨苦，抽却死還生。覩物知妾意，希君種後庭。閑時當採掇，念此莫相輕。

魯縞如玉霜，筆（一作剪）題月支書。寄書白鸚鵡，西海畏離

居行數雖不多字字有委曲天末如見之開緘淚相
續千里若在眼萬里若在心相思千萬里一書直千金
美人在時花滿堂美人去後餘空牀牀中繡被卷不
寢（一作更不卷）至今三載聞餘香（一作猶聞香）香亦竟不滅人亦竟
不來相思黄葉盡（一作落）白露濕（一作點）青苔（此首一作贈遠）
愛君芙蓉嬋娟之豔色若可餐兮難再得憐君冰玉
清逈之明心情不極兮意已深朝共琅玕之綺食夜
同鴛鴦之錦衾恩情婉孌忽爲别使人莫錯亂愁心
亂愁心涕如雪寒燈厭夢魂欲絶覺來相思生白髮
盈盈漢水若可越可惜凌波步羅襪美人美人兮歸
去來莫作朝雲飛陽臺

長信宮

月皎昭陽殿，霜清長信宮。天行乘玉輦，飛鷰與君同。更有歡娛處（一作別有留情處），承恩樂未窮。誰憐團扇妾，獨坐怨秋風。

長門怨二首

天回北斗挂西樓，金屋無人螢火流。月光欲到長門殿，別作深宮一段愁。

桂殿長愁不記春，黃金四屋起秋塵。夜懸明鏡青天上，獨照長門宮裏人。

春怨

白馬金羈遼海東，羅帷繡被卧春風。落月低軒窺燭

盡飛花入户笑牀空

代贈遠 一作寄遠

妾本洛陽人狂夫幽燕客渴飲易水波猶來多感激胡馬西北馳香鬉揺緑絲鳴鞭從此去逐虜蕩邊陲昔去有好言不言久離別燕支多美女走馬輕風雪見此不記人恩情雲雨絶啼流玉筯盡坐恨金閨切織錦作短書腸隨回文結相思欲有寄恐君不見察焚之揚其灰手跡自此滅

陌上贈美人 一云小放歌行一首在第三此是第二篇

駿馬驕行踏落花垂鞭直拂五雲車美人一笑褰珠箔遥指紅一作青樓是妾家

閨情

流水去絶國浮雲辭故關水或戀前浦雲猶歸舊山恨君流沙去棄妾漁陽間玉筯夜垂流雙雙落朱顔黄鳥坐相悲緑楊誰更攀織錦心草草挑燈淚斑斑窺鏡不自識況乃狂夫還

（流沙：一作龍沙；夜垂：一作日夜）

代别情人

清水本不動桃花發岸傍桃花弄水色波蕩摇春光我悦子容艷子傾我文章風吹緑琴去曲度紫鴛鴦昔作一水魚今成兩枝鳥哀哀長雞鳴夜夜達五曉起折相思樹歸贈知寸心覆水不可收行雲難重尋天涯有度鳥莫絶瑶華音

代秋情

幾日相别離門前生穭葵寒蟬聒梧桐日夕長鳴悲白露濕螢火清霜零兎絲空掩紫羅袂（一作空閨掩羅袂）長啼無盡時

對酒

蒲萄酒金叵羅吴姬十五細馬馱青黛畫眉紅錦靴道字不正嬌唱歌玳瑁筵中懷裏醉芙蓉帳底奈君何

怨情

新人如花雖可寵故人似玉猶來重花性飄揚不自持玉心皎潔終不移故人昔新今尚故還見新人有

故時請看陳后黄金屋寂寂珠簾生網絲

湖邊採蓮婦

小姑織白紵未解將人語大嫂採芙蓉溪湖千萬重
長兄行不在莫使外人逢願學秋胡婦貞心比古松

怨情

美人卷珠簾深坐嚬蛾眉但見淚痕濕不知心恨誰

代寄情人楚詞體

君不來兮徒蓄怨積思而孤吟雲陽一去以遠隔巫
山渌水之沉沉留餘香兮染繡被夜欲寢兮愁人心朝
馳余馬於青樓恍若空而夷猶浮雲深兮不得語却
惆悵而懷憂使青鳥兮銜書恨獨宿兮傷離居何無

情而兩絶夢雖往而交踈横流涕而長嗟折芳洲之瑶華送飛鳥以極目怨夕陽之西斜願爲連根同死之秋草不作飛空之落花

學古思邊

銜悲上隴首腸斷不見君流水若有情幽哀從此分蒼茫愁邊色惆悵落日曛山外接遠天天際復有雲白鴈從中來飛鳴苦難聞足繫一書札寄言歎離羣離羣心斷絶十見花成雪胡地無春輝征人行不歸相思杳如夢珠淚濕羅衣

思邊一作春怨

去年何時君别妾南園緑草飛蝴蝶今歲何時妾憶君

西山白雪暗秦雲，玉關去此三千里。欲寄音書那可聞。

口號吳王舞人半醉

風動荷花水殿香，姑蘇臺上宴吳王。西施醉舞嬌無力，笑倚東窻白玉牀。

折荷有贈

涉江翫秋水，愛此紅蕖鮮。攀荷弄其珠，蕩漾不成圓。佳人綵雲裏，欲贈隔遠天。相思無因見，悵望涼風前。

代美人愁鏡二首

明明金鵲鏡，了了玉臺前。拂拭皎冰月，光輝何清圓。紅顏老昨日，白髮多去年。鉛粉坐相誤，照來空凄然。

美人贈此盤龍之寶鏡，燭我金縷之羅衣。時將紅袖

拂明月為惜普照之餘輝影中金鵲飛不滅臺下青
鸞思獨絶稾砧一别若箭弦去有日來無年狂風吹
却妾心斷玉筯併墮菱花前

贈段七娘

羅襪凌波生網塵那能得計訪情親千盃緑酒何辭
醉一面紅粧惱殺人

别内赴徵三首

王命三徵去未還明朝離别出吴關白玉高樓看不
見相思須上望夫山
出門妻子強牽衣問我西行幾日歸來時儻佩黄金
印莫見蘇秦不下機

翡翠為一作高樓金作梯誰人獨宿倚門啼一作卷簾愁坐待鳴雞
夜泣寒燈連曉月行行淚盡楚關西

秋浦寄内

我今尋陽去辭家千里餘結荷見水宿却寄大雷書
雖不同辛苦愴離各自居我自入秋浦三年北信疎
紅顏愁落盡白髮不能除有客自梁苑手攜五色魚
開魚得錦字歸問我何如江山雖道阻意合不為殊

自代内贈

寶刀截流水無有斷絕時妾意逐君行纏綿亦如之
別來門前草春盡秋轉碧掃盡還更生萋萋滿行跡
鳴鳳始相得雄驚雖各飛遊雲落何山一往不見歸

估客發大樓（一作東海）知君在秋浦梁苑空錦衾陽臺夢行雨妾家三作相失勢去西秦猶有舊歌管凄清聞四鄰曲度入紫雲啼無眼中人女弟爭笑弄悲羞淚盈巾妾似井底桃開花向誰笑君如天上月不肯一回照窺鏡不自識別多憔悴深安得秦吉了爲人道寸心

秋浦感主人歸鷰寄内

霜朽楚關木始知殺氣嚴寥寥金天廓婉婉綠紅潛胡鷰别主人雙雙語前簷三飛四回顧欲去復相瞻豈不戀華屋終然謝珠簾我不及此鳥遠行歲已淹寄書道中歎淚下不能緘

送内尋廬山女道士李騰空二首

君尋騰空子應到碧山家水舂雲母碓風掃石楠花
若戀幽居好相邀弄紫霞

多君相門女學道愛神仙素手掬青靄羅衣曳紫煙
一往屏風疊乘鸞著玉鞭（一作不著鞭）

贈内

三百六十日日日醉如泥雖爲李白婦何異太常妻

在尋陽非所寄内

聞難知慟哭行啼入府中多君同蔡琰流淚請曹公
知登吴章嶺昔與死無分崎嶇行石道外折入青雲
相見若悲歎哀聲那可聞

南流夜郎寄内

夜郎天外怨離居明月樓中音信疎北鴈春歸看欲
盡南來不得豫章書

越女詞五首

長干吴兒女眉目艶星月屐上足如霜不著鵶頭襪
吴兒多白皙好為蕩舟劇賣眼擲春心折花調行客
耶溪採蓮女見客棹歌廻笑入荷花去佯羞不肯來
東陽素足女會稽素舸郎相看月未墮白地斷肝腸
鏡湖水如月耶溪女如雪新粧蕩新波光景兩奇絶

浣沙石上女

玉面耶溪女青蛾紅粉粧一雙金齒屐兩足白如霜

示金陵子 一作金陵子詞

金陵城東誰家子一作金陵子竊聽琴聲碧一作夜牕裏落花一片天上來隨人直渡西江水楚歌吴語嬌不成似能未能最有情謝公正要東山妓攜手林泉處處行

出妓金陵子呈盧六四首

安石東山三十春傲然攜妓出風塵樓中見我金陵子何似陽臺雲雨人

南國新豐酒東山小妓歌對君君不樂花月奈愁何

東道煙霞主西江詩酒筵相逢不覺醉日墮歷陽川

小妓金陵歌楚聲家僮丹砂學鳳鳴我亦爲君飲清酒君心不肯向人傾

巴女詞

巴水急如箭巴船去若飛十月三千里郎行幾歲歸

哀傷

哭晁卿衡

日本晁卿辭帝都征帆一片遶蓬壺明月不歸沉碧海白雲愁色滿蒼梧

自溧水道哭王炎三首 宣州作

白楊雙行行白馬悲路傍晨興見曉月更似發雲陽溧水通吴關逝川去未央故人萬化盡閉骨茅山岡天上墜玉棺泉中掩龍章名飛日月上義與風雲翔逸氣竟莫展英圖俄夭傷楚國一老人來嗟龔勝亡有言不可道雪泣惜蘭芳

王公希代寶棄世一何早弔死不及哀殯宮已秋草
悲來欲脫劒挂向何枝好哭向茅山雖未摧一生淚
盡丹陽道

王家碧瑤樹一樹忽先摧海內故人泣天涯弔鶴來
未成霖雨用先夭濟川材一罷廣陵散鳴琴更不開

哭宣城善釀紀叟

紀叟黃泉裏還應釀老春夜臺無曉日沽酒與何人
一作題戴老酒店云戴老黃泉下還應釀大春夜臺無李白沽酒與何人

宣城哭蔣徵君華

敬亭埋玉樹知是蔣徵君果得相如草仍餘封禪文
池臺空有月詞賦舊凌雲獨挂延陵劒千秋在古墳

李太白文集卷第二十四

李太白全集卷第二十五

古賦　　學士贈右拾遺李　白

明堂賦并序

昔在天皇告成岱宗改元乾封經始明堂年紀總章時締構之未輯痛威靈之遐邁天后繼作中宗成之因兆人之子來崇萬祀之丕業蓋天皇先天中宗奉天累聖纂就鴻勳克宣臣白美頌恭惟述焉其辭曰

伊皇唐之革天創元也我高祖乃仗大順赫然雷發
以首之於是横八荒漂九陽掃叛换開混茫景星耀
而太階平虹蜺滅而日月張欽若太宗繼明重光廓
區宇以立極綴蒼昊之頹綱淳風汎穆鴻恩滂洋武
義烜赫於有截仁聲駁騁乎無疆若乃高宗紹興祐
統錫羡神休傍臻瑞物咸薦元符剖兮地珍見旣應
天以順人遂登封而降禪將欲考有洛崇明堂惟厥
功之未輯兮乘白雲於帝鄉天后勤勞輔政兮中宗
以欽明克昌遵先軌以繼作兮揚列聖之耿光則使
軒轅草圖羲和練日經之營之不綵不質因子來於
四方豈殫稅於萬室乃准水臬攢雲櫟鑿玉石於隴

坂空瓌材於瀟湘巧奪神鬼高窮昊蒼聽天語之察察擬帝居之鉼鉼雖暫勞而永固兮始聖謨於我皇觀夫明堂之宏壯也則突兀曈曨乍明乍蒙大古元氣之結空巃嵸頹沓若嵬若嶪似天閽地門之開闔爾乃劃岸巘以嶽立郁穹崇而鴻紛冠百王而垂勳燭萬像而騰文寥惚恍以洞啓呼嵌嵓而傍分又比乎崑山之天柱矗九霄而垂雲於是結構乎黃道岧嶤乎紫微絡勾陳以繚垣闢閶闔而啓扉崢嶸嶒嶷粲宇宙兮光輝崔嵬赫奕張天地之神威夫其背泓黃河垠瀨清洛太行却立通谷前廓遠則標熊耳以作揭豁龍門以開關點翠綵於洪荒洞清陰乎羣山

及乎煙雲卷舒忽出乍没岌岌嵩高噴伊倚日薄月雷霆之所鼓盪星斗之所伾扤挐金龍之蟠蜿挂天珠之硉矹勢拔五嶽形張四維軋地軸以盤根摩天倪而創規樓臺崛岉以奔附城闕崟岑而蔽虧珍樹翠草含華揚蕤目瑤井之熒熒拖玉繩之離離摛華蓋以儻漭仰太微之參差擁以禁扃橫以武庫獻房心以開鑿瞻少陽而舉措採殷制酌夏步雜以代室重屋之名括以辰次火木之數壯不及奢麗不及素層簷屹其霞矯廣廈鬱以雲布掎日道遏風路陽烏轉影而翻飛大鵬橫霄而側度近則萬木森下千宮對出熠乎光碧之堂炅乎瓊華之室錦爛霞駮星錯波沏

颯蕭寥以颼飀窅陰鬱以櫛密含佳氣之青葱吐祥煙之鬱律九室窈窕五闈聯綿飛楹磊砢走栱夤緣雲楣立岌以橫綺絲桷攢欒而仰天皜壁晝朗朱甍晴鮮赬欄各落偃蹇霄漢翠楹迴合蟬聯汗漫沓蒼穹之絕垠跨皇居之太半遠而望之赫煌煌以輝輝忽天旋而雲昏迫而察之粲炳煥以照爛倏山訛而晷換蔑蓬壺之海樓吞岱宗之日觀猛虎失道潛虯蟠梯經通天而直上俯長河而下低玉女攀星於網戶金娥納月於璇題藻井綵錯以舒蓬天窻赩翼而銜霓扶標川而囷足擬跟桂而罷躋要離欻矐而外喪精覩冰背而中迷亙以複道接乎宮掖坌入西樓

寔爲崑崙前承後疑正儀躅以出入九夷五狄順方面而來奔其左右也則丹陛崿崿彤庭煌煌列寶鼎敞金光流辟雍之滔滔像環海之湯湯闢青陽啓總章廓明臺而布玄堂儼以太廟處乎中央發號施令采時順方其閶闔也三十六户七十二牖度延列位西八東九白虎列序而蹲踞青龍承隅而蚴蟉其深沉奥密也則赤熛掌火招拒司金靈威制陽叶光摧陰坤斗主土據乎其心若乃熠燿五色張皇萬殊人物禽獸奇形異模勢若飛動瞪眄睢盱明君暗主忠臣烈夫威政興滅表賢示愚於是天正孟月朝陽登曦天子乃施蒼玉鑾蒼璐螭臨乎青陽左个方御瑶瑟

而彈鳴絃展乎國容輝乎皇儀傍瞻神臺順觀雲之軌俯對清廟崇配天之規欽若昭蠁惟清緝熙崇牙樹羽熒煌葳蕤納六服之貢受萬邦之籍張龍旗與虹旌攢金戟與玉戚延五更進百辟奉珪瓚獻縣帛顒昂俯僂儼容疊跡乃絜俎醢修粢盛與三犧薦五牲享于神靈太祝正辭庶官精誠鼓大武之隱轔張鈞天之鏗訇孤竹合奏空桑和鳴盡六變齊九成羣神來兮降明庭蓋聖主之所以孝治天下而享祀宜冥也然後臨辟雍宴群后陰陽為庖造化為宰飧元氣灑太和千里鼓舞百寮賡歌于斯之時雲油雨霈恩鴻溶兮澤汪濊四海歸兮八荒會咙聒乎區寓駢

闃乎闕外羣臣醉德揖讓而退而聖主猶夕惕若厲懼人未安乃目極于天耳下于泉飛聰馳明無遠不察考鬼神之奥推陰陽之荒下明詔班舊章振窮乏散敖倉毁玉沉珠卑宫頽牆使山澤無間往來相望帝躬乎天田后親於郊桑棄末反本人和時康建翠華兮萋萋鳴玉鑾之鉠鉠遊乎昇平之圃憩乎穆清之堂天欣欣兮瑞穰穰巡陵於鶉首之野講武於驪山之旁封岱宗兮祀后土掩栗陸而苞陶唐遂邀崆峒之禮汾水之陽吸沆瀣之精黜滋味而貴理國其若夢華胥之故鄉於是元元澹然不知所在若群雲從龍衆水奔海比眞所謂我大君登明堂之政化也

豈比夫秦趙吳楚爭高競奢結阿房與叢臺建姑蘇及章華非享祀與嚴配徒掩月而凌霞由此觀之不足稱也況瑶臺之巨麗復安可以語哉敢揚國美遂作辭曰

穹崇明堂倚天開兮龍從鴻濛構瓌材兮偃蹇坱莽邈崔嵬兮周流辟雍岌靈臺兮赫奔日噴風雷宗祀肹蠁王化弘恢鎮八荒通九垓四門啓兮萬國來考休徵兮進賢才儼若皇居而作固窮千祀兮悠哉

大獵賦并序

白以爲賦者古詩之流辭欲壯麗義歸博遠不然何以光贊盛美感天動神而相如子雲競誇辭賦歷代

以爲文雄莫敢詆訐臣謂語其略竊或褊其用心子虛所言楚國不過千里夢澤居其太半而齊徒吞若八九三農及禽獸無息肩之地非諸侯禁淫述職之義也上林云左蒼梧右西極者其實地周袤纔經數百長揚誇胡設網爲周阹放麋鹿其中以搏攫充樂羽獵於靈臺之囿圍經百里而開殿門當時以爲窮壯極麗迨今觀之何齷齪之甚也但王者以四海爲家萬姓爲子則天下之山林禽獸豈與衆庶異之而臣以爲不能以大道匡君示物周博平文論苑之小竊爲微臣之不取也今聖朝園池遐荒殫窮六合以孟冬十月大獵於秦亦將曜威講武掃天蕩野豈淫

荒侈靡非三驅之意耶臣白作頌折中厥美其辭曰
粤若皇唐之契天地而襲氣毋兮纂五葉之葳蕤惟
開元廓海寓而運斗極兮揔六聖之光熙誕金德之
淳精兮漱玉露之華滋文章森乎七曜兮制作參乎
兩儀括衆妙而爲師明無幽而不燭兮澤無遠而不
施慕往昔之三驅兮順生殺於四時若乃嚴冬慘切
寒氣凛冽不周來風玄冥掌雪木脫葉草解節土囊
煙陰火井冰閉是月也天子處乎玄堂之中飡八水
兮休百工考王制兮遵國風樂農人之閑隙兮困校
獵而講戎乃使神兵出於九闕天仗羅於四野徵水
衡與林虞辨土物之衆寡千騎飈埽萬乘雷奔梢扶

桑而拂火雲兮劃月窟而搜塞門赫壯觀於今古業
搖蕩於乾坤此其大略也而內以中華爲天心外以
窮髮爲海口豁咽喉以洞開吞荒裔以盡取大章按
步以來往夸父振策而奔走足跡乎日月之所通囊
括乎陰陽之未有君王於是撞鴻鐘發鑾音出鳳闕
開宸襟駕玉輅之飛龍歷神州之層岑遊五柞兮瞰
三危挾細柳兮過上林攢高牙以總總兮駐華蓋之
森森於是擢倚天之劒彎落月之弓崑崙叱兮可倒
宇宙噫兮增雄河漢爲之却流川嶽爲之生風羽旄
揚兮九天絳獵火燃兮千山紅乃召蚩尤之徒聚長
戟羅廣澤呵雨師走風伯稜威曜乎雷霆烜爀震於

蠻貊陋梁都之體制鄙靈囿之規格而南以衡霍作襟北以岱常作袪夾東海而爲壍兮拖西溟而流渠麾九州之珍禽兮迴千羣以坌入聯八荒之奇獸兮屯萬族而來居雲羅高天網密布置罘緜原峭格掩路蟻蠓過而猶礙蟭螟飛而不度彼層霄與殊榛罕翔鳥與伏兎從營合枝彌巒被崗金戈森行洗晴野之寒霜虹旗電掣拏卷長空之飛雪吳驂走練宛馬蹀血縈衆山之聯緜隔遠水之明滅使五丁摧峯一夫秋木下整高頹深平險谷擢椿栝開林叢嘷嘷呷呷盡奔突於場中而田強古冶之疇烏獲中黄之黨越噚嶸獱莽倉喑呼哮嚪風旋電往蹴文豹之皮抵玄

熊之掌批狻手猱挾三挐兩既徒搏以角力又揮鋒
而爭先行虓號以鶚睨兮氣赫火而敵烟拳封貐引
巨狿梟羊應叱以斃踣猰貐亡精而墜巔或碎腦以
折脊或歕髓以飛涎窮遐荒蕩林藪扼土狛殪天狗
脫角犀頂探牙象口掃封狐於千里捩雄虺之九首
咋騰蛇而仰吞拖奔兕以却走君王於是峩通天靡
星旃奔雷車揮電鞭觀壯士之効獲顧三軍而欣然
曰夫何神狹鬼慄之駭人也又命建鼉鼓勵武卒蹝
躪躒之巳多猶拗怒而未歇集赤羽兮照日張烏號
兮滿月弐車轞轞以陸離轂騎煌煌而奮發鷹犬之
所騰捷飛走之所蹉蹷攫麏麚之咆哮蹂豻貉以挂

格膏鋒滌鍔塡巖掩窟觀殊枓舉逸辟尚搏霍以出
没别有白貓飛駁窮奇貙䝏牙若錯劒鬣如叢竿口
吞殳鋋目極槍櫓碎琅弧攫玉弩射猛彘透奔虎金
鏃一發旁疊四五雖鑿齒磨牙而致伉誰謂南山白
額之足覩揔八校搜四隅馳專諸走都盧趫喬林撒
絶壁抄獑猢攬貊貙因鼬鼯於峻崖頓豰玃於穹石
養由發箭奇肱飛車巧聒更贏妙兼捕且墜鸛鳿於
青雲落鴻鴈於紫虛梢鶤鴯漂鸕鷀彈抴盧與神居
斬飛鵬於日域擢大鳳於天墟龍伯釣其靈鼇任公
獲其巨魚窮造化之譎詭何神怪之有餘所以噴血
流川飛毛灑雪狀若平高天雨獸上墜於大荒又似

乎積禽爲山下崩於林穴陽烏沮色於朝日陰兎喪
精於明月思騰裝上獵於太清所恨穹昊於路絶而
忽也莫不海晏天空萬方來同雖秦皇與漢武兮復
何足以爭雄俄而君王茫然改容愀然有失於安思
危防險戒逸斯馳騁以狂發非至理之弘術且夫人
君以端拱爲尊玄妙爲寶暴殄天物是謂不道乃命
去三面之網示六合之仁已殺者皆其犯命未傷者
全其天眞雖剪毛而不獻豈割鮮以悴輪解鳳皇與
鸑鷟兮旋騶虞與麒麟獲天寶於陳倉載非熊於渭
濱於是享獵徒封勞苦軒行庖騎酌酤韜兵戈火網
罟然後登九霄之臺宴八紘之圃開日月之扃闢生

靈之戶聖人作而萬物覩覽蒐敹與狩岐何宣城之
足數哂穆王之荒誕歌白雲之西母曷若飽人以淡
泊之味醉時以淳和之觴鼓之以雷霆舞之以陰陽
虞乎神明狃於道德張無外以爲罝琢大朴以爲杙
頓天綱以掩之獵賢後以御極若此之狩罔有不克
使天人宴安草木蕃植六官斥其珠玉百姓樂於耕
織寢鄭衛之聲却靡曼之色天老掌圖風后侍側是
三階砥平而皇猷允塞豈比夫子虛上林長楊羽獵
計麋鹿之多少誇苑囿之大小哉方將延榮光於後
昆軼玄風於邃古擁嘉瑞臻元符登封於太山篆德
於社首豈與乎七十二帝同條而共貫哉君王於是

迴蜺旌反鑾輿訪廣成於至道問大塊之幽居使罔象掇玄珠於赤水天下不知其所如也

大鵬賦 并序

余昔於江陵見天台司馬子微謂余有仙風道骨可與神遊八極之表因著大鵬遇希有鳥賦以自廣此賦已傳于世往往人間見之悔其少作未窮宏達之旨中年棄之及讀晉書覩阮宣子大鵬讚鄙心陋之遂更記憶多將舊本不同今腹存手集豈敢傳諸作者庶可示之子弟而已其辭曰

南華老仙（一作仙老）發天機於漆園吐崢嶸之高論開浩蕩之奇言徵至（一作志）怪于齊諧談北溟之有魚吾不知幾

千里其名曰鯤化成大鵬質凝肧渾脫鬐鬣於海島張羽毛於天門刷渤澥之春流睎扶桑之朝暾炟赫于宇宙憑陵乎崑崙一鼓一舞煙朦沙昏五嶽為之震落百川為之崩奔乃蹶厚地揭太清亘層霄突重溟激三千以崛起向九萬而迅征背業大山一作壺之崔嵬翼舉長雲之縱橫左迴右旋倏陰忽明歷汗漫以夭矯翀閶闔之崢嶸簸鴻濛扇雷霆斗轉而天動山搖而海傾怒無所搏雄無所爭固可想像其勢髣髴其形若乃足縈虹蜺目耀日月連軒沓拖揮霍翕忽噴氣則六合生雲灑毛則千里飛雪邈彼北荒將窮南圖運逸翰以傍擊鼓奔飈而長驅燭龍銜光以照

物列鈇施鞭而啓途塊視三山杯觀一作看五湖其動也神應其行也道俱任公見之而罷釣有窮不敢以彎弧莫不投竿失鏃仰之長吁爾其雄姿壯觀坱軋河漢上摩蒼蒼下覆漫漫盤古開天而直視羲和倚日而傍歎縯紛乎八荒之間掩映乎四海之半當胷臆之掩晝若混茫之未判忽騰覆以迴轉則霞廓而霧散然後六月一息至于海灣欻翳景以橫翥逆高天而下垂憩乎決漭之野入乎汪湟之池猛勢所射餘風所吹溟漲沸渭巖巒紛披天吴爲之怵慄海若爲之躨跜巨鼇冠山而却走長鯨騰海而下馳縮㲉挫鬛莫之敢窺吾亦不測其神怪之若此蓋乃造化之

所爲豈比夫蓬萊之黃鵠誇金衣與菊裳恥蒼梧之玄鳳耀綵質與錦章旣服御于靈仙乆馴擾於池隍精衞勤苦於銜木鶢鶋悲愁乎薦觴天鷄警曙于蟠桃踆烏晰耀於太陽不曠蕩而縱適何拘攣而守常未若茲鵬之逍遥無厥類乎比方不矜大而暴猛每順時而行藏叅方根以比壽飲元氣以充腸戲暘谷而徘徊凴炎洲而抑揚俄而希有鳥見謂之曰偉哉鵬乎此之樂也吾右翼掩乎西極左翼蔽乎東荒跨躡地絡周旋天綱以恍惚爲巢以虚無爲場我呼爾遊爾同我翔于是乎大鵬許之欣然相隨此二禽已登於寥廓而尺鷃之輩空見笑於藩籬

劒閣賦 送友人王炎入蜀

咸陽之南直望五千里見雲峯之崔嵬前有劒閣橫斷倚青天而中開上則松風蕭颯瑟颸有巴猿兮相哀旁則飛湍走壑灑石噴閣洶湧而驚雷送佳人兮此去復何時兮歸來望夫君兮安極我沉吟兮歎息視滄波之東注悲白日之西匿鴻別燕兮秋聲雲愁秦而瞑色若明月出於劒閣兮與君兩鄉對酒而相憶

擬恨賦

晨登大山一望萬里松楸骨寒草宿墳毀浮生可嗟大運同此於是僕本壯夫慷慨不歇仰思前賢飲恨

而歿昔如漢祖龍躍群雄競奔提劍叱咤指麾中原東馳渤澥西漂崑崙斷蛇大奮怒掃清國步揺瑶圖而倏昇登紫壇而雄顧一朝長辭天下縞素若乃項王虎鬭白日爭輝拔山力盡蓋世心微聞楚歌之四合知漢卒之重圍帳中劍舞泣挫雄威騅兮不逝喑嗚何歸至如荊卿入秦直度易水長虹貫日寒風颯起遠讎始皇擬報太子奇謀不成憤惋而死若夫陳后失寵長門掩扉日冷金殿霜淒錦衣春草罷緑秋螢亂飛恨桃李之委絶思君王之有違昔者屈原既放遷於湘流心死舊楚魂飛長楸聽江楓之嫋嫋聞嶺狖之啾啾永埋骨於渌水怨懷王之不收及夫李斯

受戮神氣黯然左右垂泣精魂動天執愛子以長別歎黃犬之無緣或有從軍永決去國長違天涯遷客海外思歸此人忽見愁雲蔽日目斷心飛莫不攢眉痛骨杖血霑衣若乃錯繡轂塡金門煙塵曉沓歌鐘晝諠亦復星沉電滅閉影潛魂已矣哉桂華滿兮明月輝扶桑曉兮白日飛玉顏滅兮螻蟻聚碧臺空兮歌舞稀與天道兮共盡莫不委骨而同歸

惜餘春賦

天之何爲令北斗而知春兮廻指於東方水蕩漾兮碧色蘭葳蕤兮紅芳試登高而望遠極雲海之微茫魂一去兮欲斷淚流頰兮成行吟清楓而詠滄浪懷

洞庭兮悲瀟湘何余心之縹緲兮與春風而飄揚飄揚兮思無垠念佳期兮莫展平原萋兮綺色愛芳草兮如剪惜餘春之將闌每爲恨兮不淺漢之曲兮江之潭把瑤草兮思何堪想遊女於峴北愁帝子於湘南恨無極兮心氳氳目眇眇兮憂紛紛披衞情於淇水結楚夢於陽雲春每歸兮花開花已闌兮春改歎長河之流春送馳波於東海春不留兮時已失老衰颯兮逾疾恨不得挂長繩於青天繫此西飛之白日若有人兮情相親去南國兮往西秦見遊絲之横路網春輝以留人沉吟兮哀歌躑躅兮傷別送行子之將遠看征鴻之稍滅醉愁心於垂楊隨柔條以糾結

望夫君兮咨嗟橫涕淚兮怨春華遥寄影於明月送夫君於天涯

愁陽春賦

東風歸來見碧草而知春蕩漾惚怳何垂楊旖旎之愁人天光青而妍和海氣綠而芳新野綵翠兮芊緜雲飄颻而相鮮演漾兮夤緣窺青(一作新)苔之生泉縹緲兮翩緜見遊絲之縈煙魂與此兮俱斷醉(一作對)風光兮悽然若乃隴水秦聲江猿巴吟明妃玉塞楚客楓林試登高而望遠痛切骨(一作咸扁骨)而傷心春心蕩兮始波春愁亂兮如雪兼萬情之悲歡茲一感於芳節若有一人(一作我所思)兮湘水濵隔雲霓而見無因灑別淚於尺

波寄東流於情親若使春光可攬而花成兮吾欲贈天涯之佳人

悲清秋賦

登九疑兮望清川見三湘之潺湲水流寒以歸海雲横秋而蔽天余以鳥道計於故鄉兮不知去荆吴之幾千于時西陽半規映島欲没澄練明遥海　上月念佳期之浩蕩渺懷燕而望越荷花落兮江色秋風嫋嫋兮夜悠悠臨窮溟以有羨思釣鼇於滄洲無脩竿以一舉撫洪波而增憂歸去來兮人間不可以託此吾將採藥於蓬丘

李太白文集卷第二十五

李太白文集卷第二十六

表　　學士贈右拾遺李　白

書

上安州裴長史書

爲吳王謝責赴行在遲滯表

臣某言伏蒙聖恩追赴行在臣誠惶誠恐頓首臣聞胡馬矯首嘶北風以蹋顧越禽歸飛戀南枝而刷羽所以流波思其舊浦落葉墜於本根在物尚然矧於臣子臣位叨盤石辜負明時寸闕摠戎謬當強寇驚拙有素天實知之伏惟陛下重紐乾綱再清國步憋臣不逮賜臣生全歸見白日死無遺恨然臣年過耳順風瘵日加鋒鏑殘骸劣有餘喘雖決力上道而心與願違貴貪尺寸之程轉增犬馬之戀非有他故以疾淹留今大舉天兵埽除戎羯所在郵驛徵發交馳

臣遂便水行難於陸進瞻望丹闕心魂若飛慙墜屨之還收喜遺簪之再御不勝涕戀屏營之至

爲宋中丞請都金陵表

臣其言臣誠惶誠恐頓首頓首臣聞社稷無常奉明者守之君臣無定位闇者失之所以父作子述重光疊輝天未絶晉人惟戴唐以功德有厚薄運數有脩短功高而福祚長永德薄而政教陵遲三后之姓於今爲庶非一朝也伏惟陛下欽六聖之光訓擁千載之鴻休有國之本群生屬望粤自明兩光岐之陽昔有周大王之興發跡於此天啓有類豈人事歟皇朝百五十年金革不作逆胡竊號剥亂中原雖平嵩丘

塡伊洛不足以掩宮城之骸骨泆洪河灑秦雍不足
以蕩犬羊之羶腥毒浸區宇瀆盈穹昊此乃猛士奮
劒之秋謀臣運籌之日夫不拯橫流何以彰聖德不
斬巨猾無以興神功十亂佐周而克昌四兇及虞而
乃去去元兇者非陛下而誰且道有興廢代有中季
漢當三十七莽亦爲災赤伏再起丕業終光非陛下
至神至聖安能勃然中興乎以臣料人事得失敢獻
疑於陛下臣猶望愚夫千慮或與一得何者賊臣禍
國忠蔽塞天聰屠割黎庶女弟席寵傾國弄權九土
泉貨盡歸其室怨氣上激水旱荐臻重罹暴亂百姓
力屈即欲平殄蝥賊恐難應期且圖萬全之計以成

一舉之策今自河以北爲胡所凌自河之南孤城四壘大盜蠶食割爲洪溝宇宙嶢杌昭然可覩臣伏見金陵舊都地稱天險龍盤虎踞開扃自然六代皇居五福斯在雄圖霸跡隱軫由存咽喉控帶縈錯如繡天下衣冠士庶避地東吴永嘉南遷未盛於此臣又聞湯及盤庚五遷其邑典謨訓誥不以爲非衛文徙居楚丘風人流詠伏惟陛下因萬人之蕩析秉六合之譸張去扶風萬有一危之近邦就金陵太山必安之成策苟利於物斷在宸衷況齒革羽毛之所生楩柟豫章之所出元龜大貝充牣其中銀坑鐵冶連縣相屬剡銅陵爲金穴煑海水爲鹽山以征則兵強以

守則國富橫制八極克復兩京俗畜來蘇之歎人多徯后之望陛下西以峨嵋爲壁壘東以滄海爲溝池守海陵之倉獵長洲之苑雖上林五柞復何加焉上皇居天帝運昌之都儲精眞一之境有虞則北閉劍閣南扃瞿塘蚩尤共工五兵莫向二聖高枕人何憂哉飛章問安往復巴峽朝發白帝暮宿江陵首尾相應率然之舉不勝屏營瞻雲望日之至

爲宋中丞自薦表

臣某聞天地閉而賢人隱雲雷屯而君子用臣伏見前翰林供奉李白年五十有七天寶初五府交辟不求聞達亦由子眞谷口名動京師上皇聞而悅之召

入禁掖既潤色於鴻業或間草於王言雍容揄揚特
見褒賞爲賊臣詐詭遂放歸山閑居製作言盈數萬
屬逆胡暴亂避地廬山遇永王東巡脅行中道奔走
却至彭澤具已陳首前後經宣慰大使崔　及臣推
覆清雪尋經奏聞臣聞古之諸侯進賢受上賞蔽賢
受明戮若三適稱美必九錫先榮垂之典謨永以爲
訓臣所薦李白實審無辜懷經濟之才抗巢由之節
文可以變風俗學可以究天人一命不霑四海稱屈
伏惟陛下大明廣運至道無偏收其希世之英以爲
清朝之寶昔四皓遭高皇而不起翼惠帝而方來君
臣離合亦各有數豈使此人名揚宇宙而枯槁當年

傳曰舉逸人而天下歸心伏惟陛下迴太陽之高暉流覆盆之下照特請拜一京官獻可替否以光朝列則四海豪俊引領知歸不勝慺慺之至敢陳薦以聞

代壽山荅孟少府移文書

淮南小壽山謹使東峯金衣雙鶴銜飛雲錦書于維陽孟公足下曰僕包大塊之氣生洪荒之間連翼軫之分野控荆衡之遠勢盤薄萬古邈然星河憑天霓以結峯倚斗極而橫嶂頗能攢吸霞雨隱居靈仙産隋侯之明珠蓄卞氏之光寶豁宇宙之美殫造化之奇方與崐崘抗行閬風接境何人間巫廬台霍之足陳耶一昨於山人李白處奉見吾子移文責僕以多

奇叱僕以特秀而盛談三山五嶽之美謂僕小山無名無德而稱焉觀乎斯言何太謬之甚也吾子豈不聞乎無名爲天地之始有名爲萬物之母假令登封禋祀曷足以大道譏耶然能損人費物庖殺致祭暴殄草木鐫刻金石使載圖典亦未足爲貴乎且達人莊生常有餘論以爲尺鷃不羨於鵬鳥秋毫可並於太山由斯而談何小大之殊也又怪於諸山藏國寶隱國賢使吾君勝道燒山披訪不獲非通談也夫皇王登極瑞物昭至蒲萄翡翠以納貢河圖洛書以應符設天網而掩賢窮月窟以率職天不祕寶地不藏珍風威百蠻春養萬物王道無外何英賢珍玉而能

伏匿於巖穴耶所謂牓道燒山此則王者之德未廣
矣昔太公大賢傅說明德棲渭川之水藏虞虢之巖
卒能形諸兆眹感乎夢想此則天道闇合豈勞乎搜
訪哉果投竿詣麾捨築作相佐周文讃武丁惣而論
之山亦何罪乃知巖穴爲養賢之域林泉非秘寳之
區則僕之諸山亦何負於國家矣近者逸人李白自
峨眉而來爾其天爲容道爲貎不屈已不干人巢由
以來一人而已乃蚪蟠龜息遁乎此山僕嘗弄之以
緑綺卧之以碧雲嗽之以瓊液餌之以金砂旣而童
顔益春眞氣愈茂將欲倚劒天外挂弓扶桑浮四海
横八荒出宇宙之寥廓登雲天之眇茫俄而李公仰

天長吁謂其友人曰吾未可去也吾與爾達則兼濟天下窮則獨善一身安能飡君紫霞蔭君青松乘君鸞鶴駕君虯龍一朝飛騰爲方丈蓬萊之人耳此方未可也乃相與卷其丹書匣其瑶瑟申管晏之談謀帝王之術奮其智能願爲輔弼使寰區大定海縣清一事君之道成榮親之義畢然後與陶朱留侯浮五湖戲滄洲不足爲難矣即僕林下之所隱容豈不大哉必能資其聰明輔以正氣借之以物色發之以文章雖煙花中貧没齒無根其有山精木魅雄虺猛獸以驅之四荒礫裂原野使影跡絶滅不干戶庭亦遺清風掃門明月侍坐此乃養賢之心實亦勤矣孟子

孟子無見深責耶明年青春求我於此巖也

上安州李長史書

白嶔崎歷落可笑人也雖然頗嘗覽千載觀百家至於聖賢相似厥衆則有若似其仲尼紀信似於高祖牢之似於無忌宋王似於屈原而遥觀君侯竊疑魏洽便欲趨就臨然舉鞭遲疑之間未及廻避且理有疑誤而成過事有形似而類真惟大雅含弘方能恕之也白少頗周慎忝聞義方入暗室而無欺屬昏行而不變今小人履疑誤形似之迹君侯流愷悌矜捨之恩戢秋霜之威布冬日之愛睟容有穆怒顔不彰雖將軍息恨於長孫一作孺之前此無懃德司空愛揖於

元淑之際彼未爲賢一言見宥九死非謝白孤劍誰託悲歌自憐迫於悽惶席不暇暖寄絶國而何仰若浮雲而無依南徙莫從北遊失路言客汝海近還郢城昨遇故人飲以狂藥一酌一笑陶然樂酣困河朔之清觴飫中山之醇酎屬早日初眩晨霾未收乏離朱之明昧王戎之視青白其眼瞢而前行亦何異抗莊公之輪怒螗蜋之臂御者趨召明其是非入門鞠躬精魄飛散昔徐邈緣醉而賞魏王却以爲賢無鹽因醜而獲齊君待之逾厚白妾人也安能比之上挂國風相鼠之譏下懷周易履虎之懼䡊以固陋禮而遣之幸容寬越之辜深荷王公之德銘刻心骨退思

狂愆五情氷炭罔知所措晝愧於影夜慙於魄啓處
不惶戰跼無地伏惟君侯明奪秋月和均韶風掃塵
辭場振發文雅陸機作太康之傑士未可比肩曹植
爲建武之雄才惟堪捧駕天下豪俊翕然趨風白之
不敏竊慕餘論何圖叔夜潦倒不切於事情正平猖
狂自貽於恥辱一忤容色終身厚顔敢沐芳負荊請
罪門下儻免以訓責恤其愚蒙如能伏劍結纓謝君
侯之德敢一夜力撰春遊救苦寺詩一首十韻石巖
寺詩一首八韻上楊都尉詩一首三十韻辭旨狂野
貴露下情輕干視聽幸乞詳覽

與賈少公書

宿昔惟清勝白絲疾疲苶去期恬退才微識淺無足濟時雖中原横潰將何以救之王命崇重大總元戎辟書三至人輕禮重嚴期迫切難以固辭扶力一行前觀進退且郎源廬嶽十載時人觀其起與不起以卜江左興亡謝安高卧東山蒼生屬望白不樹矯抗之跡耻振玄邈之風混遊漁商隱不絶俗豈徒販賣雲壑要射虚名方之二子實有慙德徒塵忝幕府終無能為唯當報國薦賢持以自免斯言若謬天實殛之以足下深知具申中欵惠子知我夫何間然勾當小事但增悚惕

為趙城與楊右相

某啓辭違積年伏戀軒屏首冬初寒伏惟相公尊體起居萬福某蒙恩才朽齒邁徒延聖日少忝末吏本乏遠圖中年廢缺分歸園壑昔相公秉國憲之日一拔九霄拂刷前恥身騰晚官恩貸稠疊寶戴丘山落羽再振枯鱗旋躍運以大風之舉假以磨天之翔衣繡霜臺含香華省宰劇懸強項之名酌貪礪清心之節三典列郡寂無成功但宣布王澤式酬天獎伏惟相公開張徽猷贊亮天地入夔龍之室持造化之權安石高枕蒼生是仰某鳴躍無已剪拂因人銀章朱紱坐榮宦達身荷寵睠目識龍顔既齊飛於鵷鷺復寄跡於門館皆相公大造之力也而鐘鳴漏盡夜行不

息止足之分實媿古人犬馬戀主迫於西汜所冀枯松晚歲無改節於風霜老驥餘年期盡力於蹄足上荅明主下報相公慺慺之誠屏息於此伏惟相公收遺簪於少昊念亡弓於楚澤兼當益壯結草知歸瞻望恩光無忘景刻

與韓荊州書

白聞天下談士相聚而言曰生不用萬戶侯但願一識韓荊州何令人之景慕一至於此耶豈不以有周公之風躬吐握之事使海内豪俊奔走而歸之一登龍門則聲譽十倍所以龍盤鳳逸之士皆欲收名定價於君侯願君侯不以富貴而驕之寒賤而忽之則

三千賓中有毛遂使白得穎脫而出即其人焉白隴
西布衣流落楚漢十五好劒術徧干諸侯三十成文
章歷抵卿相雖長不滿七尺而心雄萬夫王公大臣
許與氣義此疇曩心跡安敢不盡於君侯君侯制
作侔神明德行動天地筆參造化學究於天人幸
願開張心顏不以長揖見拒必若接之以高宴縱之
以清談請日試萬言倚馬可待今天下以君侯爲文
章之司命人物之權衡一經品題便作佳士而君侯
何惜階前盈尺之地不使白揚眉吐氣激昂青雲耶
昔王子師爲豫章未下車即辟荀慈明既下車又辟
孔文舉山濤作冀州甄拔三十餘人或爲侍中尚書

先代所美而君侯亦薦一嚴協律入爲祕書郎中間崔宗之房習祖黎昕許瑩之徒或以才名見知或以清白見賞白每觀其銜恩撫躬忠義奮發白以此感激知君侯推赤心於諸賢腹中所以不歸他人而願委身國士儻急難有用敢效微驅且人非堯舜誰能盡善白謨猷籌畫安能盡矜至於制作積成卷軸則欲塵穢視聽恐雕蟲小伎不合大人若賜觀蒭蕘請給以紙墨兼人書之然後退歸閑軒繕寫呈上庶青萍結緑長價於薛卞之門幸惟下流之開獎飾惟君侯圖之

上安州裴長史書

白聞天不言而四時行地不語而百物生白人焉非天地也安得不言而知乎敢剖心析肝論舉身之事便當談笑以明其心而粗陳其大綱一快憤懣惟君侯察焉白本家金陵世爲右姓遭沮渠蒙遜難奔流咸秦因官寓家少長江漢五歲誦六甲十歲觀百家軒轅以來頗得聞矣常橫經籍書制作不倦迄于今三十春矣以爲士生則桑弧蓬矢射乎四方故知大丈夫必有四方之志乃杖劒去國辭親遠遊南窮蒼梧東涉溟海見鄉人相如大誇雲夢之事云楚有七澤遂來觀焉而許相公家見招妻以孫女便憩于此至移三霜焉曩昔東遊維陽不逾一年散金三十餘

萬有落魄公子悉皆濟之此則是白之輕財好施也又昔與蜀中友人吳指南同遊於楚指南死於洞庭之上白禫服慟哭若喪天倫炎月伏屍泣盡而繼之以血行路聞者悉皆傷心猛虎前臨堅守不動遂權殯於湖側便之金陵數年來觀筋骨尚在白雪泣持刃躬申洗削裹骨徒步負之而趨寢興攜持無輟身手遂丐貸營葬於鄂城之東故鄉路遥魂魄無主禮以遷窆式昭明情此則是白存交重義也又昔與逸人東嚴子隱於岷山之陽白巢居數年不跡城市養奇禽千計呼皆就掌取食了無驚猜廣漢太守聞而異之詣廬親覩因舉二人以有道並不起此則白養

高志機不屈之跡也又前禮部尚書蘇公出爲益州
長史白於路中投刺待以布衣之禮因謂羣寮曰此
子天才英麗下筆不休雖風力未成且見專車之骨
若廣之以學可以相如比肩也四海明識具知此談
前此郡督馬公朝野豪彥一見禮許爲奇才因謂長
史李京之曰諸人之文猶山無烟霞春無草樹李白
之文清雄奔放名章俊語絡繹間起光明洞澈句句
動人此則故交元丹親接斯議若蘇馬二公愚人也
復何足盡陳儻賢賢也白有可尚夫唐虞之際於斯
爲盛有婦人焉九人而已是知才難不可多得白野
人也頗工於文惟君侯顧之無按劒也伏惟君侯貴

而且賢鷹揚虎視齒若編貝膚如凝脂昭昭乎若玉山上行朗然映人也而高義重諾名飛天京四方諸侯聞風暗許倚劒慷慨氣干虹蜺月費千金日宴群客出躍駿馬入羅紅顏所在之處賓朋成市故時節歌曰賓朋何喧喧日夜裴公門願得裴公之一言不須驅馬將華軒白不知君侯何以得此聲於天壤之間豈不由重諾好賢謙以得也而晚節改操棲情翰林天才超然度越作者屈佐鄖國時惟清哉棱威雄雄下慴羣物白竊慕高義已經十年雲山間之造謁無路今也運會得趨末塵承顏接辭八九度矣常欲一雪心跡崎嶇未便何圖謗詈忽生衆口攢毁將欲

投杼下客震於嚴威然自明無辜何憂悔恪孔子曰畏天命畏大人畏聖人之言過此三者鬼神不害若使事得其實罪當其身則將浴蘭沐芳自屏於烹鮮之地惟君侯死生不然投山竄海轉死溝壑豈能明目張膽託書自陳耶昔王東海問犯夜者曰何所從來荅曰從師受學不覺日晚王曰吾豈可鞭撻甯越以立威名想君侯通人必不爾也願君侯惠以大遇洞開心顔終乎前恩再辱英盼白必能使精誠動天長虹貫日直度易水不以爲寒若赫然作威加以大怒不許門下逐之長途白即膝行於前再拜而去西入秦海一觀國風永辭君侯黄鵠舉矣何王公大人

之門不可以彈長劒乎

李太白文集卷第二十六

李太白文集卷第二十七

序

早夏於將軍叔宅與諸昆季送博八之江南序

冬日於龍門送從弟京兆參軍令問之淮南覲省年序

暮春江夏送張祖監丞之東都序

吁咄哉！僕書室坐愁亦已久矣。每思欲遐登蓬萊，極目四海，手弄白日，頂摩青穹，揮斥幽憤，不可得也。而金骨未變，玉顏已緇，何常不捫松傷心，撫鶴歎息。誤學書劒，薄遊人間，紫微九重，碧山萬里，有才無命，甘於後時。劉表不用於禰衡，暫來江夏；賀循喜逢於張翰，且樂船中。達人張侯，大雅君子，統泛舟之役，在清川之湄，談玄賦詩，連興數月，醉盡花柳，賞窮江山。國祖有程告以行邁煙景晚色慘爲愁容繫飛帆於半天泛淥水於遥海欲去不忍更開芳樽樂雖寰中趣逸天半平生酣暢未若此筵至於清談皓歌雄筆麗藻笑飲醁酒醉揮素琴余實不愧於古人也揚袂遠別何時歸來想洛陽之秋風將膾魚以相待詩可贈遠無乃闕乎

奉餞十七翁二十四翁尋桃花源序

昔祖龍滅古道嚴威刑煎熬生人若墜大火三墳五典散爲寒灰築長城建阿房并諸侯殺豪俊自謂功高羲皇國可萬世思欲凌雲氣求仙人登封太山風雨暴作雖五松受職草木有知而萬象乖度禮刑將

殢則綺皓不得不遁於南山魯連不得不蹈於東海則桃源之避世者可謂超外先覺夫指鹿之儔連頸而同死非吾黨之謂乎二翁躭老氏之言繼少卿之作文以述大雅道以通至精卷舒天地之心脫落神仙之境武陵遺跡可得而窺焉問津利往水引漁者苑藏仙谿春風一不知從來落英何許流出石洞來入晨光盡開有良田名池竹果森列三十六洞別為一天耶今扁舟而行然笑謝人世阡陌未改古人依然白雲何時而歸來青山一去而誰往諸公賦桃源以美之

夏日奉陪司馬武公與羣賢宴姑熟亭序

通驛公館南有水亭焉四甍翬飛巉絶浦嶼蓋有前攝令河東薛公棟而宇之令宰隴西李公明化開物成務又横其梁而閣之晝鳴閑琴夕酌清月蓋爲接輶軒祖遠客之佳境也制置既久莫知何名司馬武公長材博古獨映方外因據胡牀岸幘嘯詠而謂前長史李公及諸公曰此亭跨姑熟之水可稱爲姑熟亭焉嘉名勝槩自我作也且夫曹官紱冕者大賢處之若遊青山卧白雲逍遥偃傲何適不可小才居之窘而自拘悄若桎梏則清風朗月河英嶽秀皆爲棄物安得稱焉所以司馬南鄰當文章之旗鼓翰林客卿揮辭鋒以戰勝名教樂地無非得俊之場也千載

一時言詩紀志

江夏送林公上人遊衡嶽序

江南之仙山黄鶴之爽氣偶得英粹後生俊人林公世爲豪家此土之秀落髮歸道専精律儀白月在天朗然獨出既灑落於彩翰亦諷詩於金口閑雲無心與化偕往欲將振五樓之金策浮三湘之碧波秉杯泝流考室名嶽瞰想冥壑凌臨諸天登祝融之峯巒望長沙之煙火遥謝舊國誓遺歸蹤百千開士稀有此者余所以歎其峻節楊其清波龍像先輩迴眸拭視此夫汨泥沙者相去如牛之一毛昔智者安禪於台山遠公托志於廬嶽高標勝槩斯亦嚮慕哉紫霞

搖心青楓夾岸自斷川上送君此行羣公臨流賦詩
以贈

金陵與諸賢送權十一序

斯高柄秦嬴世不二三傑伏草與漢並出莽夷朱暉
耿鄧乃起自古英達未必盡用於當年去就之理在
大運爾我君六葉繼聖熙乎玄風三清垂拱穆然紫
極天人其一哉所以青雲豪士散在商釣四坐明哲
皆清朝旅人吾希風廣成蕩漾浮世素受寶訣爲三
十六帝之外臣即四明逸老賀知章呼余爲謫仙人
蓋實録耳而嘗採姹女於江華收河車於清溪與天
水權昭夷服勤爐火之業久矣之子也冲恬淵靜翰

才峻發，白每一篇一扎，皆昭夷之所操。吁！捨我而南，若折羽翼。時歲律寒苦，天風枯聲，雲帆涉漢，罔若絶雷。舉目四顧，霜天崢嶸，銜杯敘離，羣子賦詩以出餞。酒仙翁李白辭。

春於姑熟送趙四流炎方序

白以鄒魯多鴻儒，燕趙饒壯士，蓋風土之然乎。趙少翁才貌瓌雅，志氣豪烈，以黃綬作尉，泥蟠當塗，亦雞棲鶴籠，不足以窘束鸞鳳耳。以疾惡抵法，遷于炎方，辭高堂而墜心，指絶國以搖恨。天與水遠，雲連山長，借光景於頃刻，開壺觴於洲渚。黃鶴曉别，愁聞命子之聲；青楓瞑色，盡是傷心之樹。然自吴瞻秦，日見喜氣上當攖玉弩催狼狐洗清天地雷雨必作與白日迴照丹心可明巴陵半道坐見還吳之棹令雪解而松柏振色氣和而蘭蕙開芳僕西登天門望子於西江之上吾賢可流水其道浮雲其身通方大適何往不可何戚戚於路歧哉

秋於敬亭送從姪耑遊廬山序

余小時大人令誦子虛賦私心慕之及長南遊雲夢覽七澤之壯觀酒隱安陸蹉跎十年初嘉興季父謫長沙西還時途拜見預飲林下耑乃稚子嬉遊在傍今來有成鬱負秀氣吾衰久矣見爾慰心申悲導舊破涕爲笑方告我遠涉西登香爐長山橫壓九江却

轉瀑布天落半與銀河爭流騰虹奔電潨射萬壑此宇宙之奇詭也其上有方湖石井不可得而窺焉羨君此行撫鶴長嘯恨丹液未就白龍來遲使秦人著鞭先往桃花之水孤負夙願慙歸名山終期後來攜手五嶽情以送遠詩寧闕乎

送黃鍾之鄱陽謁張使君序

東南之美者有江夏黃公焉白切飲風流嘗接談笑亦有杭節王立光輝囧然氣高時英辯折天口道可濟物志棲無垠鄱陽張公朝野榮望愛客接士即原常春陵之亞焉每欽其辭華懸榻見往而黃公因訪古跡便從貴遊乃儋裝撰行去國遐陟諸子銜酒惜

别脫巾贈分沈醉烟夕惆悵涼月天南迴以變夏火西飛而獻秋汀葭颯然海草微落夫子行邁我心若何毋金玉爾音而有遐心湖水悠沔昂哉是待共賦武昌鈞臺篇以慰别情耳

早春於江夏送蔡十還家雲夢序

吾觀蔡侯奇人也爾其才高氣遠有四方之志不然何周流宇宙太多耶白遐窮冥搜亦以早矣海草三綠不歸國門又更逢春再結鄉思一見夫子冥心道存窮朝晚以作宴驅煙霞以輔賞卽笑明月時眠落花斯遊無何尋告睽索來暫觀我去還愁人乃浮漢陽入雲夢鄉柚云叩歸魂亦飛且青山綠楓累道相

接遇勝因賞利君前行既非遠離曷足多歎秋七月結遊鏡湖無愆我期先子而往敬慎好去終當早來無使耶川白雲不得復弄爾鄉中廖公及諸才子爲詩略謝之

秋日於太原南柵餞陽曲王贊公晉賈少公石艾尹少公應舉赴上都序

天王三京北都居一其風俗遠蓋陶唐氏之人歟襟四塞之要衝控五原之都邑雄藩劇鎮非賢莫居則陽曲丞王公神仙之冑也爾其學鏡千古知周萬殊又若少府賈公以述作之雄也鼇龍弄筆海虎攫辭場又若石艾尹少公廊廟之器口折黃馬手揮青萍咸道貫於人倫名飛於日下實難沉屈永懷青霄翩有

隱而氣衝七星珠雖潛而光照萬壑今年春皇帝有事千畝湛恩八埏大搜羣才以緝邦政而王公以令宰見舉賈公以王霸昇聞海激佇乎三千天飛期於六月必有以也豈徒然哉有從兄太原主簿舒才華動時規謨匠物乃黕翠幕筵虹梁瓊蓍霞開羽觴雷舉然後抗目遠覽憑軒高吟汾河鏡開漲藍都之氣色晉山屛列横朔塞之郊原屛俗事於煩襟結浮歡於落景俄而皓月生海來窺醉容黄雲出關半起秋色數君乃輟酌慷慨摇心促裝望丹闕而非遠揮玉鞭而且去白也不敏先鳴翰林幸叨玳瑁之筵敢竭麒麟之筆請各探韻賦詩寵行

江夏送倩公歸漢東序

昔謝安四十卧白雲於東山桓公素徵爲蒼生而一起常與支公遊賞貴而不移大人君子神眞契合正可乃爾僕與倩公一面不忝古人言歸漢東使我心痗夫漢東之國聖人所出神農之後季良爲大賢爾來寂寂無一物可紀有唐中興始生紫陽先生先生六十而隱化若繼跡而起者惟倩公焉蓄壯志而未就期老成於他日且能傾産重諾好賢士文即惠休上人與江鮑往復各一時也僕平生述作罄其草而授之思親遂行流涕惜別今聖朝已捨季布當徵賈生開顏洗目一見白日冀相視而笑於新松之山耶

作小詩絶句以寫別意

彼美漢東國川藏明月輝寧知喪亂後更有一珠歸

餞李副使藏用移軍廣陵序

夫功未足以蓋世威不可以震主必挾此者持之安歸所以彭越醢於前韓信誅於後況權位不及於此者虛生危疑而潛苞禍心小拒王命是以謀臣將啖以節鉞誘而烹之亦由借鴻濤於奔鯨鱠生人於哮虎呼吸江海橫流百川左縈右拂十有餘郡國計未及誰當其鋒我副使李公勇冠三軍衆無一旅橫倚天之劒揮駐日之戈吟嘯四顧熊羆雨集蒙輪扛鼎之士杖干將而星羅上可以決天雲下可以絶地維

翕振虎旅赫張王師退如山立進若電逝轉戰百勝疆屍盈川水膏於滄溟陸血於原野一掃瓦解洗清全吳可謂萬里長城橫斷楚塞不然五嶺之北盡餌於脩蛇勢盤地蹙不可圖也而功大用小天高路邈社稷雖定於劉章封侯未施於李廣使慷慨之士長吁青雲且移軍廣陵恭揖後命組練照雪樓船乘風簫鼓沸而三山動旌旗揚而九天轉良牧出祖烈將登筵歌酣易水之風氣振武安之瓦海日夜色雲河中流席闌賦詩以壯三軍之事白也筆已老矣月何能爲

澤畔吟序

澤畔吟者逐臣崔公之所作也公代業文宗早茂才秀起家校書蓬山再尉關輔中佐于憲車因貶湘陰從宦二十有八載而官未登於郎署何遇時而不偶耶所謂大名難居碩果不食流離乎沅湘摧頹於草莽同時得罪者數十人或才長命夭覆巢蕩室崔公忠憤義烈形于清辭慟哭澤畔哀形翰墨猶風雅之什聞之者無罪覩之者作鏡書所感遇總二十章名之曰澤畔吟懼姧臣之猜常韜之於竹簡酷吏將至則藏之於名山前後數四蠹傷卷軸觀其逸氣頓挫英風激揚橫波遺流騰薄萬古至於微而彰婉而麗悲不自我興成他人豈不云怨者之流乎余覽之愴

然掩卷揮涕爲之序云

夏日諸從弟登沔州龍興閣序

夫槿榮芳園蟬嘯珍木蓋紀乎南火之月也可以處臺榭居高明吾之友于順此意也遂卜精勝得乎龍興留寶馬於門外步金梯於閣上漸出軒戶遐瞻雲天晴山翠遠而四合暮江碧流而一色屈指鄉路還疑夢中開襟危欄宛若空外嗚呼屈宋長逝無堪與言楚子者誰得我二季當揮爾鳳藻搜乎霞觴與白雲老兄俱莫負古人也

秋夜於安府送孟贊府兄還都序

夫士有飾危冠佩長劍揚眉吐諾激昂青雲者咸誇

炫意氣託交王侯若告之急難乃十失八九我義兄孟子則不然耶道今而襟期暗親志乖而肝膽楚越鴻騫鳳立不循常流孔明披書每觀於大略少君讀易時作於小文四方賢豪眩然景慕雖長不過七尺而心雄萬夫至於酒情中酣天機俊發則談笑滿席風雲動天非嵩丘騰精何以及此白以弱植早飲香名況親承光輝恩甚華萼他鄉此別誰無恨耶時林風吹霜散下秋草海鴈嘶月孤飛朔雲驚魂動骨憂瑟落涕抗手緬邈傷如之何且各賦詩以寵岐路

春夜宴從弟桃花園序

夫天地者萬物之逆旅也光陰者百代之過客也而

浮生若夢為歡幾何古人秉燭夜遊良有以也況陽春召我以烟景大塊假我以文章會桃花之芳園序天倫之樂事羣季俊秀皆為惠連吾人詠歌獨慚康樂幽賞未已高談轉清開瓊筵以坐花飛羽觴而醉月不有佳詠何伸雅懷如詩不成罰依金谷酒斗數

冬夜於隨州紫陽先生飡霞樓送烟子元演隱仙城山序

吾與霞子元丹烟子元演氣激道合結神仙交殊身同心誓老雲海不可奪也歷可天下周求名山入神農之故鄉得胡公之精術胡公身揭日月心飛蓬萊起飡霞之孤樓鍊吸景之精氣延我數子高談混元

金書玉訣盡在此矣白乃語及形勝紫陽因大誇仙城元侯聞之乗興將往別酒寒酌醉青田而少留夢魂曉飛度淥水以先去吾不滯於物與時推移出則以平交王侯遁則以俯視巢許朱紱狎我綠蘿未歸恨不得同棲烟林對坐松月有所款然銘契潭右乗春當來且抱琴卧花高枕相待詩以寵別賦而贈之

送戴十五歸衡嶽序

白上探玄古中觀人世下察交道海内豪俊相識如浮雲自謂德參夷顔才亞孔墨莫不名由口進實從事退而風義可合者厥惟戴侯寓居長沙覃湖嶽之氣少長咸洛窺覇王之圖精微可以入神懿重可以

崇德謨猷可以尊主文藻可以成化兼以五材統以四美何往而不濟也其二三諸昆皆以才秀擢用辭翰炳發昇聞天朝而此君獨潛光後世以期大用鯤海未躍鵬霄悠然不遠千里訪余以道邦國之秀有廓侯焉人倫精鑒天下獨立每延以宴謔許爲通人獨孤有鄰及薛諸公咸亦以爲信然矣屬明主未夢且歸衡陽憩祝融之雲峯弄茱萸之湍水軒騎糺合祖於魏公之林亭笙歌鳴秋劍舞增氣況江葉墜緑沙鴻冥飛登高送遠使人心醉見周張二子爲論平生雞黍之期當速赴也

早夏於江將軍林宅與諸昆季送傅八之江

南序

易曰觀乎人文以化成天下窮此道者其惟傳侯耶侯篇章驚新海內稱善五言之作妙絕當時陶公愧田園之能謝客慙山水之美佳句籍籍人爲美談前許州司馬宋公藴冰清之姿重傳侯玉潤之德妻以其子鳳皇于飛潘陽之好斯爲睦矣僕不佞也忝于芳塵宴同一筵心契千古清酌連曉玄談入微歡攜無何旋告睽坼將軍叔英略蓋古英明洞神天王貴宗誕育賢子八龍增秀以列次五色相輝而有文會言高樂曉餞金門洗德絃觴怡顏朱明草木已盛且江嶂若畫賞盈前途自然屏間坐遊鏡裏行到霞月

千里足供文章之用哉征帆空懸落日相逼二李揮翰詩其贈焉

冬白於龍門送從弟京兆参軍令問之淮南覲省序

紫雲仙季有英風焉吾家見之若衆星之有月貴則天王之令弟寶則海嶽之奇精遊者所謂風生王林清明蕭灑真不虛也常醉目吾曰兄心肝五藏皆錦繡耶不然何開口成文揮翰霧散吾因撫掌大笑揚眉當之使王澄再聞亦復絕倒觀夫筆走羣象思通神明龍章炳然可得而見歲十二月拜省于淮南思白華之長吟眺黄雲之晚色目斷心盡情懸高堂傾

蘭醑而送行赫金鞍而照地錯轂蹲野朝英滿筵非
才名動時何以及此日落酒罷前山陰煙般勤惠言
吾道東坐想洛橋春色先到淮城見千條之綠楊折
一枝以相贈則華蕚情在吾無恨焉羣公賦詩以光
榮餞

李太白文集卷第二十七

李太白文集卷第二十八

讚　學士贈右拾遺李白

當塗李宰君畫讚

天垂元精嶽降粹靈應期命世大賢乃生吐奇獻策敷聞王庭帝用休之揚光泰清濫觴百里涵量八溟縉雲飛聲當塗政成雅頌一變江山再榮舉邑抃舞式圖丹青眉秀華蓋目朗明星鶴矯閬風麟騰玉京若揭日月昭然運行窮神闡化永世作程

金陵名僧顥公粉圖慈親讚

神妙不死惜生此身託體明淑而稱厥親粉爲造化筆寫天真貌古松雪心空世塵文伯之毋可以爲鄰

李居士讚

至人之心如鏡中影揮斤萬變動不離靜彼質我斤

揮風是騁了物無二皆爲匠郢吾族賢老名喧寫真貌圖粉繪上爲垢塵從白得褒與天爲鄰默然不滅長存此身

安吉崔少府翰畫讚

齊表巨海吳興大風崔爲令族出自太公克生奇才骨秀神聰炳若秋月鶱然雲鴻爰圖伊人奪妙真宰卓立欲語謂行而在清晨一觀爽氣十倍張之座隅仰止光彩

宣城吳録事畫讚

大名之家昭彰日月生此髦士風霜秀骨圖真像賢傳容寫髮束帶嶽立如朝天闕巖巖兮謂四方之削

成澹澹兮申五湖之澄明武庫肅穆辭峯崢嶸大辯若訥大音希聲默然不語終爲國禎

壁畫蒼鷹讚識主人

突兀枯樹傍無寸枝上有蒼鷹獨立若秋胡之攢眉凝金天之殺氣凜粉壁之雄姿觜銛劍戟爪握刀錐群賓失席以䁖眙未悟丹青之所爲吾畜恐出戶牖以飛去何意終年而在斯

方城張少公廳畫師猛讚

張公之堂華壁照雪師猛在圖雄姿奮發森竦一作踈眉目颾灑毛骨鋸牙銜霜鉤爪抱一作把月掣蹲胡以震怒謂有夏之嶤杌求觀厥容神駭不歇

羽林范將軍畫讚

羽林列衛壁壘南垣四十五星光輝至尊范公拜將遥承主恩位寵虎臣封傳鴈門瞻天蹈舞踊躍精䰟逐逐鶚視昂昂鴻騫心豪祖逖氣爽劉琨名震大國威揚列藩麟閣之階粉圖華軒胡兵百萬横行縱吞爪牙帝室功業長存

金銀泥畫西方淨土變相讚 并序

我聞金天之西日没之所去中華十萬億刹有極樂世界焉彼國之佛身長六十萬億常沙由旬眉間白毫向右宛轉如五須彌山目光清白若四海水端坐説法湛然常存沼明金沙岸列珍樹欄楯彌覆羅網周

張車渠瑠璃爲樓殿之飾頗黎碼碯耀階砌之榮皆諸佛所證無虛言者金銀泥畫西方淨土變相蓋馮翊郡秦夫人奉爲士夫湖州刺史韋公之所建也夫人蘊冰玉之清敷聖善之訓以伉儷大義希拯拔於幽塗父子恩深用重脩於景福誓捨珍物搆求名工圖金創端繪銀設像八法功德波動青蓮之池七寶香花光映黃金之地清風所拂如生五音百千妙樂咸疑動作若已發願未及發願若已當生未及當生精念七日必生其國功德罔極酌而難名讃曰

向西日沒處遙瞻大悲顏目淨四海水身光紫金山勤念必往生是故稱極樂珠網珍寶樹天花散香閣

圖畫了在眼願託彼道場以此功德海冥祐爲舟梁
八十一劫罪如風掃輕霜庶觀無量壽長願玉毫光

江寧楊利物畫讚

太華高嶽三峯倚天洪波經海百代生賢爲夔爲龍
廓土濟川趙城開國王樹淩煙筆鼓元化形分自然
明珠獨轉秋月孤懸作宰作程摧剛挫堅德合窈冥
聲播蘭荃鴻漸麟閣英圖可傳

金鄉薛少府廳畫鶴讚

高堂閑軒兮雖聽訟而不擾圖蓬山之奇禽想瀛海
之縹緲紫頂煙絶丹眸星皎昂昂欲飛（一作貯貽）霍若驚矯
形留座隅勢出天表謂長唳於風霄終寂立於露曉

疑凱益古俯察逾妍舞疑傾市聽似聞絃儻感至精以神變可弄影而浮煙

誌公畫讚

水中之月了不可取虛空其心一作身寥廓無主錦幪烏爪獨行一作遊絕侶刀齊尺梁扇迷陳語丹青聖容何往一作住何所

琴讚

嶧陽孤桐石聳天骨根老冰泉葉苦霜月斵為綠綺徽聲粲發秋風入松萬古奇絕

朱虛侯讚

肅氏穢德金精摧傷秦鹿克獲漢風飛揚赤龍登天

白日昇光陰虹賊虐諸呂擾攘朱虛來歸會酌高堂雄劒奮擊太后震惶爰鋤產祿大運乃昌功冠帝室于今不士

觀佽飛斬蛟龍圖讚

佽飛斬長蛟遺圖畫中見登舟旣虎嘯激水方龍戰驚波動連山拔劒曳雷電鱗摧白刃下血染滄江變感此壯古人千秋一作載若對面

地藏菩薩讚 并序

太雄掩照日月崩落惟佛智慧大而光生死雪頓假普慈力能救無邊苦獨出曠劫導開橫流則地藏菩薩爲當仁矣弟子扶風竇滔少以英氣奕邁結交王

俟清風豪俠極樂生疾乃得惠劍於真宰湛本心於
虛空願圖聖容以祈景福庶冥力憑助而厥苦有瘳
爰命小才式讚其事讚曰
本心若虛空清淨無一物焚蕩淫怒癡圓寂了見佛
五綵圖聖像悟真非妄傳掃雪萬病盡爽然清涼天
讚此功德海永為曠代宣

魯郡葉和尚讚

海英嶽靈誕彼開士了身皆空觀月在水如薪傳火
朗徹生死如雲開天廓然萬里寂滅為樂江海而閑
逝旅形內虛舟世間邈彼崑閬誰云可攀

李太白文集卷第二十八

李太白文集卷第二十九

學士贈右拾遺李白

頌

趙公西候亭頌　崇明寺佛頂尊勝陁羅尼幢頌

銘

化城寺大鐘銘并序　天門山銘

記

任城縣廳壁記

趙公西候新亭頌

惟十有四載皇帝以歲之驕陽秋五不稔乃慎擇明牧恤南方凋枯伊四月孟夏自淮陰遷我天水趙公作藩于宛陵祇明命也惟公代秉夫憲作保南臺洪

柯大本聿生懿德宜乎哉横風霜之秀氣鬱王霸之
奇略初以鐵冠白筆佐我燕京威雄振肅虜不敢視
而後鳴琴二邦天下取則起草三省朝端有聲天子
識面宰衡動聽郡南山之雷剖赤縣之劇强項不屈
三州所居大化咸列碑頌至於是邦也酌古以訓俗
宣風以布和平心理人兵鎮唯静畫一千里時無萎
言退公之暇清眺原隰以此郡東塹巨海西襟長江
咽三吴扼五嶺輶軒錯出無自時而息焉出自西郭
蒼然古道道寡列樹行無清陰至有疾雷破山狂飈
震壑炎景爍野秋霖灌途馬逼側於谷口人周章於
山頂亭候靡設逢迎闕如自唐有天下作牧百數因

循齷齪罔恢永圖及公來思大華前弊實相此土陟降觀之壯其迴崗龍盤沓嶺波起勝勢交至可以有作方農之隙廓如是營遂鏟崖坦堙卑驅石剪棘削汚壤堦高隅以門以墉乃棟乃宇儉則不陋麗而不奢森沉閈閎爍濕有庇若鳧之勇如鵬斯騫縈流鏡轉湉映池底納遠海之餘清瀉漣峯之積翠信一方雄勝之郊五馬踟躕之地也長史齊公光乂人倫之師表司馬武公幼成衣冠之髦彥録事參軍吳鎮宣城令崔欽令德之後良材間生縱風教之樂地出人倫之高格卓絕映古清明在躬僉謀僝功不日而就揔是役也伊二公之力歟過客沉吟以稱嘆邦人聚

舞以相賀僉曰我趙公之亭也群寮獻議請因謡頌以名之則必與謝公北亭同不朽矣白以爲謝公德不及後世亭不留要衝無勿拜之言鮮登高之賦方之今日我則過矣敢詢耆老而作頌曰

耽耽高亭趙公所營如鼇背突兀於太清如鵬翼開張而欲行趙公之宇千載有覩必恭必敬爰遊爰處瞻而思之罔敢大語趙公來翔有禮有章煌煌鏘鏘如文翁之堂清風洋洋永世不忘

崇明寺佛頂尊勝陁羅尼幢頌 并序

共工不觸山媧皇不補天其洪波汩汩流伯禹不治水萬人其魚乎禮樂大壞仲尼不作王道其昬乎而

有功包陰陽力掩造化首出衆聖卓稱大雄彼三者之不足徵矣粤有我西方金僊之垂範覺曠劫之大夢碎群愚之重昏寂然不動湛而常存使苦海靜滔天之波疑山滅炎崑之火囊括天地置之清凉日月或墜神通自在不其偉歟魯郡崇明寺南門佛頂尊勝陁羅尼石幢者蓋此都之壯觀昔善住天子及千大天遊于園觀又與天女遊戲受諸快樂即於夜分中聞有聲曰善住天子七日滅後當生七反畜生之身於是如來授之吉祥真經遂脫諸苦蓋之天徵爲大法印不可得而聞也我唐高宗時有罽賓桑門持入中土猶日藏大寶清圜虛空擅金淨彩人皆悅見

所以山東開士舉國而崇之時有萬商投珍士女雲會衆布蓄曾如陵琢文石於他山聳高標於列肆鑱珉錯綵爲鯨爲螭天人海怪若叱若語貝葉金言刋其上荷花水物形其隅良工草萊獻技而去聖君垂拱南面穆清而居大明廣運無幽不燭以天下所立茲幢多臨諸旗亭喧囂湫隘本非經行緾繞之所乃頒下明詔令移於寶坊吁百尺中標矗若雲斷委翳苔蘚周流星霜俾龍象興嗟仰瞻無地良可嘆也我太官廣武伯隴西李公先名琬奉詔書改爲輔其從政也肅而寬仁而惠五鎮方牧聲聞于天帝乃加剖竹于魯魯道粲然可觀方將和陰陽於太階致君於

堯舜豈徒閉閤坐嘯鴻盤二千哉乃再崇厥功發揮象教於是與長史盧公司馬李公等咸明明在公綽綽有裕韜大國之寶鐘元精之和榮兼半刺道光列嶽才或大而用小識無微而有通政其有經談豈吏僕有律師道宗心惣群妙量苞大千日何瑩而常明天不言而自運識岸浪注玄機清發每口演金偈舌搖電光開闢延敵罕有當者由萬籔同號於一風衆流俱納於溟海若乃嚴飾佛事規矩梵天法堂鬱以霧開香樓岌乎島峙皆我公之締構也以天寶八載五月一日示滅大寺百城號天四衆泣血焚香散花扶櫬卧轍仙鶴數十飛鳴中絶非至德動天深仁感

物者其孰能與於此乎三綱等皆論窮彌天惠湛清
月傳千燈於智種了萬法於真空不謀同心克樹聖
跡太官李公乃命門於南垣廟通衢曾盤舊規累構
餘石壯士加勇力侔拔山纔擊鼓以雷作拖鴻縻而
電掣千人壯萬夫勢轉鹿盧於横梁泯環合而無際
常六合之振動崛九霄之崢嶸非鬼神功曷以臻此
況其清景燭物香風動塵群形所霑積苦都雪綵星
辰而增輝挂文字而不滅雖漢家金莖伏波銅柱擬
茲陋矣或日月圓滿方檀散華清心諷持諸佛稱贊
夫如是亦可以從一天至一天開天宮之門見群聖
之顔巍巍功德不可量也其録事參軍六曹英寮及

十一縣官屬有宏才碩德含香繡衣者皆列名碑陰此不具載郡人都水使者宣道先生孫太沖得真人紫藥玉笈之書能令太一神自成還丹以獻于帝帝服享萬壽與天同休功成身退謝病而去不謂古之玄通微妙之士歟乃謂白曰昔王文考觀藝於魯騁雄辭於靈光陸佐公知名在吳銘雙闕於盤石吾子盍可美盛德揚中和恭承話言敢不惟命遂作頌曰

揭高幢兮表天宮巋獨出兮凌星虹神縱縱兮來空佗扶傾兮蒼穹西方大聖稱大雄橫絶苦海舟群蒙陁羅尼藏萬法宗善住天子獲厥功明明李君牧東魯再新頹規扶衆苦如大雲王注法雨邦人清宗喜

聚舞揚鴻名兮振海浦銘豐碑兮昭萬古

化城寺大鐘銘 并序

噫天以震雷鼓群動佛以鴻鐘驚大夢而能發揮沉
潛開覺茬蠢則鐘之取象其義博哉夫揚音大千所
以清真心警俗慮惕響廣樂所以達元氣彰天聲銘
勳皇宮所以旌豐功昭茂德莫不配美金鼎增輝賓
坊仍事作制豈徒然也粤有唐宣城郡當塗縣化城
寺大鐘者量函千盈蓋邑宰李公之所枊也公名有
則系玄元之英蕤茂列聖之天枝生于公族貴而秀
出少蘊才略壯而有成西逾流沙立功絕域帝疇乎
厥庸始學古從政歷宰潔白聲聞于天天書褒榮輝

之簡牘稽首三復子孫其天寶之初鳴琴此邦不言而治日計之無近功歲計之有大利物不知化潛臻小康神明其道越不可尚方入千禪闕覩天宮崢嶸聞鐘聲頂肩乃謂諸龍象曰盍不建大法鼓樹之層臺使群聾六時有所歸仰不亦美乎於是發一言以先覺舉百里而感應秋毫不挫人多子來銅崇朝而山積工不日而雲會乃採鳧氏撰鳴鐘火天地之爐扇陰陽之炭回禄奮怒飛廉震驚金精轉潛以融熠銅液星熒而燿爍光噴日道氣敵天維紅雲黕於太清紫煙矗於遥海烜赫宇宙功侔鬼神瑩而察之呀駭人也爾其龍質炳發虎形蹲踞麖金索以上絙懸

寶樓而迭擊傍振萬壑高聞九天聲動山以隱隱響奔雷而闐闐赦湯鑊於幽途息劒輪於苦海景福肹蠁被于人天非李公好謀而成弘濟群有孰能興於此乎丞尉等並衣冠之龜龍人物之摽準大雅君子同僚盡心聞善賈勇贊成厥美寺主曻朝閑心古容英骨秀氣洒落毫素謙柔笑言海受水而皆納鏡無形而不燭直道妙用乃如是然常虛懷忘情絜巳利物是人行空寂不動見如來有若上座靈隱都維那則舒名僧日暉蘊虛常因調護賢哉六開士普聞八萬法深入禪惠精修律儀將慱我以文章求我以述作功德大海酌而難名遂與六曹豪吏姓孰賢老乃

緇乃黄皀趨梵庭請楊宰君之鴻美白昔忝侍從備于辭臣恭承德音敢闕清風之頌其辭曰

雄雄鴻鐘砰隱天雷鼓霆擊警大千含號怛嚇聲無邊摧慴魑魅招靈仙傍極六道極九泉劍輪輟苦期息肩湯鑊猛火停熾燃愷悌賢宰人父母興功利物信可久德方金鐘永不朽

天門山銘

梁山博望關扃楚濆夾據洪流寔爲吴津兩坐錯落如鯨張鱗惟海有若唯川有神牛渚怪物目圍車輪光射島嶼氣凌星辰卷涉揚濤溺馬殺人國泰呈端時訛返珍開則九江納錫閉則五嶽飛塵天險之地

無安匪親

任城縣廳壁記

風姓之後國爲任城蓋古之秦縣也在禹貢則南徐之分當周成廼東魯之邦自伯禽到于順公三十二代遭楚蕩滅因屬楚焉炎漢之後更爲郡縣隋開皇三年廢高平郡移任城於舊居邑乃屢遷井則不改魯境七百里郡有十一縣任城其衝要東盤琅邪西控鉅野北走厥國南馳互鄉青帝太昊之遺墟白衣尚書之舊里土俗古遠風流清高賢良間生掩映天下地博厚川疎明漢則名王分茅魏則天人列土所以代變豪侈家傳文章君子以才雄自高小人則鄙

朴難治況其城池爽塏邑屋豐潤香閣倚日凌丹霄而欲飛石橋撗波驚彩虹而不去其雄麗坱圠有如此焉故萬商往來四海縣歷寶泉貨之槖籥爲英雄之咽喉故資大賢以主東道制我美錦不易其人今郷二十六户一萬三千三百七十一帝擇明德以賀公宰之公温恭克修藏實有立季野備四時之氣士元非百里之才撥煩彌閑剖劇無滯鏑百發克破於楊葉刀一鼓必合於桑林寬猛相濟弦韋適中一之歲肅而教之二之歲惠而安之三之歲富而樂之然後青衿向訓黃髮履禮耒耜就役農無游手之夫持軸和鳴機罕嚬蛾之女物不知化陶然自春權豪斂

縱暴之心黠吏返淳和之性行者讓於道路任者併於輕重扶老攜幼尊尊親親千載百年再復魯道非神明博遠孰能契於此乎白探奇東蒙竊聽輿論輒記於壁垂之將來俾後賢之操刀知賀公之絶跡者也

李太白文集卷第二十九

李太白文集卷第三十

學士贈右拾遺李白

碑

文

比干碑

太宗文皇帝既一海内明君臣之義貞觀十九年征島夷師次鄴墟乃詔贈少師比干爲太師謚曰忠烈公遣大臣持節弔祭申命郡縣封墓葺祠置守冢以少牢時享著於甲令刻於金石故比干之忠益彰臣子得述其志昔商王受毒痛於四海悖于三正肆厥淫虐下罔敢諍於是微子去之箕子囚之而公獨死之非夫捐生之難處死之難故不可死而死是輕其生非孝也可死而不死是重其死非忠也王曰叔父親其至焉國之元臣位莫崇焉親不可以觀其危昵不可以忘其祖則我臣之業將墜于泉商王之命將絶于天整扶其顛遂諫而死剖心非痛止辭爲痛公

之忠烈其若是焉故能獨立危邦横抗興運周武以三分之業有諸侯之師賓其十亂之謀揔其一心之衆當公之存也乃戢彼西土及公之喪也乃覲乎孟津公存而殷存公喪而殷喪興亡兩繫豈不重歟且聖人立教懲惡勸善而已矣人倫大統父子君臣而已矣少師存則垂其統殁則垂其教奮乎千古之上行乎百王之末俾夫淫者懼佞者慙義者思忠者勸其爲戒也不亦大哉而夫子稱殷有三仁是豈無微旨嘗敢顚之曰存其身存其宗亦仁矣存其名存其祀亦仁矣亡其身圖其國亦仁矣若進死者退生者狂狷之士將奔走之褒生者貶死者宴安之人將寘

力焉故同歸諸仁各順其志殊塗而一揆異行而齊
致俾後人優柔而自得焉蓋春秋微婉之義必將建
皇極立彝倫闢在三之門垂不二之訓以明知于世
則夫人臣者既移孝於親而致之於君焉有聞親失
而不諍親危而不救從容安地而自得甚哉不然矣
夫孝於其親人之親皆欲其子忠於其主人之主皆
欲其臣故歷代帝主皆欲精顯周武下車而封其墓
魏武南遷而創其祠我太宗有天下禋百神感其禮
追贈大師謚曰忠烈申命郡縣封墳葺祠置守冢五
家以少牢時享著于甲令刻于金石於戲哀傷列辟
主君封德正與神明秩視郡王身滅而榮益大世絶

而祀愈長然後知忠烈之道激天感人深矣天寶十祀余尉于衛拜首祠堂魄感精動而廟在鄴邑官非式閭鏨石銘表以誌丕烈銘曰

糜軀非仁蹈難非智死於其死然後爲義忠無二軀烈有餘氣正直聰明至今猛視咨爾來代爲臣不易

天長節使鄂州刺史韋公德政碑并序

太虛既張惟天之長所以白帝真人當高秋八月五日降西方之金精採天長爲名將傳之無窮紀聖誕之節也我高祖創業太宗成之三后繼統王猷如一大盜間起開元中興力倍造化功包天地不然何能過犧農之頹波返淳朴於太古雖軒后至道由聞崆

尤之師令綱漏呑舟而胡夷起於轂下先天文武孝感皇帝越在明兩揔戎扶風正帝車於北斗拯橫流於鯨口迴日轡於西山拂蒙塵於帝顔呼吸而收兩京烜爀而安六合歷列辟而罕匹顧將來而無儔太陽重輪合耀並出宇宙翕變草木增榮一麾而靜妖氛成功不處五讓而傳劍璽德符樂推於戲昔堯及舜禹皆無聖子審曆數去已終大寶假人飾讓以成千載之美未若以文明鴻業受之元良與天同休相統億祀則我唐至公而無私越三聖而殊軌騰萬人之喜氣爛八極之祥雲上皇思汾陽而高蹈解負重於吾君能事斯畢與人更始乃展祀郊廟望秩山川

方擒豁於河洛弔人於幽燕但誅元凶不問小罪憶大塊之氣歆炎漢之風雲滂洋雨注濊渫渥澤除瑕纇削平國步改號乾元至矣哉其雄圖景命有如此者我邦伯韋公大彭之洪胤扶陽之貴族雄略邁古高文變風運當一賢才堪三事歷職剖劇能聲旁流衣繡而白筆橫秤分符而彤襜入境曩者永王以天人援鉞東巡無名利劍承喉以脅從壯心堅守而不動房陵之俗安於太山休弈列郡去若始至帝召岐下深嘉直誠移鎮夏口救時艱也慎厥職康乃人滅兵歸農除害息暴大水滅郭洪霖注川人見憂於魚鼈岸不辨於牛馬公乃抗辭正色言于城隍曰若一

曰雨不歇吾當伐喬木焚清祠精心感動其應如響無何中使銜命常祈名山廣御牲牢縣欲致祭公又盱衡而稱曰今主上明聖懷於百靈此淫昏之鬼不載祀典若煩國禮是荒巫風其秉心達識皆此類也物不知化如登春臺有若江夏縣令薛公揖四豪之風當百里之寄幹蠱有立含章可貞遵之典禮恤疲於和樂政其成也臻於小康中京重覩於漢儀列郡還聞於舜樂選鄂之勝帳于東門乃登涵歌擊土鼓祀蓐收迎田祖招摇廻而大火乃落閶闔啓而凉風始歸笙竽和籥之音象星辰而迭奏吴楚巴渝之曲各土風而備陳禮容有穆簪笏列序羅衣蛾眉立乎

玳筵之上班劍虎士森乎羣幕之前千變百戲分曹賈勇藺子跳劍迭躍流星之輝都盧尋橦倒挂浮雲之影百川繞郡落天鏡於江城四山入牖照霜空之海色獻觴醉於晚景舞袖紛於廣庭鶴髮之叟雁序而進曰恭聞天子無戲言恐轉公以大用老父不畏死願留公以上聞恍坐棠而飡風庶刻石以貞美白觀樂入楚聞韶在齊採諸行謡遂作頌曰

奕朗太白雄光下射崢嶸金天華嶽旁連降精騰氣赫矣昭然誕聖五日垂休萬年孽胡挺災大人有作雷霆發揚欃搶乃落九服交泰五雲縈薄掃雪屯蒙洗清寥廓軒后訪道來登峨嵋上皇西去異代同時

六龍轉駕兩曜迴規重遭唐主更覩漢儀肅肅韋公大邦之翰秀骨嶽立英謀電斷宣風樹聲遠威逆亂不長不極樂奏爭觀九劒揮霍魚龍屈盤東廻舞袖西笑長安頌聲載路豐碑是刊

溧陽瀨水貞義女碑銘

皇唐葉有六聖再造八極鏡照萬方幽明咸熙天秩有禮自太古及今君君臣臣烈士貞女采其名節尤彰可激清頹俗者皆掃地而祠之蘭蒸椒漿歲祀罔缺而茲邑貞義女光靈翳然埋冥古遠琬琰不刻豈前脩愽達者爲邦之意乎貞義女者溧陽黄山里史氏之女也以家溧陽史闕書之歲三十弗移天于人

清英絜白事毋純孝手柔荑而不龜身擊漂以自業
當楚平王時平王虐忠助讒哥虐厥政芟於尚斬於
奢血流于朝赤族伍氏怨毒於人何其深哉子胥始
東奔勾吳月涉星遁或七日不火傷弓于飛逼迫於
昭關匍匐於瀨渚捨車而徒告窮此女目色以臆授
之壺漿全人自沉形與口滅卓絕千古聲凌浮雲激
節必報之讎雪鹹無疑之地難乎哉借如曹娥潛波
理貫於孝道聶姊殞肆驟動於天倫魯姑棄子以却
三軍之衆漂毋進飯没受千金之恩方之於此彼或
易爾卒使伍君開張闔閭傾蕩鄢郢吳師鞭屍於楚
國申胥泣血於秦庭我亡爾存亦各壯志張英風於

古今事大憤於天地微此女之力雖云爲之士焉能咆哮烜赫施於後世也望其溺所愴然低迴而不能去毎風號吴天月苦荆水響像如在精魂可悲惜其投金有泉而刻石無主哀哉邑宰滎陽鄭公名晏家康成之學世子產之才琴清心閑百里大化有若主簿扶風竇嘉賓縣尉廣平宋陟丹陽李濟南朝陳然清河張昭皆有卿才霸略同事相恊緬紀英淑勒銘道周雖陵頹海竭文或不死其辭曰

粲粲身女孤生寒門上無所天下報母恩春風三十花落無言乃如之人激漂清源碧流素手縈彼潺湲求思不可秉節而存伍胥東奔乞食於此女分壺漿

滅口而死，聲動列國，義形壯士，入郢鞭屍，還吳雪恥，
投金瀨沚，報德稱美，明明千秋，如月在水。

武昌宰韓君去思頌碑

仲尼大聖也，宰中都而四方取則；子賤大賢也，宰單父，人到于今而思之。乃知德之休明，不在位之高下，其或繼之者，得非韓君乎？君名仲卿，南陽人也。昔延陵知晉國之政必分於韓，獻子雖不能過屠岸之誅，存孤嗣趙，太史公稱天下陰德也。其賢于羅生列侯十世，不亦宜哉！七代祖茂，後魏尚書令、安定王。五代祖鈞，金部尚書。曾祖晙，銀青光祿大夫、雅州刺史。祖泰，曹州司馬。考睿素，朝散大夫、桂州都督府長史。分

茅納言剖符佐郡弈葉明德休有烈光君乃長史之
元子也妣有吳錢氏及長史即世夫人早孀弘聖善
之規成名四子文伯孟軻二母之儔歟少卿當塗縣
丞感纍重諸死節於義雲卿文章冠世拜監察御史
朝廷呼爲子房紳卿尉高郵才名振耀幼負美譽君
自潞州銅鞮尉調補武昌令未下車人懼之既下車
人悅之惠如春風三月大化姦吏束手豪宗側目有
爨玉者三江之巨橫白額且去清琴高張兼操刀永
興二邑同化時鑿齒磨牙而兩京宋城易子而炊骨
吳楚轉輸蒼生熬然而此邦晏如襁負雲集居未二
載戶口三倍其初銅鐵曾青未擇地而出大冶鼓鑄

如天降神既烹且爍數盈萬億公私其賴之官絶請託之求吏無絲毫之犯本道採訪大使皇甫公侁聞而賢之擢佐輶軒多所引益尚書右丞崔公禹稱之於朝相國崔公渙特奏授鄱陽令兼攝數縣所謂投刃而皆虛爲其政而則理成去若始至人多懷恩新宰王公名庭璘嚴然太華浼然洪河含章可貞幹蠱有立接武比德絃歌連聲服美前政聞諸耆老與邑中賢者胡思泰一十五人及諸寮吏式歌且舞願揚韓公之遺美白採謡刻石而作頌曰

峨峨楚山浩浩漢水黄金之東大吴天子武昌鼎據寔爲帝里時囏世訛薄俗如燬韓君作宰撫兹遺人

滂注王澤猶鴻得春和風潛暢惠化如神刻石萬古
永思清塵

虞城縣令李公去思頌碑并序

王者立國君人聚散六合咸土以百里雷其威聲華其俗而風之漁其人而涵之其猶衆鮮洋洋樂化在水波而動之則憂頳尾之刺作焉徐而清之則安須首之頌興焉苟非大賢孰可育物而能光昭絃歌阜立振古則有虞城宰公焉公名錫字元勲隴西成紀人也高祖揩隋上大將軍縣益原三州刺史封汝陽公曾祖騰雲皇朝廣茂二州都督廣武伯祖立節起家韓王府記室參軍襲廣武伯父浦鄭海潘唐陳五

州刺史魯郡都督廣平太守襲武伯皆納忠王庭名鑊鐘鼎侯伯繼跡故可略而言焉公即廣武伯之元子也年十九拜北海壽光尉心不挂細務口不言人非群吏罕測望風欽憚秩滿轉右武衛倉曹參軍次任趙郡昭應縣令奉詔修建初啓運二陝揔徒五郡支用三萬貫舉築雷野不難一人功成餘八千貫其幹能之聲大振乎齊趙矣時名御巡按陵有黃赤氣上衝太微散爲慶雲數千處蓋精勤動天地也如此因粉圖奏名編入國史天寶四載拜虞城令而天章寵榮俾金玉王度罔若七耀昭回堂隅於戲欽之哉宸威臨顧作訓以理其俗魯而木訥而徐急則很戾

後則鳥散公酌以鈞道和之琴心于是安四人數五
教處必糲食行惟單車觀其約而吏儉仰其敬而俗
讓激直士之素節揚廉夫之清波三月政成鄰境取
則因行春見枯骸于路隅惻然疚懷出俸而葬由是
百里掩骸四封歸仁有居喪行號城市者習以成俗
公罰之親鄰戹以凶事而鰥寡惸獨衆所賴焉可謂
變其頹風永錫爾類先時邑中有聚黨橫猾者實惟
二耿之族幾百家焉公訓為純人易其里曰大忠正
之里北境黎丘之古鬼焉或醉父以刃其子自公到
職蘖聞為災官宅舊井水清而味苦公下車嘗之莞
爾而笑曰既苦且清足以符吾志也遂汲用不改變

爲甘泉蠡丘館東有三柳焉公往來憩之飲水則去行路勿翦比于甘棠鄉人因樹而書頌四十有六篇惟公志氣塞乎天地德音發乎聲容縞乎若寒崖之霜湛乎若清川之月彈惡雪善速若箭飛尤能筆工新文口吐雅論天下美士多從之遊非汝陽三公三伯之積德則何以生此邑之賢老劉楚瓌等乃相謂曰我李公以神明之化大賴于虞人虞人陶然歌詠其德官則歌去則思山川鬼神猶懷之況于人乎乃咨群寮興去思之頌縣丞王彥遲員外丞魏陟主簿李詵縣尉李向趙濟盧榮等同德比義好謀而成相與採其瓌蹤茂行俾刻石篆美庶清風令名奮乎百

世之上其詩曰
激揚之水兮白石有鑿李公之來兮雪虞人之惡厥
德孔昭折獄既清五教大行殷雲雷之聲既父其父
又子其子春之以風化成草靡乃影我崗乃雨我田
陽無驕愆四載有年人戴公之賢猶百里之天棄余
往矣茫如墜川哀喪惠慱掩骼仁深苦井變甘覓入
易心三柳勿翦永思清音

為竇氏小師祭璿和尚文

年月日某謹以齋蔬之奠敢昭告于和尚之靈伏惟
和尚降靈自天依化遊世角立獨出嶷然生知鳳凰
開九包之翼豫章橫萬頃之陂始傳燈而納照因瘁

髮以從師邁龍象以蹴踏爲天人之羽儀紹釋風於西域迴佛日於東維若大塊之噫氣鼓和風而一吹熱惱清灑道芽榮滋走吴楚以宗仰將掃地而歸之嗚呼來無所從去復何適水還火歸蕭散本宅齎舟輟棹禪月掩魄痛一往而無蹤愴雙林之變白其早承訓誨偏荷恩慈忝餐風於法侶旋落蔭於禪枝號無輟響晉泣有餘悲手撰茗藥精誠嚴思異神道之昭格庶明靈而饗之

爲宋中丞祭九江文

謹以三牲之奠敬祭于長源公之靈惟神包括乾坤平準天地劃三峽以中斷疏九道以爭奔綱紀南維

朝宗東海牲玉有禮祀典無虧今萬乘蒙塵五陵慘黷蒼生悉爲白骨赤血流於紫宫宇宙倒懸攙搶未滅含識結憤思剪元兇若思桼列雄藩各當重寄遵奉天命大舉天兵照海色於旌旗肅軍威於原野而洪濤渤潏狂飇振驚惟神使陽侯卷波羲和奉命樓船先濟士馬無虞掃妖孽於幽燕斬鯨鯢於河洛惟神祐我降休于民敬陳精誠庶垂歆饗

李太白文集卷第三十

《國家珍貴古籍叢刊》目録（持續更新）

宋本周易
宋刻本　名録號 1—00191

宋本大學章句　宋本中庸章句
宋淳祐十二年當塗郡齋刻本　名録號 1—00320

元本論語集解
元相臺岳氏荆谿家塾刻本　名録號 1—00326

元本孟子（全二册）
元相臺岳氏荆谿家塾刻本　名録號 2—02614

宋本老子道德經古本集注直解
宋刻本　名録號 1—00990

宋本十一家注孫子
宋刻本　名録號 1—00618

宋本曹子建文集
宋刻本　名録號 1—01012

宋本河岳英靈集
宋刻本　名録號 1—01220

宋本王狀元集百家注分類東坡先生詩（全五册）
宋建安黄善夫家塾刻本　名録號 1—01107

宋本花間集
宋刻遞修公文紙印本　名録號 1—01254

宋本南華真經（全二册）
宋刻本　名録號 1—00991

元本黄帝内經素問（全三册）
元後至元五年胡氏古林書堂刻本　名録號 1—00627

宋本山海經
宋淳熙七年池陽郡齋刻本　名録號 1—00778

宋本李太白文集（全三册）
宋刻本　名録號 1—01025

宋本戰國策（全三冊）

宋紹興刻本　名録號 1-00479

宋本周禮

宋婺州市門巷唐宅刻本　1-00250

明抄彩繪本履巉巖本草（全二冊）

明抄彩繪本　名録號 2-04561

元本梅花百咏　元本梅花字字香　清汲古閣影宋抄本梅花衲

元至大刻本　元至正刻本　清初毛氏汲古閣影宋抄本　名録號 1-01174　1-01188　3-08955

元本詩集傳（全二冊）

元刻本　名録號 1-00239

明本洛陽伽藍記

明末毛氏緑君亭刻本　名録號 2-04220

元本稼軒長短句（全二冊）

元大德三年廣信書院刻本　名録號 1-01252

元本東坡樂府

元延祐七年葉辰南阜書堂刻本　名録號 1-01248